陕西辛亥革命简史

中国人民政治协商会议陕西省
委员会文化文史和学习委员会 编

马 正 张应超 著

陕西新华出版传媒集团

三 秦 出 版 社

图书在版编目（CIP）数据

陕西辛亥革命简史／中国人民政治协商会议陕西省
委员会文化文史和学习委员会编；马正，张应超著. ——
西安：三秦出版社，2021.10
ISBN 978 - 7 - 5518 - 2461 - 3

Ⅰ. ①陕…　Ⅱ. ①中…　②马…　③张…　Ⅲ. ①辛亥革
命—史料—陕西　Ⅳ. ①K257.06

中国版本图书馆 CIP 数据核字（2021）第 197059 号

陕西辛亥革命简史

中国人民政治协商会议陕西省
委员会文化文史和学习委员会　编

马　正　　张应超　　著

责任编辑　高　峰
出版发行　陕西新华出版传媒集团　三秦出版社
社　　址　西安市雁塔区曲江新区登高路 1388 号
电　　话　(029)81205236
邮政编码　710061
印　　刷　西安雁展印务有限公司
开　　本　787mm × 1092mm　1/16
印　　张　19
字　　数　310 千字
版　　次　2021 年 10 月第 1 版
　　　　　2021 年 10 月第 1 次印刷
标准书号　ISBN 978 - 7 - 5518 - 2461 - 3
定　　价　92.00 元

网　　址　http://www.sqcbs.cn

《陕西文史资料》编纂委员会

前　言

辛亥革命110周年到了，武昌起义的枪声，拉开了一场摧枯拉朽的变革，使封建统治消亡，几千年的帝制终结，建立起中华民国。"辛亥革命永远是中华民族伟大复兴征程上一座巍然屹立的里程碑"，这是习近平总书记《在纪念辛亥革命110周年大会上的讲话》中对辛亥革命的定义，意义深远。

习近平总书记《在纪念辛亥革命110周年大会上的讲话》中指出："孙中山先生和辛亥革命先驱为中华民族建立的历史功绩，彪炳千秋！"同时在2016年《纪念孙中山先生诞辰150周年大会上的讲话》中提到："时代造就伟大人物，伟大人物又影响时代。150年前，孙中山先生出生之时，中国正遭受帝国主义列强的野蛮侵略和封建专制制度的腐朽统治，战乱频发，民生凋敝，中华民族陷入内忧外患的灾难深渊，中国人民处于水深火热的悲惨境地。在那个风雨如晦的年代，中华民族从未屈服，无数仁人志士前仆后继，探求救国救民的道路，进行可歌可泣的抗争。孙中山先生就是他们中的杰出代表……他誓言'亟拯斯民于水火，切扶大厦之将倾'，高扬反对封建专制统治的旗帜，毅然投身民主革命事业。他创立兴中会、同盟会，提出民族、民权、民生的三民主义，积极传播革命思想，广泛联合革命力量，连续发动武装起义，为推进民主革命四处奔走、大声疾呼。"

陕西的革命党人就是在孙中山领导和影响下，进行了多年的准备与努力，建立起同盟会陕西分会，设立了许多反清据点，终于在1911年10月22日举起反清大旗，成立军政府，为震惊世界的辛亥革命取得成功，推翻了清王朝统治，结束统治中国几千年的君主专制制度贡献了力量。特别是陕西地处西北地区东部，与晋、豫、鄂、甘、川诸省交界，清朝统治者组织清军对陕西分东西两路大军进剿，企图扼杀新生的陕西反清力量。陕西革命党人没有被敌对势力吓到，反而与清军对垒100余天，终于看到了清帝退位的《诏书》。"辛亥革命虽然没有改变旧中国半殖民地半封建的社会性质，没有改变中国人民的悲惨命运，没有完成实现民族独立、人民解放的历史任务，但开创了完全意义上的近代民族民主革命，打开了中国进步闸门，传播了民主共和理念，极大推动了中华民族思想解放，以巨大的震撼力和影响力推动了中国社会变革。"（习近平在《纪念孙中山诞辰150周年大会上的讲话》

陕西是武昌起义后最早响应的省份，带动了周边省份和整个西北地区的光复，牵制了清军的兵力，支援了南方的革命事业，加速了清王朝的崩溃。这与一大批陕西高举义旗的辛亥革命的志士仁人前仆后继的努力分不开，是他们抛头颅、洒热血，勇于和清廷决裂的行动，才换来了中华民国的建立。对于他们的丰功伟绩，陕西人民不应该忘怀。

1959年周恩来总理号召健在的辛亥革命参加者积极撰写文史资料，抢救、挖掘更多的辛亥革命鲜为人知的人和事。改革开放以来，各级政协组织编纂、结集了大量的回忆录、访谈录，使那段历史再现、给后人以启迪，使人们读史明智。但是，一直以来，系统研究陕西辛亥革命历史的书籍不多，给研究者提供不了更多的史料，这也是其他省辛亥革命研究者不重视陕西的一个重要原因。笔者若干次前往武昌辛亥革命纪念馆参观，这里竟然绝少有对陕西这场血雨腥风战争的介绍，在响应武昌起义的省份中更没有提及这个打响第二枪的英雄省份，这也是我们要编写这部简史的初衷，要用事实说话，让全国人民知道，陕西的辛亥革命志士在这场伟大革命中的重要作用。

在辛亥革命110周年到来之际，作为陕西辛亥革命历史的研究者，我们对数十年的研究资料进行了整理，吸收了学界最新的研究成果，撰写了这部《陕西辛亥革命简史》。这部著作系统讲述了清末国际、国内形势以及陕西同盟会革命党人接受孙中山先生革命思想熏陶，努力为推翻清廷封建统治奋斗，讲述了各个阶段的重要活动。提出了陕西辛亥革命研究起点与终结。对填补陕西近代史、辛亥革命史研究的空白有一定的作用。

这是一本叙述历史的书籍，对于学术争议、历史定位、人物分析、评价等未作任何定义、定性，也未发表任何论点、论据及个人意见。

今天奉献给读者、研究者的这部书稿，凝结着对辛亥革命先贤奋斗精神的崇敬，聚集着辛亥革命后裔们的怀念之情，凝聚着研究者的孜孜不倦的探索。书中的每一件事都是先贤们用鲜血奋斗的总结。在他们青春的日子里，考虑的不是个人生命安危，而是推翻清王朝封建统治，建立民主国家。

今天，我们的国家繁荣昌盛，国富民强，没有被侵略，被压迫，被歧视。这正是因为有以孙中山先生为代表的革命党带头推翻了清王朝的封建统治，中国共产党带领全国人民推翻了三座大山，人民真正当家作主。这就是我们撰写这本书的初衷。

最后，用习近平总书记《在纪念辛亥革命 110 周年大会上的讲话》中的一段作为结束语吧！"抚今追昔，孙中山先生振兴中华的深切夙愿，辛亥革命先驱对中华民族发展的美好憧憬，近代以来中国人民梦寐以求并为之奋斗的伟大梦想已经或正在成为现实，中华民族迎来了从站起来、富起来到强起来的伟大飞跃，中华民族伟大复兴进入了不可逆转的历史进程！"

马 正

2021 年 10 月 10 日

目　录

第一章　辛亥革命前国际局势

19 世纪到来以后，由于先进科学技术的发展，航海技术的进一步提高，工业革命的开展，世界格局发生了相当大的变化。主要表现为：科学技术在推动人类社会发展与进步方面拥有巨大而神奇的力量，大工业的发展让欧美国家经济增长迅速。首先是科学技术的长足进步提高，增强了人类认识自然，进而利用自然，造福于社会的信心和能力。其次是由于科学技术广泛应用于生产各个部门及其环节，不仅提高了生产力、质量和效率，而且由此使人类社会获得了前所未有的高速发展和巨大进步。西方国家之所以自近代以来能获得飞速发展，并取得巨大进步，乃至臻于国富兵强，其根本原因在于重视和发展工业和科学技术。科学技术的广泛应用给欧美诸国国计民生以及整个社会带来发展契机。

而这时的中国，由于清政府封建统治，软弱无能，饱受列强欺凌，一系列不平等条约的签订，使主权丧失，沦为半殖民地国家。而由于闭关锁国，工业、农业仍然沿袭旧的传统，使国力下降，落后就要挨打。

欧美国家经济发展，带动了世界格局的变化，下面举几个国家的例子，来看看他们的发展过程，以及对清政府的影响。

第一节　从英国的圈地运动到工业革命

英国工业革命带动了产业结构的变化，使英国成为全球霸主。

18 世纪中后期，英国开始了工业革命，机器生产开始代替手工劳动，工厂代替手工工场及家庭作坊，使国家的产业结构发生了重大变化。农业和手工业在国民经济中的比重逐年下降，从事制造业、采矿业、运输业、商业和家庭服务业等众多行业的人口逐年提高。随着生产要素和人口的集中以及工业化的继续推进，到 19 世纪，英国建立了一大批工业城市。城市中迅速发展的第二、第三产业需要大量的劳动力，为农村剩余劳动力提供广泛的就业机会，城市对农村剩余劳动力需求的"拉力"表现在三方面：首先，城市产业工人收入水平比农村高，大量农村人口为了获取更多的利益纷纷向城市迁移；其次，城市救济水平比农村好，很多农村的贫困者流向城市，并希望得到政府的救济；第三，城市的生活环境和文化娱乐设施等对生活单调的农民产生了巨大的吸引力。另外，工业革命也促进了交通运输业的变革。交通的发展为人员和货物运输提供了快速、廉价的交通工具，也为农村劳动力转移创造了良好的物质条件。英国的工业革命引起的生产方式的变革和经济结构的变化，是推动劳动力转移的决定性因素。这些还得从"圈地运动"说起。

伦敦桥(上开悬索桥)建于 1886 年

英国圈地运动积累了原始资本，为资本主义提供了廉价的雇佣劳动力和国内市场，为英国发展成为资本主义强国奠定了基础。

15 世纪末以后，随着新航路的开辟，世界商路从地中海沿岸转移到大西洋沿岸，英国正处在大西洋航运的中心线上，对外贸易发展较快，羊毛出口和毛纺织业迅速增长，羊毛价格不断上升，养殖业获利丰厚。于是在工商业发达的英国东南部农村，地主首先开始圈占土地，最初贵族地主只圈占公有土地，后来又圈占小佃农的租地和公簿持有农的份地。许多小农的土地被圈占，农民不得不远走他乡。

16、17 世纪，英国工场手工业得到发展，城市兴起，对农产品的需求大增，圈地运动进一步升级，特别是 1688 年以后，政府立法公开支持圈地，使圈地运动以合法的形式进行，规模更大，据不完全统计，通过圈地，英国有六百多万英亩土地被圈占。工业革命开始后，城市人口剧增，对农产品的需求旺盛，贵族地主为了生产更多的肉类和粮食供应城市，扩大投资，改善土地的生产能力，加速进行圈地，出现圈地建立大农场的热潮。资产阶级革命胜利后，英国的统治阶级为加快圈地运动以获得巨额财产，但又不想付出代价，又通过法律对"神圣的财产权"进行掠夺。

18 世纪，通过了《公有地围圈法》，出现更大规模把农民共同使用的公有地（农民对公有地有使用权，而西方法律中使用权也是一种财产权）强行夺走，然后据为私有的圈地运动。仅 1801 年到 1831 年，农村居民被夺走 350 多万英亩公有地，却未得到补偿。通过此种"私有化"，大量农民的财产权——土地使用权被强行剥夺，农民同自己的生存资料分离，失去生存保障，被迫成为劳动力市场上的无产者，靠出卖自身劳动力才能生存，即只有"自由"地服从雇佣劳动制度和接受资产阶级剥削才能生存。地主圈占大片土地后，或自己雇工经营农场，或者租给租地农场主经营。资本主义农场大量出现，表示在农业中也大量出现资本主义生产关系。直到 1845 年，英国的圈地运动才逐渐结束。它给英国经济、政治发展起到了重要作用，主要有以下几点：

一是为资本主义发展提供了自由劳动力。实现了农民与土地的分离，使农民数量减少，失去土地的部分农民进城务工或成为农场的雇佣工人，为英国资本主义的发展准备了大量的自由劳动者。同时，圈地运动使家庭手工业停滞，促进了工业发展。

二是使资本主义经济深入农村，对农业进行了资本主义改造。首先是土地所有制变化：圈地运动摧毁了小农经济，建立起资本主义的大农业，使农村由封建土地所有制转变为资本主义土地所有制。其次是经营方式的改变：土地被围圈以后，农业资本家办起农场或牧场，雇佣失去了土地的农民进行生产。那些将土地出租给资本家的贵族，所得到的不再是封建的地租，而是资本主义的利润。第三是加快了英国城镇化的进程：大量失去土地的农民移居城市，使英国的城镇数量大量增加。过去的贵族变成了新贵族，农民则变成了农业工人，使农村向资本主义化迈进。

三是促进了农业和农村生产力的发展。由于土地的集约经营，大部分地主更愿意投资新的农作物，改变施肥方式方法，使用高效率的农具，改善灌溉排水系统，由粗放的农耕方法向科学的耕作方式转变，降低了成本，提高了产量。

英国大本钟，是英国最大的钟，1858年4月10日建成。塔有320英尺高（约合97.5米），分针有14英尺长（约合4.27米），大本钟用人工发条，国会开会期间，钟面会发出光芒，每隔一小时报时一次。每年的夏季与冬季时间转换时会把钟停止，进行零件的修补、交换和钟的调音等。

四是为英国资产阶级革命准备了条件。靠圈地发家的贵族地主成为资产阶级化的新贵族，他们在后来的资产阶级革命中起到了领导者的作用，为资产阶级革命打下了良好的阶级基础。

五是推动了英国工业革命的出现。造就了大批的资本主义发展所需的自由劳动力，积累了资本，扩大了市场，为工业革命准备了条件。

一方面，英国的农业属混合型结构，种植业和畜牧业差不多各占50%。随着畜牧业比重的提高，农业对劳动力的需求下降，使相当一部分农村劳动力成为多余；另一方面，工业革命的到来也推动了农业生产力的提高，引发了农业革命。随着农业生产力的提高，农业耕作制度、生产的规模化程度、农业机械化等都明显提高，使农业释放出大批的劳动力。

正是由于"圈地运动"，使得英国由农业国走上了工业化的道路，加上航海技术的日臻成熟，称霸世界的野心进一步膨胀，鼎盛期除了南极洲以外，遍称"米字旗"，被称为"日不落帝国"。其成为世界强国后便向世界各国进行军事、贸易扩展，同时向中国倾销商品，继而发动第一、二次鸦片战争。日俄战争时期，英帝国主义发动了对中国西藏的武装侵略。光绪二十九年十月（1903年12月），一千多名英军越过印度与西藏边界，1904年4月攻占江孜，8月进攻拉萨。

英国圈地运动开始于15世纪70年代，到16世纪后半期，随着工业的发展，圈地运动不断扩大。

第一次鸦片战争对中国的影响巨大。使中国的社会性质发生了变化，在政治上，鸦片战争以前，中国是一个独立的封建国家，清政府行使全部主权；而鸦片战争后，通过一系列不平等条约的签订，使领土、领海、司法、贸易等主权开始遭到严重破坏。鸦片战争后，中国社会的主要矛盾，除旧有的人民大众同封建主义的矛盾外，又加上了中华民族同殖民主义的矛盾。而后者，成为各种社会矛盾中最主要的矛盾。在经济上，列强妄图将中国变成他们的商品市场、原料市场和劳动力市场，将中国经济纳入资本主义发展的链条之中，冲击着原有封建的自给自足的自然经济。随着列强向中国倾销产商品和对中国丝、茶叶、陶瓷等农副产品的收购，逐渐把中国卷入世界市场；原本占主导地位的自给自足的自然经济受到强烈冲击，中国日益成为世界资本主义市场的一部分。这在客观上促进了中国商品经济的发展，有利于中国民族资本主义的兴起。但是进一步激化了阶级矛盾，一定程度上引发了太平天国运动，以至于以后爆发的辛亥革命，清廷封建统治被彻底推翻。在文化思想上，鸦片战争后有一部分知识分子开始抛弃陈腐观念，注目世界，探求新知，寻求强国御侮之道，萌发了一股向西方学习的新思潮，对封建思想起到了一定的冲击作用。在社会矛盾上，随着社会性质的变化，中国社会的主要矛盾也由地主阶级和农民阶级的矛盾，变成外国资本主义与中华民族的矛盾、封建主义与人民大众的矛盾。中国人民的革命任务，从反封建变为既反封建又反侵略。由此，中国从封建社会步入半殖民地半封建社会，这即是中国近代史的开端，也是中国旧民主主义革命的开端。

第二节　法国工业革命

19世纪60年代，法国工业生产中以机器为主体的工厂制度代替以手工技术为基础的手工工场，这是一次重大的变革，对当时的社会生产关系产生了巨大影响。

法国的产业革命，从波旁王朝复辟时期（1815—1830）的后半期开始，到路易·波拿巴（1778—1846）当权的第二帝国（1852—1870）末期基本完成，前后大约经历了半个世纪。在此之前的拿破仑（1769—1821）统治时期是法国产业革命的准备时期，当时所实行的一系列经济政策，推动了资本主义工商业的发展，为产业革命的发生提供了物质技术准备。

卢浮宫，位于法国巴黎市中心的塞纳河北岸，位居世界四大博物馆之首。始建
于1204年，原是法国的王宫，居住过50位法国国王和王后，是法国古典主义时期
最珍贵的建筑物之一

法国大革命从一定意义上说就是平等原则的第一次伟大实践。1789 年 7
月 14 日巴士底狱被攻陷，不久制宪会议就通过第一个法令，即"八月法令"
（8 月 4—11 日），取消了封建贵族的司法、养鸽、狩猎、免税等特权。1789
年 8 月 26 日，制宪会议又通过了著名的《人权宣言》，明确承认"在法律面前，
所有的公民都是平等的"。1790 年 3 月 15 日，议会宣布"一切特权，一切财
产的封建性质和贵族性质一律废除。"6 月 19 日，议会进一步作出决议："永
远废除世代相承的贵族阶层"，"任何人不得再保留亲王、公爵、伯爵、侯
爵、子爵、男爵、骑士……等贵族头衔"。1791 年 9 月 3 日，革命政权颁布了
冠以《人权宣言》的宪法，从此公民在法律上平等的原则终于完全代替了封建
等级特权的原则。与此同时，卢梭提出的政治平等思想也在 1791 年宪法中得
到了落实："一切公民，除德行和才能上的差别外，都无差别地担任各种职位
和职务。"一大批名不见经传的普通人特别是年轻人，不靠出身、权贵，完全

靠自己的奋斗和才干赢得了群众的信任，登上了政治舞台并担当了重任。[①] 工业革命后使法国迅速成为世界强国，开始了殖民侵略，第二次鸦片战争英法联军借口广东官吏到英国商船上捉拿罪犯，以及一个法国传教士在广西被杀，派兵侵犯广东，后又进犯天津、北京。圆明园落入侵略军之手，大批珍宝被抢掠，又签订了《天津条约》，赔偿英国白银四百万两，法国二百万两，又加订了《北京条约》。

凡尔赛宫，是法兰西国王路易十四至路易十六的主要住处，也是当时法国的政治中心。它的布局和建筑风格是欧洲17、18世纪许多皇家宫殿和园林的典范。

第三节　美国产业革命

美国在1812—1814年第二次美英战争中的胜利，巩固了美国的政治独立，最后解除了英国企图重新统治美国的威胁。但是，这时的美国经济落后，仍然是英国工业品的销售市场和原料供应地。这次战争的胜利，使美国进行产业革命的条件趋于成熟。首先是具备独立自主地发展近代工业、农业的政

---

① 吴于廑、齐世荣主编：《世界史》中的《近代史编》下卷，第11—12页。

治前提，从外来移民以及其他途径获得英国及欧洲其他国家的先进技术，工业初具规模；农业发展迅速；市场前景广阔。其次这时期商业、海运业资本向工业大转移，特别是加利福尼亚金矿的发现和开采，经济资源得以利用，同时吸收外国投资，基本上解决了产业革命所必需的资金问题。再次是逐步地实行了保护工业发展的关税政策。

1790—1815 年间，美国建立了一些工厂，而且有一些重要的技术发明，如 E. 惠特尼（1765—1825）发明轧棉机，R. 富尔顿（1765—1815）发明商用轮船，F. C. 洛厄尔（1775—1817）设计和建成一个把纺纱机和织布机连接安装成为一个工艺流程的棉纺织厂。

产业革命对于美国直接的社会经济影响很大，主要是：一、人口大量涌入城市。1790 年，美国人口超过 8000 的城市只有 6 个，到 1860 年 70 年间，激增到 141 个。1810 年新英格兰超过 1 万人口的城市只有 3 个，共 5.6 万人；到 1860 年，已猛增到 26 个，68.2 万人。二、产业革命一方面扩大了美国南部和北部的经济差异，加深了南北经济矛盾，在这个基础上终于导致了南北战争的爆发；另一方面，也大大加强了东部和西部的经济联系，使美国成为统一国家，在

美国自由女神像矗立在美国纽约自由岛上，1886 年 10 月 28 日竣工。

内战中成功地避免了分裂。三、工人劳动时间长，每天达 12—15 小时。女工童工多，童工约占全国工人总数的一半。大城市中出现了贫民窟，造成了美国工人阶级生活的贫困。1851 年，一个五口之家每周最低生活费用为 10.37 美元，而工资较高的建筑工人每周平均只有 10 美元。在产业革命时期，美国

已经组织了地方性的、部门性的和全国性的工会，开展了罢工斗争。[1]

另外，1898 年的美西战争标志着美国作为一个主要军事力量的崛起。这场历时仅 100 余天，致使 3000 美国人丧生的短暂的海上冲突，使美国陷入了远东的复杂问题，也使敢于与美国军事力量抗衡的欧洲列强得到了警告。对美国人自己来说，这场战争则标志着它要更多地参与世界事务。

蒸汽船

第四节　俄国工业革命

俄国 1861 年的改革废除了农奴制，为俄国资本主义发展提供了必要的自由劳动力，广阔的国内市场，资本以及相对稳定的社会环境，同时建立了相应的司法体系，加快了俄国工业化的历史进程。从此，俄国开始从农奴制时代进入了一个崭新的历史发展阶段，走上了资本主义发展道路，并在改革后逐渐确立资本主义制度。但这次改革很不彻底，保留大量封建残余，农奴生活仍没有本质提高，民主革命依然是俄国社会发展所面临的历史使命。在农业方面，资本主义的迅速发展明显地表现为农民阶级的分化上。在农村，农民阶级一方面分化出少数富农，他们拥有优良的牲畜、农具和大量土地资金，

---

[1]　樊亢、宋则行主编：《外国经济史（近代现代）》第 1 册，第 5 章，人民出版社，1980 年。

是农村中的资产阶级。他们不仅购买农民所出卖的土地，而且还买进地主所出售的庄园。另一方面是分化出了一大批破产的农民，他们不仅失去了土地，而且丧失了其他生产资料，沦为农村中的无产阶级。这些农村无产阶级和农奴制改革所造成的无地农民就形成了一支雇佣大军，为资本主义的发展提供了有利条件。19 世纪末，根据全俄人口调查材料，俄国雇佣工人大约已有1000 万人。

莫斯科克里姆林宫是俄罗斯国家的象征，是世界上最大的建筑群之一，享有"世界第八奇景"的美誉。

农民的分化促进地主经济循着资本主义道路演进。农民破产后，由于失掉了马匹和农具，不能再为地主服工役了，这就迫使地主不得不采取资本主义的经营方式。农民的分化进一步破坏了自然经济，农村和市场的联系也日益频繁，这些都为资本主义的发展提供了有利的条件。

在工业方面，资本主义也同样得到了迅速发展。1861—1881 年间，布匹的生产增加了两倍，织布工厂排挤了手工织布业。1860—1890 年，生铁的产量由 2050 万普特增至 5660 万普特；钢产量由 1250 万普特增至 52000 万普特；煤的产量由 1800 万普特增至 36700 万普特。1866 年俄国的工厂不到 3000 个，1903 年已激增到近 9000 个了。

随着资本主义在工农业的发展，国内市场的扩大，铁路的修建也迅速增长。1865—1895 年，俄国的铁路已由 3374 俄里增至 31728 俄里。到 19 世纪80 年代初，俄国已基本完成工业革命。走上了西方列强殖民扩张的道路，成为继英法美之后的一大工业强国。

由于关于崛起，国势渐强，沙俄遂于1858年5月，乘英法联军进犯天津、威胁北京之际，东西伯利亚总督尼古拉·穆拉维约夫率领兵船多艘驶至瑷珲(今黑龙江省黑河市)，向清朝黑龙江将军奕山提出俄方拟定的条约草案，宣称以黑龙江为边界，如果不从，俄国将联合英国对中国作战。双方交涉时，俄国兵船鸣枪放炮，以武力相威胁。5月28日，奕山与穆拉维约夫签订《瑷珲条约》。该条约以黑龙江为边界、江东六十四屯由中俄共同管理，而在1860年签订的《中俄北京条约》把整个外东北划归沙俄。

1900年发生义和团运动，清政府无暇兼顾东北情势，俄国遂派兵制造了江东六十四屯惨案和海兰泡惨案。

第五节　明治维新为日本注入活力

明治天皇，名睦仁，不满15岁登基，推翻了幕府统治，发布了《五条誓文》。1868年改元明治，推行新政，建立了以天皇为中心的绝对专治政权，提高了日本在国际的地位。1912年7月因尿毒症病逝，在位45年。

明治维新使日本迅速崛起，通过学习西方，"脱亚入欧"，改革落后的封建制度，走上了发展资本主义的道路，利用日趋强盛的国力，逐步废除与西方列强签订的不平等条约，收回国家主权，摆脱了沦为殖民地的危机，成为亚洲唯一能保持民族独立的国家，而后随着经济实力的快速提升，军事力量得以强化，分别于中日甲午战争与日俄战争中击败昔日强盛的两个大国——大清帝国（1644—1911）与沙皇俄国（1721—1917），因而跻身于世界资本主义列强的行列。使得日本野心膨胀，最终走上了侵略扩张的道路。

维新初期，由于明治政府的政策，使得武士的社会地位大幅下降；而随着俸禄渐次缩减，武士在经济上的保障也被削弱。凡此种种皆导致士族对明治政府的不满，武力抗争因此接二连三地发生。维新功臣西乡隆盛以鹿儿岛县为中心，于1877年6月18日年发动的西南战争，成为最后一次，也是规模最大的士族反抗战役。战败之后，残余的士族成员转入地下活动，与板垣退助所主导的"民选议院设立运动"结合，透过"自由民权运动"的开展，形成政治上的反对势力。1889年，《大日本帝国宪法》公布，成为亚洲第一部成文宪法；1890年，日本国会（帝国议会）正式开始运作。

至于社会、文化方面的改变，随着留洋知识分子（伊藤博文、大隈重信、新渡户稻造等）吸收并借鉴西方文化与典章制度进入日本，特别是众多现代化事物的引进，"文明开化"的风潮逐渐形成，对于原本传统而保守的日本社会造成了很大的影响。不只物质需求与生活习惯上出现西化的转变，在教育系统与社会组织的广泛推行下，思想与观念上也逐渐有了现代化的倾向（例如守时、卫生等概念与西式礼仪）；同时文艺上的影响也非常大。

另一方面，虽然明治政府锐意改革，但整体而言较为偏重促使国家强盛的结果，也遗留了许多问题：如天皇权力过大、出身藩地的有权有势者长期掌控国政，形成势力庞大的"藩阀政治"体系、土地兼并依然严重、新兴财阀垄断市场经济等现象。这些负面问题与日后发生并累积的一些难以解决的社会问题相互影响，最终直接或间接促使日本走上侵略扩张的道路。

明治维新的积极影响：

明治维新推动了日本社会的进步，使之摆脱了民族危机，从此走上了发展资本主义道路，成为亚洲第一强国。使日本成为亚洲第一个立宪国家，确立了日本近代天皇制政治体制。采用君主立宪制（二元制）的形式，但实际上依然实行专制主义，藩阀以天皇的名义掌握政权。

列宁在《帝国主义是资本主义的最高阶段》一书中提出的帝国主义特征，在所有帝国主义国家都已表现出来。但是，由于各国的社会经济条件和历史条件的不同，帝国主义的特征在每个国家的表现形式、发展程度，有着很大的差异。欧美国家及日本，在 19 世纪末，抓住农业向工业的转型，使生产力的发展和生产社会化得到提高，使经济发展迅速，逐步开始了资本扩张、对外侵略的行径。

在列强紧锣密鼓走工业化道路，发展扩张之时，清朝政府腐朽没落，闭关锁国，错失发展良机，综合国力受到打压、被远远地甩到了后面。落后就要挨打，曾经强大的东方帝国，经受了列强的侵略瓜分，肆意践踏，四分五裂，积贫积弱，民不聊生。

1894 年中日甲午战争的失败就是清廷腐朽没落，闭关锁国必然结果。其表现为经历明治维新的日本开始走上资本主义道路，对外积极侵略扩张，确定了以中国为中心的"大陆政策"。此时的清朝是一个通过洋务运动回光返照的帝国，政治腐败，人民生活困苦。甲午年，朝鲜爆发东学党起义，朝鲜政府军节节败退，被迫向宗主国清朝乞援，日本乘机也派兵到朝鲜，蓄意挑起战争。7 月 25 日丰岛海战爆发，甲午战争开始，由于日本蓄谋已久，而清朝仓皇迎战，这场战争以中国战败、北洋水师全军覆没告终。清朝政府迫于日本军国主义的军事压力，1895 年 4 月 17 日签订了《马关条约》。甲午战争的结果给中华民族带来空前严重的民族危机，大大加深了中国社会半殖民地化的程度；另一方面则使日本国力更为强大，为其跻身列强奠定了重要基础。

第二章　辛亥革命前国内局势

19世纪下半叶是西方资本主义迅速发展的时期，科学技术的飞速发展引起了第二次工业革命，促使资本向垄断阶段过渡。美、德、英、法等国早已建立起资本主义制度，其经济总量位居世界前列，原本相对落后的俄国、日本，在发展了资本主义之后，也迅速强大起来。在这种局势下，变革旧的制度和旧的生产力，发展资本主义已经成为当时的一种世界潮流。[①] 而受其影响，特别是帝国主义若干次对华侵略战争，敲开国门的同时，使国人惊醒，认识到要解决中国的内外矛盾，除了不能在列强面前唯唯诺诺以外，就要集中精力开展反抗清廷封建统治的斗争。

第一节　落后就要挨打

19世纪末，世界主要资本主义国家：英、美、法、德、俄、奥、意、日等相继进入帝国主义阶段，因此加紧对落后国家和地区进行侵略，西方列强趁机掀起侵略中国的狂潮，偌大的中国被列强分割成了一块块的"势力范围"，整个国家已呈豆剖瓜分之势。

在中国近代历史上，饱受帝国主义侵略，大量主权进一步丧失。几次较大规模的侵华战争迫使民众觉醒，认为中国远远落后于世界潮流，如不奋起直追，就会有亡国灭种的危险。危急形势迫使一些思想先进的中国人开始寻找新的救国救民道路。几次较大规模的侵华战争分别为：

一、1840年至1842年第一次鸦片战争，是英国对中国发动的一场侵略战争，也是中国近代史的开端。闭关锁国后的清朝逐步落后于世界大潮，但是

---

① 忻平：《清末新政与中国现代化进程〈社会科学战线〉》，1997（2）。

在对外贸易中，一直处于顺差地位。英国为了扭转对华贸易逆差，开始向中国走私毒品鸦片，获取暴利。道光十八年（1838）冬，道光帝派湖广总督林则徐为钦差大臣，赴广东查禁鸦片。林则徐到任后，严行查缴鸦片2万余箱，并于虎门海口悉数销毁。为打开中国市场大门，英国政府以此为借口，决定派出远征军侵华，英国国会也通过对华战争的拨款案。战争前期中国军民奋起抵抗，沉重打击英国侵略者，但是腐朽的封建制度抵抗不住英国的侵略，战争以中国失败并赔款割地告终。签订了中国历史上第一个不平等条约《南京条约》。中国开始割地、赔款、商定关税，严重危害主权，影响领土完整。鸦片战争使中国开始沦为半殖民地半封建社会，丧失独立自主的地位。也揭开了侵略与对抗、中西社会的较量、中西文化冲撞帷幕，同时促进了自然经济的解体，即商品和资本改变中国传统社会的轨迹。

1849年—1842年第一次鸦片战争，中国战败，有90万军队的清政府被迫签订了《南京条约》。

二、1860年至1861年爆发第二次鸦片战争。英国与法国为了进一步打开中国市场，扩大在华侵略利益、趁中国太平天国运动之际，以亚罗号事件及马神父事件为借口，联手进攻清朝政府。英法联军攻入了北京，清帝逃往承德，英法联军闯入圆明园并掠夺珠宝、将其焚毁。战争中沙俄出兵后以"调停有功"自居，并胁迫清政府割让150多万平方公里的领土。清政府先后签订

《天津条约》《北京条约》中俄《瑷珲条约》，列强侵略更加深入。国人真正觉醒也是这个时候，一是在观念上有了以"洋"代"夷"思维，洋务萌芽出现，改良思想显现，叩开了封建的闭关锁国之门。二是国内太平天国农民起义，影响了以后几十年全国各地始终没有停止过对清封建王朝的斗争。这个时期洪仁玕出版《资政新篇》是进步人士最早提出的发展资本主义近代化纲领，是当时改革思想的组成部分。

落后就要挨打，第二次鸦片战争中被摧毁的城镇

　　三、1894 年(甲午年)，中日甲午战争。日本明治维新后开始走上资本主义道路，对外积极侵略扩张。1887 年，日本参谋本部制定了所谓"清国征讨策略"，逐渐演化为以侵略中国为中心的"大陆政策"。其第一步是攻占台湾，第二步是吞并朝鲜，第三步是进军满蒙，第四步是灭亡中国，第五步是征服亚洲，称霸世界，实现所谓的"八纮一宇"。而甲午中日战争就是日本实现"大陆政策"前两个步骤的重要环节，由于其自身实力资源都不具备相应条件，所以实行以战养战的策略来达到目标的实现。当时中国处于清朝晚期，从 19 世纪六七十年代起，清朝统治集团中的洋务派掀起了一场以"自强""求富"为口号的洋务运动。洋务运动在科学技术(特别是军事技术)方面向欧美看齐，因此清朝一度出现"同治中兴"的景象。清廷于 1888 年正式建立了北洋

水师，成为亚洲一个强大的海军力量，但它并未像日本那样变革国家制度，因此"中兴"并未能使中国走上富国强兵的道路。此时清朝政治十分腐败，人民生活困苦，官场中各派系明争暗斗、尔虞我诈，军事外强中干，国防孱弱，纪律松弛。世界主要资本主义国家逐步向帝国主义过渡，日本的侵略行径在一定程度上得到西方列强的支持。这场战争以中国战败、北洋水师全军覆没告终。清朝政府迫于日本军国主义的军事压力，1895 年 4 月 17 日签订了《马关条约》。

《马关条约》共 11 款，并附有"另约"和"议订专条"。条约的主要内容为：

——中国承认朝鲜"完全无缺之独立自主"；实则承认日本对朝鲜的控制；

——中国将辽东半岛、台湾岛及所有附属各岛屿（包括钓鱼岛）、澎湖列岛割让给日本；

——中国"赔偿"日本军费白银两亿两；后增加三千万两"赎辽费"；

——开放沙市、重庆、苏州、杭州四地为通商口岸，日本政府得派遣领事官在以上各口岸驻扎，日本轮船可驶入以上各口岸搭客装货；

——日本臣民得在中国通商口岸城市任便从事各项工艺制造，将各项机器任便装运进口，其产品免征一切杂税，享有在内地设栈存货的便利；

——日本军队暂行占领威海卫，由中国政府每年付占领费库平银五十万两，在未经交清末次赔款之前日本不撤退占领军；

——本约批准互换之后，两国将战俘尽数交还，中国政府不得处分战俘中的降敌分子，立即释放在押的为日本军队效劳的间谍分子，并一概赦免在战争中为日本军队服务的汉奸分子，免予追究。

《马关条约》是继中英《南京条约》以来最严重的不平等条约，它给近代中国社会带来严重危害，是帝国主义变中国为半殖民地、半封建社会的一个重要的步骤。

甲午战争的结果给中华民族带来空前严重的民族危机，大大加深了中国社会半殖民地化的程度；另一方面则使日本国力更为强大，跻身列强。它标志着帝国主义国家侵略的新阶段，刺激了中华民族的觉醒，爱国人士提出了政治体制改革的愿景，资产阶级维新变法诉求强烈。

四、1900 年八国联军侵华战争。清光绪二十六年（1900）5 月 28 日，以英国、美国、法国、德国、俄国、日本、奥匈帝国、意大利为首的八个主要国家组成的对中国的武装侵略战争。联合国军总人数前后约为 5 万人，装备精良，声势浩荡，所到之处，杀人放火、奸淫抢掠！从紫禁城、中南海、颐和园中偷窃和抢掠的珍宝更是不计其数！其中著名的万园之园"圆明园"继英法联军之后再遭劫掠，终成废墟。清政府派庆亲王奕劻及李鸿章为全权特使，与各侵略国和谈。1901 年 9 月 7 日，被迫签署了《辛丑条约》。中国领土虽然未被瓜分，但需要向各国给予 4.5 亿两白银的战争赔款，史称"庚子赔款"，从关税和盐税中扣付。这时的清朝政府，除过外患，内忧重重，义和团运动和自立军起义、惠州起义随之而来，不得不把推行"新政"列入议事日程。在几十年的时间里，欧美国家不停地用坚船利炮叩开中国的国门，也极大伤害了国人的感情，有觉悟的国人纷纷觉醒。

1900 年八国联军侵华战争

第二节　太平天国运动是辛亥革命的前奏

第一次鸦片战争后，西方列强凭借《南京条约》等一系列不平等条约，还从政治、经济各方面大肆侵华。清政府除割让香港岛，开放五口通商外，为了支付高达 2100 万银圆的战争赔款外，为弥补由于鸦片大量输入而造成的财政亏空(道光二十七年至二十八年平均每年流出白银 1000 万元),加紧横征暴敛,增加税收一至三倍以上。兼之外国工业品大量倾销,使中国城乡手工业受到冲击,农民和手工业者纷纷破产。地主阶级乘机兼并土地,加重剥削。

民族矛盾的加剧促进了国内阶级矛盾的激化,广大农民饥寒交迫,纷纷揭竿而起,各族人民自发举行的反清起义达 100 多次。主要有号称太平军举行的农民起义,除此以外,还相继爆发了上海小刀会起义,广州天地会起义,福建双刀会、红线会起义,淮河、黄河流域捻军起义、贵州苗民起义。

广西是多民族聚居区,清朝统治者对广大少数民族的压迫和阶级剥削十分严酷;又加以天灾人祸,广大农民苦不堪言,反抗斗争此伏彼起,终于在咸丰元年(1851)1 月 11 日爆发了洪秀全(1814—1864)领导的大规模的太平天国农民起义。

它是康乾盛世后反清斗争中最著名的一次声势浩大、影响力极强的运动。巧的是 1851 年是辛亥年,比 1911 年(辛亥革命),早了一个甲子。起义这一天,领袖洪秀全在金田村刚过完 37 周岁生日,头扎黄巾,身被黄袍,在欢呼声中宣布起义,建号"太平天国"。这个"太平",来自《公羊传》的三世——据乱世、升平世、太平世;"天国"来自《圣经》,是中西乌托邦的合璧。不久,洪秀全于武宣东乡"登基",自称天王,呼万岁。9 月,太平军攻永安(今蒙县),洪秀全开始了永安建制,包括一系列军事制度,以及官轿、蓄发等日常典仪,要求大家勠力同心。不久他又分封诸王:东王杨秀清,西王萧朝贵,南王冯云山,北王韦昌辉,翼王石达开。诸王均受东王节制,天官丞相为秦日纲。

太平军着装简朴,一律穿普通农民服装,头上缠有红巾,不再留辫子,而是蓄起长发。在有些外国人眼里,"太平军是聪敏的、直率的、英武的,他们的自由风度具有一定的吸引力。太平军纵使面对死亡,也都表现了自由人的庄严不屈风度"。这是英国军官 A. F. Lindley 在《太平天国革命亲历记》一书中的描述:同时还写到"许多年来,全欧洲都认为中国人是世界上最荒谬最奇特的民族:他们的剃发、蓄辫、斜眼、奇装异服以及女人畸形的脚,长期供给那些制造滑稽的漫画家以题材;同时,中国人感到陶醉的闭关自守、迷信鬼神和妄自尊大,也经常激起了欧洲人的嘲笑和轻视。可是,在太平军中间，除了面貌之外，所有这些都已绝迹，甚于他们的面貌似乎也有所改善，也许这是由于他们在身心两方面都摆脱了奴隶地位的缘故吧。"①

太平军于 1853 年春占领南京，改称天京，并定都于此。但占领城市后既不驻兵备守，也不设官立治，一直处于且战且进的流动式作战状态，真正开始建国后，才颁布了《天朝田亩制度》。《天朝田亩制度》的基本内容，是把每亩土地按每年量产的多少，分为上、中、下三级九等，然后好田坏田互相搭配，好坏各一半，按人口平均分配。凡 16 岁以上的男女每人得到一份同等数量的土地，15 岁以下的减半。同时，还提出"丰荒相通"、以丰赈荒的调剂办法，希图建立"有田同耕，有饭同食，有衣同穿，有钱同使，无处不均匀，无人不饱暖"的大同社会。

但愿景和现实经常背离较远，太平天国制定的一整套制度并没有得到推行，实际上执行的是变本加厉的等级制度。"言辞的崇高与行为的凶暴，平等的许诺与特权的森严，恰成反比"。洪秀全享起皇帝洪福，不把"国"事放在心上，生活上骄奢淫逸。

第二次鸦片战争爆发之时，也正是清军与太平天国军队打得难分难解之时。1856 年，英国借口广东水师在广州黄埔捕捉中国船"亚罗"号上的海盗，派兵进攻广州。法国借口法籍天主教神父马赖在广西西林被杀，亦出兵入侵。1857 年英法组成联军，攻陷广州，"不战、不和、不守、不走、不降、不死"的两总督叶名琛被俘。1858 年，英法舰队在美、俄两国支持下，袭击大炮台，进犯天津。僧格林沁战败，清政府派钦差大臣桂良、花沙纳与俄、美、英、法各国代表分别签订《天津条约》。同年，沙皇俄国又以武力迫使清政府签订了《瑷珲条约》。

1859 年 6 月，英、法、美以进京换约被拒为由，再次率舰队炮击大沽炮台，提督史荣椿战死。1860 年 8 月，英法联军由北塘登陆，进占天津。9 月，清军在北京通州八里桥迎战英法联军失利。咸丰帝偕皇后等逃往承德。10 月 18 日英法联军占领北京，在京郊抢掠烧杀近 50 天，圆明园、近春园、清漪园、畅春园等均灰飞烟灭。后奕䜣受命为全权大臣，签订中英、中法《北京条约》。11 月，沙俄又胁迫清政府签订中俄《北京条约》。中国赔偿巨额赔款，

---

① 蒙木：《危巢卵梦：晚清民初六十年》，中国文史出版社，2016 年，第 2 页。

还丧失了大片领土主权。

在中国内乱中尝到甜头的帝国列强在得到实惠后，意识到如果要巩固到手的一系列特权，就需要清王朝继续存在，于是撕下了中立的面纱开始协同清政府绞杀太平天国。为此，他们甚至组织了一支外籍军团参加战斗。太平天国亦有辉煌战绩，曾打得清军丢盔卸甲，连失城池，但经历了北伐、西征之后，由于内讧，最终走向失败。

太平天国历时14年，达到了旧式农民战争的最高峰，不仅是中国历史上第一次在南方兴起而波及全中国的农民战争，也是世界历史上规模空前的一次农民战争。它开创了中国农民战争不少先例，例如中国农民起义第一次遭到中外势力共同镇压、利用西方宗教发动起义、反对资本帝国主义的侵略，并提出了一整套纲领、制度和政策等。

太平天国失败后，很多将士为了避祸，纷纷加入洪门，曾国藩也曾大量遣散军队，裁汰冗员，这些人员，流落民间，为了生计，也加入洪门，充实了洪门力量，为以后几十年各地的若干次起义，特别是为辛亥革命提供了人员准备。同时，由于太平天国运动历时时间长，波及范围广，在各阶层，特别是深受剥削压迫广大民众的思想上产生影响深远，他们相信甚至诅咒清王朝的摩天大厦倒塌。

"孙中山先生在《太平天国战史》的序言中写道：'朱元璋、洪秀全各起自布衣，提三尺剑，驱逐异胡'，真是'吾党宣传排满的好资料'，欲使'洪门诸君子手此一编'，'俾读者识……汉家恢复者不可谓无人'。黄小配1906年发表章回小说《洪秀全演义》，他自诩为'洪氏一朝之实录，即以传汉族之光荣'，章太炎为之作序说：'尊念洪王者，当与尊念诸葛武侯、岳鄂王相等。'并称洪氏失败，虽云憾事，但不必气馁，因为会'复有洪王作也'。1907年章太炎还在《民报》增刊《天讨》上，刊出了苏曼殊富有民族色识的绘话《太平天国翼王夜啸图》，自己亲自题词。后来，南社诗人高天梅假托石达开之名写诗多首，自己掏钱出版《石达开遗诗》，公开宣扬反清。"[①]

孙中山本人也是因为11岁时有太平天国老兵谈洪杨逸闻，娓娓不倦。冯自由记述说："先生探本寻源，对明、清间递嬗史迹，了如指掌，光复汉族之

---

① 蒙木：《危巢卵梦：晚清民初六十年》，中国文史出版社，2016年，第12页。

革命思想油然而生。以洪秀全起自布衣，驱逐异族，虽及身而亡，而不能以成败论豪杰也，因深慕其为人。"在雅丽氏书院时，因为孙中山平时常常称颂洪秀全为反清第一英雄，同学们还给他起了一个"洪秀全"的绰号。

黄兴，"童年时代，听乡间老辈谈论洪杨革命事迹，特是太平天国攻长沙的故事，非常向往。稍长，喜读太平天国杂史"。据记载，革命的宣传家陈天华，"少时即以光复汉族为念，遇乡人之称颂胡、曹、彭功业者，辄欲唾不顾，而面有愧色"。其他可查的还有曹亚伯、林森、姚宏业、朱德等，都是少闻洪杨故事，而兴起革命念头的，李烈钧的父亲还曾参加太平军。后来蒋介石自述说："太平天国之历史，为19世纪东方第一之历史，而其政治组织与经济设施，则尤足称焉。余自幼习闻乡里父老所谈，已心向往之，吾党总理又常为予讲授太平天国军战略战术，及其名将李秀成、陈玉成、石达开等治兵安民之方略，乃益识其典章制度之可仪。"[1]

孙中山先生在总结辛亥革命能够推翻清朝的原因时，还与太平天国作以比较，认为太平天国宣传反清仍不够有力。继而说："当辛亥年武昌没有起义之先，我们革命党老早发明了民族主义，一般有思想的人，都拿这种主义对全国宣传，一传十，十传百，大众一心，向前奋斗，弄到后来，人人都知道要光复汉族，非排去满人不可，故武昌起义之后，便没有汉人再去帮助满人，满人没有汉人的帮助，他们的江山，怎么能够保守呢？"所以，没有太平天国革命的影响，辛亥革命就难以在1911年取得最终推翻清王朝、结束封建帝制的巨大成就。

第三节　维新思想的形成

鸦片战争后中国的民族危机日益严重，封建统治的危机也一步步凸现，中国资产阶级知识分子开始思考要通过何种道路来挽救中国的问题。林则徐、魏源等主张"向西方学习"，发出了"师夷长技以制夷"的呼声，成为学习西方的先声。但是他们的思想由于受到种种限制，并没有付诸实践。

洋务派将"向西方学习"的思想付诸行动的时间，应为19世纪60年代到

---

[1]　蒙木：《危巢卵梦：晚清民初六十年》，中国文史出版社，2016年，第12页。

90 年代在"中学为体，西学为用"思想的指导下，主要学习西方先进的科学技术，希望以此达到"自强""求富"的目的。洋务运动开启了中国近代化的进程。但是甲午战争的惨败却表明靠洋务运动并不能救中国。

首先，资产阶级维新思想萌芽初步形成

甲午战争惨败后，资产阶级维新派认为洋务运动仅将"制器"作为学习的重点是不够的，中国真正要学习的是西方先进的政治制度。他们主要针对一些具体问题提出了改革方案，但是却没有形成完整的理论体系。主要进行一些理论上的宣传，很少从事实际的政治活动。尽管如此，他们掀起的维新思潮仍然产生了广泛影响，对以后康有为、梁启超维新思想的产生起到了先导作用。

康有为打着"托古改制"的旗号，将西方资本主义政治学说与中国传统的儒家思想相结合来宣传变法。他提出了人类社会的进化过程是经过"据乱世""升平世(小康)"和"太平世(大同)"等三个发展阶段的理论。康有为的思想在当时极具震撼力，为维新变法奠定了理论基础。他先后四次上书皇帝，"他的基本方向在于争取皇帝从上而下地实现他的政治主张。这是传统的'圣君贤相'主义，他要光绪皇帝做圣君，他自己就是贤相。"①

他的学生梁启超将康有为维新思想的影响进一步扩大，在当时的一些爱国知识分子和开明官僚中产生了较大反响，更增强了维新变法的声势。

严复认为要挽救中国，必须维新，要维新，必须大侣"西学"。他通过发表文章和翻译西方著作《天演论》宣传生物进化观点和社会进步理论，探索救国救民的道路，无情抨击了封建顽固思想，提出了"鼓民力""开民智""新民德"的维新主张，也为酝酿中的戊戌变法提供了强有力的思想武器。

其次，维新派与顽固派的论战

在当时三个"要不要"的论战相当激烈，谁也说服不了谁。即要不要实行维新变法，要不要改封建君主制度为君主立宪制度，要不要改革封建的教育制度。一种新思想的产生，必然会遭到保守思想的反对，维新派和顽固派的论战不可避免。这是一场维新与守旧、变法与反变法的争论，是中国的资本主义思想同封建主义思想的第一次正面交锋。维新派利用这次机会使自己的

---

① 胡绳：《从鸦片战争到五四运动》，第 502 页。

思想广泛传播开来，中国的知识分子进一步开阔了眼界，解放了思想，更多的人倒向了维新阵营。

慈禧太后

但是，维新派思想有其不确定性，他们试图以出卖疆土换取少数国家的认可，获取一己私利，以达到沽名钓誉的目的。

1894 年末，谭嗣同给其师欧阳中鹄写信谈及改革路径，提到改革经费的筹措时，谭嗣同说："试为今之时势筹之，已割之地不必论矣。益当尽卖新疆于俄罗斯，尽卖西藏于英吉利，以偿清二万万之欠款。以二境方数万里之大，我之力终不能守，徒为我之累赘，而卖之则不止值二万万，仍可多取值为变法之用，兼请英俄保护中国十年。"认为蒙古、新疆、西藏、青海"毫无利于中国"，不如卖掉"供变法之用"。

康有为在戊戌年前后，也有将西藏、新疆等地卖给列强的想法。据翰林院编修夏孙桐在《书孙文正公事》中记载，朝廷重臣孙家鼐曾质问康有为的新政构想"万端并起"，经费将如何筹措；康有为的回答是：把西藏卖给英国，"可得善价供新政用"。然而康、谭其实并不懂国家之间买卖疆土是怎么回事。在康有为进呈给光绪帝的著作之一《日本变政考》里，康有为举了库页岛

（日本人称桦太岛）划俄和阿拉斯加售美两个例子，来证明其卖疆土搞变法的理念是正确的。然而日俄《桦太千岛交换条约》并非如康氏所言，是日本政府在"卖地"，而是日俄两国的一次边界勘定。至于出售阿拉斯加，其目的并不是为了卖钱来处理内政，其所得亦非如康有为所说，卖了"金钱数万万（亿）"（实际上仅卖了720万美元），更没有拿来"筑铁路、兴学校、购铁舰、增海军"。批评者指出，康有为在进呈给光绪的著作里如此扭曲史实，或是其本就一知半解，或是刻意曲解以引诱光绪赞同卖疆土搞变法。考虑到康氏毕生为学，如梁启超所言，常好博求异，为证成己论，不惜抹杀事实，曲解证据，恐后者之可能性更大。

甲午战前，在列强的侵略下中国社会经济已经发生了明显变化：一方面由于通商口岸不断增加，洋货大量倾销使中国自然经济（首先是通商口岸附近）受到冲击，开始解体；同时土货大量出口，资本主义世界市场附庸的地位逐渐形成。另一方面中国社会经济结构开始变更：鸦片战争后中国相继出现了外国资本主义经济成分、官僚资本主义雏形性经济、民族资本主义经济。

甲午中日战争使中国社会经济发生了深刻的变化：一是战争直接破坏了中国部分地区的封建经济基础。日军侵入辽东半岛、山东半岛，当地人民受到蹂躏、社会生产力遭到极大破坏，损失惨重。二是战后巨额赔款，迫使清政府进行三次政治大借款，沉重的债务负担压在中国人民的头上，列强控制了中国的财政经济命脉。三是《马关条约》设厂的规定，适应了帝国主义资本输出的需要。战后短短几年设厂930余家，分布在各行业。此外，列强还争夺中国的筑路权、开矿权。四是甲午战后列强继续向中国大量倾销商品，年输入量仍在逐年增加。这使中国白银继续大量外流，穷了中国、富了列强，并在继续破坏着中国的社会经济。

戊戌变法失败后，义和团运动的爆发和八国联军大举入侵，慈禧携光绪及若干亲王大臣仓皇西逃，一直到光绪二十七年（1901）11月28日重新回到北京，历时共511天，横跨庚子、辛丑年，官方史学美其名曰"庚子西狩"。当时的清政府及其军队已经无法应付当时的政治局势，财政上也早已严重亏空，这使清朝统治者感到自己的统治根基业已动摇。加上列强不断给清廷施加压力，要求清政府迅速改变当前的无能状态。因此，维护清王朝的统治成为其统治者们面临的首要课题。

当时的洋务派领袖刘坤一、张之洞、袁世凯等,在危机的形势下,不断从内部敦促清政府实行新政;而且这股势力也在不断壮大,坚持保守倾向的人越来越少了。统治集团内部舆论也倾向改革。有官员上奏"中国之制度……奉行日久,不能无弊""于是一切政令皆不能不变""愿自至以往,维新者当实事求是,守旧者毋至死不变,同心以谋富强"。于是,1901 年,慈禧太后正式宣布实行新政。

再次,清政府所谓"仿行立宪"

光绪三十二年(1906)9 月 1 日,清政府颁布《仿行立宪上谕》,预备立宪,原则为"大权统于朝廷,庶政公诸舆论"。据 9 月 3 日《申报》2 版《电传上谕》载:"仿行宪政……应先将官制分别议定,次第更张,并将各项法律详慎厘定,而又广兴教育,清理财务,整饬武备,普设巡警,使绅民明悉国政,以预备立宪基础……"光绪三十四年(1908)8 月 27 日颁布《钦定宪法大纲》,大纲共 23 条,其中"君上大权"14 条,"臣民权利义务"9 条,通篇除涵括"议院不许干涉君主"各势力妥协之产物,亦具备了"臣民需在法律范围内行使权利"等理念。随着《大清报律》等法案先后出台,立宪的用意更加彰明。

宣统帝继位后,其父摄政王载沣遵循皇兄光绪帝的遗嘱,加快立宪的进程。宣统元年(1909),各省谘议局选举。宣统二年(1910)九月初一日,资政院举行第一次开院礼。

宣统三年(1911 年)5 月 8 日,载沣任命庆亲王奕劻为内阁总理大臣,筹组新内阁。新内阁部院首长共有 13 名成员,其中计有内阁总理大臣奕劻(满)、内阁协理大臣那桐(满)、内阁协理大臣徐世昌(汉)、外务大臣梁敦彦(汉)、民政大臣善耆(皇族)、海军大臣载洵(皇族)、司法大臣绍昌(满)、农工商大臣溥伦(皇族)、度支大臣载泽(皇族)、学务大臣唐景崇(汉)、陆军大臣荫昌(满)、邮传大臣盛宣怀(汉)、理藩大臣寿耆(宗室)。13 名国务大臣之中,汉族仅 4 人,满族 9 人,其中皇族竟有 5 人,所以被当时立宪派人士及革命党讽刺称为"皇族内阁"。

第四节　"新政"绕不过的坎

光绪二十六年十二月初十(1901 年 1 月 29 日),慈禧太后用光绪皇帝的名义颁布上谕:"法积则敝,法敝则更,要归于强国利民而已","取外国之长,乃可补中国之短;惩前世之失,乃可作后事之师","穷则思变,安危强弱全系于斯"。① 命督抚以上大臣就朝章国政、吏治民生、学校科举、军制财政等问题详细议奏。2 月 6 日《申报》1 版《本馆接奉电音》:"……世有万祀不易之常经,无一成不变之治法。穷变通久见于大易,损益可知著于论语……总之,法令不更,锢习不破,欲求振作,难议更张。着军机大臣、大学士、六部九卿、出使各国大臣、各省督抚,各就现在情形,参酌中西政要,举凡朝章国故,吏治民生,学校科举,军政财政,当因当革,当省当并,或取诸人,或求诸己,如何而国势始兴,如何而人才始出,如何而度支始裕,如何而武备始修,各举所知,各抒所见,通限两个月,详悉奏议以闻……"4 月 21日,慈禧太后又下令成立了以庆亲王奕劻为首的"督办政务处",作为筹划推行新政的专门机构,任李鸿章、荣禄、昆冈、王文韶、鹿传霖为督办政务大臣,刘坤一、张之洞(后又增加袁世凯)为参与政务大臣,总揽一切新政事宜。张刘二人联名三次上奏《江楚会奏变法三折》,定出改革方向,学习日本,推行君主立宪制。

慈禧太后实行"新政",主要有三件事:一是奖励私人资本办工业。光绪二十九年八月(1903 年 9 月)成立了商部,着手制定商律,允许私人资本自由发展。二是废除科举考试制度,设立学堂,提倡出国留学。三是改革军制,逐渐裁撤旧式绿营、防勇,组建新式军队。

1905 年 9 月 24 日,慈禧太后诏定考察政治大臣五人:特派镇国公载泽、户部侍郎戴鸿慈、兵部侍郎徐世昌、湖南巡抚端方、商部右丞绍英出使西洋。但在出团半途中遭受革命党人吴樾放炸弹行刺,被迫延期(由孙中山率领的革命党反对清政府"君主立宪",认为清政府是以立宪之名行专制之实,一旦立宪之后,君主世袭即成为宪法规范之中,则建立共和政体的计划将更艰难)。

11 月 25 日,清廷设立专门政治体制改革机构"考察政治馆",研究各国宪政,提供宪政改革的咨询。12 月 7 日,考察团第一组戴鸿慈和端方出发,第一站即美国,由美国总统西奥多·罗斯福接见。

1906 年 1 月 14 日,载泽率领考察团第二组出发,徐世昌、绍英伤情未

---

① 《义和团档案史料》,第 914—916 页。

愈，由李盛铎、尚其亨替代。当年夏秋之际，考察团先后回国后进呈了一份主张"强国必须宪政"的考察报告，编成《列国政要》133卷及《欧美政治要义》18章。该报告由随员熊希龄执笔，参考了流亡东京的梁启超和杨度所写的宪政研究资料。载泽和端方拥护宪政的态度发挥了比较重要的作用。载泽于1908年夏出版《考察政治日记》。

光绪皇帝

随后，清廷新政开始实施，主要有以下内容：

第一，编练"新军"，改革"官制"

编练"新军"是清政府新政的主要内容之一。清政府对此投入了巨大财力，物力。但也正是新军的编练，仅仅十年后的1911年，辛亥革命枪响，它成为敲响清朝政府"丧钟"一支有生力量。幸亏慈禧太后已先几年作古，否则，她会悔青肠子的。

1901年8月29日，清政府下谕全国停止武科科举考试；9月11日命令各省仿北洋、两江筹建武备学堂；9月12日下谕全国各省"裁汰旧军，编练常备军"。编练新军的工作在全国展开。为了落实这一新政，1903年12月4日设立练兵处，任庆亲王奕劻总理练兵事务，袁世凯为会办练兵大臣，铁良襄同办理。练兵处的实权为袁世凯所掌握。清政府还令各省设立督练公所，为各省领导编练"新军"的机构。1904年9月，练兵处、兵部奏准在全国编练新军36镇，颁布了《陆军学堂办法》。

1906年11月7日，清政府改兵部为陆军部，将练兵处并入其中，铁良为尚书，统一指挥全国新军。1907年8月，陆军部就全国编练新军36镇制定了的庞大计划，拟于2—5年内，除京畿4镇、四川3镇外，其他各省1—2镇。但直至辛亥革命前夕，仅编成14镇和18个混成协又4标及禁卫军1镇，约16万人。

编练"新军"的同时，也进行了官制改革。其中包括"裁冗衙""裁吏役""停捐纳"。1901年7月24日，清政府撤销总理各国事务衙门，改设外务部，"班列六部之首"；9月19日，清政府宣布停止报捐实官。1902年2月24日，裁河东河道总督，其事务改归河南巡抚兼办；3月6日裁詹事府及通司。1903年9月7日，设商部。1904年12月12日裁云南、湖北两省巡抚，由云贵总督、湖广总督兼管。1905年7月18日，宣布停止捐纳武职。同年9月4日裁奉天府尹，由巡抚兼管；裁奉天府丞，改为东三省学政。设巡警部、设学部、裁国子监。除裁并增设行政机构外，清政府还下令实行"裁陋规""定公费"等举措。

同时清廷还进行筹蒙改制。1906年9月，宣布正式"理藩院改为理藩部"。1907年清政府政务处大臣左绍佐、岑春煊等，奏请将热河、察哈尔、乌里雅苏台、库伦、科布多、阿尔泰等地"悉照内地改设行省"，以加强边防。清政府担心沙俄出面反对，在征询了各部大臣、各地将军、督抚的意见后，仅宣布废止从前关于蒙汉不得通婚的禁令，鼓励内地汉人到蒙古开荒；在蒙古增设卫生局、巡警队、学校、商品陈列所，推行所谓的"新政"。这一举措严重地威胁着蒙古人的生存，同时也妨碍了沙俄在外蒙古的利益。同时内蒙古地区的一些"旗地"因汉人流入增多改为州县。

第二，倡导工商业

1903年9月7日，清政府设立商部，倡导官商创办工商企业。接着，颁布了一系列工商业规章和奖励实业办法，如：《钦定大清商法》《商会章程》《铁路简明章程》《奖励华商公司章程》《矿务章程》《公司注册章程》《试办银行章程》等。这些章程规定，允许自由发展实业，奖励兴办工商企业，鼓励组织商会团体。这些章程的颁布，极大地促进了民族工商业的发展，促进了社会经济的繁荣。1906 年，度支部颁布《清理财政明定办法六项》，负责统一中央及地方衙门财政收支、统筹外债借还、考核各省银号以及规定对各省越时造报财政之惩处。由度支大臣载泽兼任督办盐政大臣，统理全国盐政行政用人之权履行，并在 1902 年《中英商约》中商讨有关免厘加税之条款。而在现代财政预算的组成上，1907 年福州道御史赵炳麟奏请中央制定全国预算。清廷于1910 年首次编制全国预算。

1910 年又颁布《国币则例》二十四条，统一银币及铜币之重量和成色，但由于当时市面流通之旧币总值达 15 亿以上，回收的财政费用已使政府难以承担，最终清廷需要于 1911 年 4 月 15 日向美英法德四国财团贷款 1000 万英镑，以推行有关币制改革。

1896 年清政府成立"铁路总公司"，1900—1905 年间铁路总体发展为1600 公里。除全长 201 公里的京张铁路为本国资金修建外，余路均为外国持有部分股权下所修建。

第三，废除科举制度

清政府推行新政的另一个重要内容是废科举，办学堂，派留学。光绪二十七年(1901)9 月 4 日，清政府命令各省城创办的学堂，书院改成大学堂，各府及直隶州改设中学堂，各县改设小学堂，并多设蒙养学堂；12 月 5 日，颁布学堂科举奖励章程，规定学堂毕业生考试后可得进士、举人、贡生等出身。1902 年 2 月 13 日公布推广学堂办法；8 月 15 日颁布《钦定学堂章程》。1904 年 1 月 13 日又颁布《重订学堂章程》，详细规定了各级学堂章程及管理体制，以法令形式要求在全国推行。与普通学堂并行的还有专业教育，包括师范学堂及各类实业学堂，在学制上自成系统，一套完整的学校制度随之建立。

1905 年 9 月 2 日，光绪皇帝诏准袁世凯、张之洞奏请停止科举，兴办学堂的折子，下令"立停科举以广学校"，使在中国历史上延续了 1300 多年的科举制度被最终废除，科举取士与学校教育实现了彻底的脱钩。12 月 6 日，清廷下谕设立学部，为专管全国学堂事务的机构。清政府在推行新政过程中，把"奖游学"与"改学堂，停科举"并提，要求各省筹集经费选派学生出洋学习，讲求专门学业。对毕业留学生，分别赏给进士、举人等出身。对自备旅费出洋留学的，与派出学生同等对待。

为统一管理留学生工作，清政府分别在 1902 年 10 月 31 日和 1906 年 10 月 2 日派出总监督赴日本和欧洲。1903 年 10 月，又颁布《奖励游学毕业生章程》，规定凡中国留日学生在日本普通中学 5 年毕业，得优等文凭者，给予拔贡出身；在日本文部省直辖之各高等院校及程度相当的各项实业学校 3 年毕业，得优等文凭者，给予举人出身；在大学专科某科或数科，毕业后有选科或普通毕业文凭者，给予进士出身；在国立大学及程度相当的官立学堂中 3 年毕业，得学士文凭者，给予翰林出身；5 年毕业，得博士文凭者，除给予翰林出身外，还给予翰林升阶。最初，在洋务运动期间的留学生计划大都留学英美法等国家，由于庚子赔款后政府财政紧缩，结果清末改革中的留学生计划大都改为留学日本。至 1907 年，留日学生总数达万人以上。

第四，颁布律法

光绪二十八年(1902 年)5 月 13 日，清廷下达一道上谕："现在通商交涉，事益繁多。着派沈家本、伍廷芳将一切现行律例，按照交涉情形，参酌各国法律，悉心考订，妥为拟议。务期中外通行，有裨治理。"中国法律现代化由此起步，几经反复，直至 20 世纪末尚未完成。不过，基本架构已在晚清新政时期奠定。1903 年起，《奖励公司章程》《商标注册试办章程》《商人通例》《公司律》《破产律》《各级审判厅试办章程》《法官考试细则》《集会结社律》等等先后出台。影响最为深远的是三个总结性的大法：《大清刑事民事诉讼法》《大清新刑律》《民律草案》，分别在程序法和实体法领域为中国法律的现代化奠定了牢固的基础。虽因辛亥革命爆发，《民律》已不及审议颁布施行，但 20 世纪上半叶的民国政府均继承了这三个大法。

第五，新政后的效果——经济发展

一是以上各项新政的颁布、实施，对清朝政府来说，是积极有效的，社会发展进程日新月异。但是这些新政已经不能改变日渐衰退的国体，也未能拖延苟延残喘的时间。

1895 年 7 月 19 日，清朝上谕称："叠据中外臣工条陈时务……如修铁路、铸钞币、造机器、开各矿、折南漕、减兵额、创邮政、练陆军、整海军、立学堂；大约以筹饷练兵为急务；以恤商惠工为本源。此应及时举办。"清政府开始"恤工惠商"，即力求保护和扶植私人资本。与此同时，现代财产所有权亦相应逐步确立。《大清民事刑事诉讼法》在"判案后查封产物"一节中规定："凡封票纸查封被告本人之产物，如产物系一家之公物，则封本人名下应得之一分，他人之分不得株连。""凡左列各项不在查封备抵之列：一、本人妻所有之物。二、本人父母兄弟姐妹及各戚属家人之物。三、本人子孙所自得之物。"这表明财产所有权已从家庭甚至家族所有转变为以个人为本位。这些法律条文的出现，就意味着法律开始承认私有财产的正当性与合法性。

1904 年至 1910 年间，设厂数目与投资总额都大大地超过了实施"新政"前。1895 年至 1898 年的民族工业，新设厂投资万元以上者 55 家，年均 13.75家；1904 年至 1910 年新政期间，新设厂投资万元以上者 276 家，年均 39.4家，是前者的 2.87 倍。这种发展还表现在矿业上，1904 年至 1910 年新建采矿业 48 家，超过了以前任何时期。此外，交通、商业、金融等都有了较明显的发展。在农业上，由于土地面积的增加，促进了农作物产量的增长；先进的农业技术和知识的传入，则表明中国农业生产也带有近代的色彩。

清末新政最大的成就是增加了经济自由。按照列强的观点是传统或中世纪中国没有现代意义上的经济自由。就传统经济领域而言，中国人当然可以经营农业、商业和手工业。可是，有个障碍迎面而来：财产所有权的限制。《大清律》承袭传统，明确规定："凡祖父母、父母在，子孙别立户籍，分异财产者，杖一百。若居父母丧而兄弟别立户籍，分异财产者杖八十。"理由是："祖父母、父母在，子孙不得私财，礼也。居丧则兄弟优侍乎亲也，若遂别立户籍，分异财产，均为不孝，故有杖一百、八十之罪。仍令合籍共财。"这是严重压抑经营积极性的规定。更为严重的是清政府为新经济的发展设置了种种障碍。突出的表现是办新式工商、交通和金融事业，一律实行批准制，往往相应设置垄断特权，不准民间资本自由进入。

由于清末的历史局限性，改革没有达到预期目的，一些阻碍民族经济发展的障碍依然大量存在。如清政府第一位驻外使节郭嵩焘，回国退休后，他在给李鸿章的信中说到："轮船之为便利，天下所共知也。愚劣如湘人，亦习焉而知其利。是以十年以前，阻难在士绅；十年以来，阻难专在官。凡三次呈请……独不准百姓置造"，第三次是郭嵩焘出面筹办的，已筹集资本两万余，这个航运公司也没有成功。

如果从同治五年（1865）辩论要不要学西方借法自强算起，清政府内部整整争论了 30 年，才得出这么一个结论。更主要的是鸦片战争以来历经 6 次内外战争，特别是甲午战争失败，内外交困，迫使清政府的经济政策不能不作出重大调整。用当时一篇得到朝廷首肯并转发而流传甚广的奏章的话来说是："今日即使孔孟复生，舍富强外亦无治国之道，而舍仿行西法一途，更无致富强之术。"换句话说，生死存亡迫使这个专制政府不能不放松控制，让老百姓得到一定程度的经济自由。不过，这一权利的法制化，是 1904 年初接连颁布《奏定商会简明章程》《商人通例》《公司律》后的事。其中规定："凡设立公司赴商部注册者，务须将创办公司之合同、规条、章程等一概呈报商部存案。"与国际惯例一样，办企业仅须登记注册即可。

二是在政治上，清末政权机构发生了很大的变化。清末新政前，清政府基本上还是封建的政权机构。在清末新政期间，发生了极大的变化。这种变化不仅表现在 1906 年前改总理衙门为外务部以及设立商部、练兵处、巡警部、学部等；还表现在同年 11 月重新更定官制，除内阁、军机处仍旧外，新设立或改名称的有：外务部、学部、民政部、度支部、陆军部、法部、农工商部、邮传部、海军部、军咨府、资政院、审计院。到此，清政府虽然仍是半新半旧的，但这毕竟是清朝政权机构迈入近代时期的开始。

三是新建陆军是中国建立真正意义上的近代军队，是中国近代军事史上重要的一页，对日后中国军队的军制、作战、训练、编制等方面都有重大影响。尽管它最后的发展方向并未与这场军事变革的发动者——清政府所预期的一致，但是新军建设开创了中国近代军事进程的多项先河，是中国军事近代化的重要进步。

鸦片战争当中，曾经勇武善战的八旗兵在西方列强坚船利炮和新式步炮协同战术的打击下不堪一击，参战清兵与英军伤亡比竟然达到 600 比 1，惨痛的现实迫使清朝统治者从"天朝上国"的美梦中惊醒，开始了"师夷长技以制夷"的洋务运动；然而，中日甲午战争期间，即使是清军已经装备了相当数量的西方先进武器，包括比日军还要先进的毛瑟步枪的情况下仍然一败涂地，究其原因大部分清军是混编各式古老火枪（甚至包括鸟铳、抬枪）与不同口径的近代步枪，没有几个单位配置统一的制式近代武器，战斗一旦打响则后勤供应漏洞百出，有枪无弹、有弹无枪的情况比比皆是。

清朝统治者经过甲午战争发现建立先进的军队才是提高战斗力的根本。

在反思日军胜利因素后，清朝统治者认识到日军"专以西法制胜""一代有一代之兵制，一时有一时之兵制，未可拟古剂以疗新病，居夏日而御寒裘也"。因此，清政府尝试逐渐引入西式军制与训练，开办西式军事学校，同时命令旧有军队改习洋操，聘请西方教官训练甚至管理军队，这些接受西式军事训练，使用制式武器装备的清军被称为新式陆军。其中，北洋的定武军和南洋的自强军在这方面开创了新河。新军建设与洋务运动有着本质的区别，洋务运动是"中学为体、西学为用"，在思想上根本没有承认西方军事思想和制度的领先，幻想单纯从西方列强手中购买洋枪洋炮、替换手中的大刀长矛和土炮就能成为一流军队，而对于真正决定战斗力的军队制度丝毫不做变革，导致清朝军队的战斗力与列强的差距无法考量。因此，洋务运动并没有从本质上改革军队，军队战斗力没有大幅的提升。美国《纽约时报》记者现场采访报道更为直截了当："除了数千由外国军官亲手训练的精锐部队外，大部分的清国官兵即便是手里拿着现代武器，思想却还是活在 300 年前。"

反观新军建设，是从军队制度乃至武器装备、官兵培训等方面做了深刻的变革，近代军队司令部、军事学校、军乐队、近代军事编制、后勤制度以及"国防军"概念等等措施，都是清政府守旧势力不敢想象的。一系列的变革对于提升新军战斗力的效果非常明显，辛亥革命初期，人数上占据优势的旧军面对新军时，大部分一触即溃。最终南方新军在孙中山、黄兴的引导下率众起义，北方新军在袁世凯指挥下进行逼宫，给予清王朝致命的一击。新军的西式军制在清朝灭亡后，经过进一步改进和变革，一直作为国民政府军队的军事制度，而部分军事制度甚至也被后来共产党领导下的军队所沿用、发展，其意义和影响可谓深远。

四是在教育及思想文化方面，通过清末新政，变化显著。其一，结束了科举制度的历史。其二，清末出现了办学热潮。由于清政府号召办学，又公布了《奏定学堂章程》，加上废除科举制度，新式学堂如雨后春笋般出现，达到前所未有的程度。其三，由于清朝政府的号令及地方和个人的努力，很快地出现了留学的热潮。1905 年至 1906 年间，仅留日学生就多达 8000 余人（一说 10000 多人），这同新政前比较，增长了 100 多倍。其四，政治思想界也有所变化。随着清末"预备立宪"的开展，西方近代思想得到了一定的传播，在中国传统思想体系中透进了缕缕民主的曙光。

第五节 新政的结果

一是民族资产阶级崛起

在阶级关系上，清末也发生了很大的变化。随着中国民族资本主义的发展，中国民族资产阶级的力量有了明显地增长，特别是这时，民族资本的中小企业大量涌现，使中国民族资产阶级中下层的力量有了明显地壮大。与此同时，中国工人阶级的队伍，也由甲午战前的10万人左右，增长到辛亥革命前的66万多人。

在新政与民主革命的关系上，新政促进了革命的爆发。清末新政与资产阶级民主革命是互相影响着的两个运动：由于民主革命活动的开展，触动了清朝的封建专制统治，从这个意义上说，民主革命活动促使了清末新政的实行。但同时，我们还必须注意另外一个客观事实，这就是由于清末新政的开展，又在客观上促进了资产阶级民主革命的发展。主要表现是：清末民族资本主义的发展，为资产阶级民主革命提供了经济基础；由于民族资产阶级力量的壮大，为资产阶级民主革命提供了阶级基础；办学和留学热潮的出现，产生了众多的青年学生和知识分子阶层，这是民主革命的群众基础；由于清末新军的出现，革命党人把工作重点转移到新军，新军最终成了清政府的掘墓人的重要力量。

二是袁世凯集团崛起

以袁世凯为代表的北洋军阀的崛起，是清末新政的又一苦果。众所周知，袁世凯是靠在天津小站练兵起家的，又系靠于山东任巡抚时的灵活应变及镇压义和团运动发迹。在新政期间，于1902年清政府又令袁世凯训练新建陆军，到1906年末，北洋六镇的军队都抓在了他的手中。因此，在清末，袁世凯声名显赫，并可以左右朝政。这也使得清朝的覆亡除了有它自身原因外，新政培育出了摧毁自己的"毒瘤"。

三是加深列强的经济侵略

清末新政时，某些经济政策的公布，客观上也为列强输出资本创造了方便条件。列强对华经济侵略加速扩张，民族危机空前深重，西方列强的侵略方式也由原来的商品输出为主转为资本输出为主，近代中国的半殖民地半封建社会经济形态最后形成并进一步深化。

在西方列强看来，与其等着一味守旧的清政府最终被革命所推翻，不如督促清政府实行改革，这样才能维持中国地区局面的稳定和平，进而能够保证其在华利益长期存在。因此，《辛丑条约》签订之前和之后，列强多次向清政府提出改革的建议。从这一点上讲，清政府最后力行新政，在一定程度上含有迎合列强的因素。新政后，民族经济的发展需要大量的资金，张謇是清末提倡实业救国论的代表人物，他于光绪二十一年（1895），奉张之洞之命创办大生纱厂，宣统元年（1909）被公推为江苏谘议局议长。他提出过"棉铁主义"、发展外资等具体发展实业的措施。他还主张以合资、借款、代办等形式，利用外国资本解决发展民族工业所需要的资金问题。

清末提倡实业救国理论的代表人物——张謇

清末张謇在南通创办的纺织厂

但是列强也不希望中国蓦然拒绝资本进入而顿失既得利益，所以英、德、法、美等国以借款为诱饵，力争清政府将铁路收归国有，激化了清政府与民族资产阶级之间的矛盾。同时清末的新政，练新军、办警政，强化了专制的国家机器，提高了军队战斗力，加强了对革命派反抗斗争的侦缉和镇压。

从 1901 年至民国建立，有很多制约经济发展的不利因素：强势和享有特权的外国资本；厘金和其他苛捐杂税；由于政治制度改革滞后带来的政府官员腐败；日俄战争及其他突发事件引起的社会不安和动荡等等。但民族经济仍有不俗的表现。1895—1913 年间，民族资本工业发展速度年均 15%，比第一次世界大战列强无暇东顾期间的发展速度还略高一点。其他经济事业发展也比较顺畅。

清朝末年的几十年时间里，外不强，中不干，内外交困。帝国主义几次侵华战争，使中国声名狼藉，威信扫地，再也挺不起腰杆。官僚政治的腐朽黑暗未曾改变，特别是庚子赔款的数额之大，国力无法承受，清政府只有加征税赋，新创苛捐以弥补。"这时民族资产阶级的上层，他们在政治上代表的是资产阶级改良主义者。八国联军，辛丑条约及其以后的社会政治形势，迅速地把民族资产阶级的中下层推进到爱国运动和社会政治运动中。他们在政治上的代表是资产阶级革命派。资产阶级革命派，带来了在第一次革命高潮中所没有的资产阶级民主主义的革命纲领、革命理想和革命组织。它成为革命的领导力量。"①这些都是以后中国革命到来的主要力量，成为推翻清朝封建统治的主要诱因。

---

① 胡绳：《从鸦片战争到五四运动》，第 569 页。

第三章　孙中山与中国同盟会

中国同盟会于 1905 年 8 月由兴中会、华兴会、光复会合并而成。在推翻清政府、结束中国两千多年封建帝制的辛亥革命中起到重要作用，成立了中国历史上第一个资产阶级共和国——中华民国。这里面的舵手是被毛泽东评价为"中国革命的先行者"的孙中山。毛泽东在《纪念孙中山先生》一文中，高度地评价了孙中山的一生。他说：孙中山是"中国革命民主派的旗帜"，强调纪念他在辛亥革命时期，领导人

孙中山

民推翻帝制建立共和国的丰功伟绩。纪念他在第一次国共合作时期，把旧三民主义发展为新三民主义。他在政治方面给我们留下许多有益的东西。中国近代史之所以发生重大变革，与一大批关心国家前途命运的仁人志士的不懈努力分不开。这里面既有前面提到的保皇派人物康有为、梁启超等，更有革命派孙中山、黄兴、陆征祥、章太炎等众多人物。

第一节　孙中山的革命轨迹

孙中山 1866 年生于广东香山县的一个农民家庭，10 岁进入私塾求学，后随其兄长到檀香山学习，回国后又到香港、广州等地学医，并在澳门、广州设馆行医，1883 年秋在香港与好友陆皓东一起加入基督教。中法战争中大清

不败而败，他"始有志于革命"，"勿敬朝廷"。行医期间常常与陈少白、尤列、杨鹤龄等人"相依甚密，非谈革命，则无以为欢"，被时人目为"四大寇"。陈少白、尤列都名列洪门，陈能诗善画，文采斐然，有才子之誉；尤列家世耕读，博文广识，被孙中山唤作"石龟肚"。因为没有合法行医资格证书，孙中山做医生的时间并不长。他在1894年春，在何启的推荐下，草拟了《上李鸿章书》，偕同陆皓东赴天津求见李鸿章，当时李鸿章正为中日问题焦头烂额，没能接见孙中山，孙留下的万言策也就石沉大海①。失望之余，孙中山断了求人的念头，转赴檀香山，在其兄长的帮助下，发动广大华侨，成立兴中会。该会的誓词鲜明地提出了"驱除鞑虏，恢复中华，创立合众政府"的排满主张。1894年中日甲午战争爆发，从海上打到陆地，腐败的清朝统治者对此手足无措，国家处于危难之中，而清廷这时仍热衷于庆贺慈禧太后六十寿辰。在这种形式下，宋耀如便致函孙中山，让他迅速回国，图谋革命。

孙中山流亡日本期间留影

1895年，孙中山到香港会见陆皓东、郑士良等人，通过老师康德黎又结识了日本人梅屋庄吉。梅屋对孙说："君若举兵，我以财政相助。"在香港，

---

① 蒙木：《危巢卵梦：晚清民初六十年》，中国文史出版社，2016年。

杨衢云、谢缵泰等人早在 1890 年就设立了"辅仁文社",以"驱除满族鞑虏""进行中国大众的革新"为宗旨。因志业相近,孙即与同时也是辅仁文社成员尤列去撮合与辅仁文社合并,杨衢云等欣然同意,1895 年 2 月 21 日兴中会总会在香港成立。并正式以"驱除鞑虏,恢复中华,建立民国,平均地权"为誓。

为了发展组织,孙中山等人随后到了广州,在双门底王家祠成立兴中会广州分会,会址设在双门底东门外,由陆皓东、郑士良等在会所办公,公开打出"农学会"的旗号,以研究农学掩人耳目,实则借此秘密联络会党、防营。程奎光、左斗山、魏友琴、陈廷威、朱淇、苏复出等踊跃立誓入会,会员达数百人。为便于容纳往来同志及贮藏秘密文件和武器,又于东门外咸虾栏张公馆及双门底圣教书楼后礼拜堂设分机关,此外又在省河南北设立小机关数十处 1895 年清政府和日本签订《马关条约》,九州大地群情激奋,加上甲午战争后溃败的很多清兵散入民间,孙等希望他们归己利用,于是在 3 月16 日,兴中会首次干部会议决定发动乙未广州起义,随后即开展了各种活动。乙未广州起义失败后,孙中山、杨衢云等遭到通缉。这次未遂的起义对兴中会打击很大。杨衢云经新加坡前往南非,后转日本,在各地发展兴中会组织。1900 年,杨辞去兴中会会长一职,改由孙中山接任。

孙中山则取道澳门,经香港与陈少白、郑士良避往日本。轮船穿过神户买日本报纸阅览,见新闻报道,题目是"支那革命党首领孙逸仙抵日"。孙对陈少白说:"'革命'二字出于《易经》,汤武革命,顺乎天而应乎人,日人称吾党为革命党,意义甚佳,吾党以后即称革命党可也。"从太平天国以至兴中会,党人均沿用"造反"或"起义""光复"等词,此后中国革命党开始采用"革命"二字,其意义可谓深远。

11 月,孙抵达日本横滨,成立兴中会横滨分会,会长冯镜如。冯任侠好义,是文经印刷店老板,在冯的商店里,孙中山剪掉辫子,改穿西服。1896年初,孙与其妻儿抵达夏威夷,再转往美国,希望在旅美华侨中发展兴中会组织并筹款,但成效甚微。1896 年秋,孙中山又转往英国伦敦,住进康德黎家里不久。被清廷特务诱捕,并被送入中国使馆。孙中山设法将自己被捕的消息传给了康德黎,康德黎连夜报案,次日又前往外交部接洽,并告知《泰晤士报》。英国舆论大哗,但清廷驻英国公使龚照瑗以大清内政为由,拒绝放人。当时英国首相索尔慈伯里决定进行调查处置,并立即咨请内务部派警员监视清使馆,照会清使馆即刻放人,否则将驻英大使及一干外交人员驱逐出境,孙因此获得自由,并被邀以英文《伦敦蒙难记》描述遭遇,这起闻名世界的"绑架案",使孙中山从一名大清帝国的"逃犯",一跃而成为世界级的革命家、政治家,从此声名鹊起,在反清的中国革命的阵营中占据了领袖地位。

1897 年,孙中山经加拿大再往横滨,结识了慕名前来寻访的平山周、宫崎寅藏,通过他们介绍、引荐,孙中山又结识了犬养毅、大隈重信、山田良政等日本军政要人。另外还结识了日本黑龙会首领头山满、内田良平等人。平山周劝孙暂居日本,在孙入驻旅馆时,平山周代填日本姓氏"中山",以掩盖其真实身份,孙则补填名"樵",中山樵成为孙最初的日本姓名,后来章士钊合孙与中山这两个中日之姓为"孙中山"。这就是他由孙文(逸仙)到孙中山之名的来龙去脉。

1898 年戊戌变法失败,康、梁均流亡日本,平山周等人开始撮合孙中山与康梁合作。其实孙中山对康梁颇为熟悉,康有为在广东万木草堂讲学的时候,经常到附近的圣教书楼购买各种西学译本,当时的孙中山也在圣教书楼悬牌行医,见康有为有志西学,便托人转达结交的意思。康有为回应说:"孙某如欲订交,应该先具门生帖拜师才行",所以这次交往未果。随后孙中山又在广州设立农学会,以筹划乙未广州起义,曾经请康有为、陈千秋等加入,又被康有为拒绝。后来陈少白去上海办事,正好碰到康梁晋京会试,他们居住同一家旅馆,便去拜访康有为。陈少白向康有为痛言清朝的政治日坏,非推翻改造,决不足以挽救危局。康有为表示理解,并介绍梁启超相见。广州之役失败后,杨衢云、谢缵泰等亦与康广仁等商谈两党合作事宜,久无诚意。"广仁谓其兄非忠心扶满,不过欲以和平革命方法救国,现时大臣如张之洞等赞成其主张,故不便与革命党公然往还,致招疑忌。孙文躁妄无谋,最易偾事;杨衢云老成持重,大可合作,彼当力劝其兄与杨联合救国等语。"戊戌变法前,光绪帝推行新政,锐意革新,康有为获得青睐,地位骤变,常以帝师自居,康梁身后众人,怕受革命党牵连,皆疏远孙中山等人。孙中山认为康有为等是投降异族的变节分子,无意共和,故相互对抗,彼此倾轧。

戊戌变法失败后,康有为、梁启超、王照、唐才常、毕永年等相继来到日本。同被清廷通缉,流落海外,孙中山便又想促成两党合作。托宫崎寅藏、平山周等斡旋。可是康有为仍然不改保皇初心，对宫崎寅藏、平山周称身奉清帝衣带诏，不便与革命党往还。

经数次斡旋后，孙中山和陈少白、平山周到康有为寓所会谈，在座的除梁启超外，还有王照、徐勤、梁铁军等。陈少白痛斥清廷腐败，非推翻它无以救中国，希望康梁改弦易辙，共同实现革命大业。康有为回答说："今上圣明，必有复辟之一日。余受恩深重，无论如何不能忘记，唯有鞠躬尽瘁，力谋起兵勤王，脱其禁锢瀛台之厄，其他非余所知，只知冬裘夏葛而已。"王照则说："我自到东京以来，一切行动皆不得自由。说话有人监视，往来书信亦被拆阅检查，请诸君评评是何道理。"康则大怒，对陈少白说："这是个疯子，不值得计较。"叫梁铁军带走王照。陈少白怀疑王照确有冤抑，便托平山周一起救出王照。王照脱离康党的约束后，遂向日本当局陈诉所苦，并写出京经过，披露康有为所称衣带诏是假的。康有为恼羞成怒，认为是孙中山等革命党暗中操纵，两党合作终成泡影。

康有为

梁启超

1899年5月，康有为、梁启超、唐才常等人在日本横滨成立自立会，康有为任会长，梁启超为副会长，并在《清议报》上发表《自立会序》宣布维新保皇的政治宗旨。

1900年庚子之役，为革命党和保皇派走向联合提供了契机，毕永年加入了兴中会，他还把唐才常介绍给孙中山。尽管康梁等主张与唐有所不同。但"舍之而势更孤，遂与合作"。在东京，孙中山和梁启超握手言欢，毕永年、吴禄贞、傅慈祥等兴中会成员随唐才常、林圭、秦力山、沈荩、蔡锷等回国策划自立军运动。

孙中山非常重视自立军的行动，5月19日抵达香港，一面通过香港总督以及何启的关系，试图策动李鸿章在两广独立，成立新政府，策划南方诸省独立，成立类似美国的合众国政府，李鸿章本答应与其会见，但后来接旨赴京，会面未果。孙中山同时密约郑士良筹备在惠州发动武装起义，邓荫南、史坚如去广州，准备响应，杨衢云、陈少白留香港，负责接济饷械。1900年10月8日，郑士良在惠州归善（今广东惠阳）三洲田集合三合会会党八十余人，进攻新安沙湾，清军溃逃，义军乘胜向深圳推进，直逼新安县城，然后改向厦门方向运动，准备迎接孙中山及他在日本订购的一批军火。义军在佛子坳、镇隆、永湖、崩岗墟连败清军。21日，经龙岗、淡水进入三多祝。这时日本新任首相伊藤博文突然改变对华政策，下令禁止日本军火出口，并不准孙中山等革命党人在台湾活动，无奈之下，孙中山派山田良政传达指示，请郑士良自决行止，郑士良在外无援军，内乏弹药的情况下，被迫解散义军，自己则率领一部分随从避往香港。

1904年初，孙中山在檀香山加入洪门，成为致公堂"洪棍"。此后洪门会众称孙为"大哥"。同年孙赴美国，一度被美国移民局扣留在旧金山，后得洪门大佬，美洲致公堂总理黄三德保释，代聘律师之后，才免遭被遣送回国。黄三德和孙中山一见如故，允诺在海外为中国革命筹集经费。接着两人一起到美国各州寻求华侨资助，孙中山于纽约首度发表对外宣言，希望博得外国人士对革命的支持。年底他受中国旅欧学生资助转往欧洲活动，在伦敦、巴黎、布鲁塞尔等地的中国留学生中，寻求支持者，进行革命宣传、鼓动。

第二节　华兴会与光复会组织

这里要简要介绍华兴会领导人黄兴以及光复会。

1903年5月，军国民教育会的"运动员"黄兴从日本回国，进行革命活动。11月4日，他以庆祝自己30岁生日为名，邀集刘揆一、宋教仁、章士钊等，在长沙西区保甲局巷彭渊恂家举行秘密会议，决定组织反清革命团体，取名华兴会。会员达数百人，多数为知识分子。宗旨为"驱除鞑虏，复兴中华"；方略为湖南发难，各省响应，"直捣幽燕"。这与兴中会纲领已接近相似。

华兴会建立了相当庞大但不够严密的组织系统。它的总机关为"华兴公司"，设在长沙南门外。在长沙小吴门正街设立东文补习所，名为教授日文，实为华兴会活动机关；又在东街设立作民译社，"以讲求实学，翻译新书为宗旨"，成为华兴会的宣传和联络机关。此外，在醴陵设立禄江学堂，刘揆一任监督，负责调度各路发难事宜。众会员分赴其他各府、县开展活动，华兴会成为湖南革命运动的中心。又在省外设"上海爱国协会""华兴会湖北支部"，使得华兴会活动远远超出一省范围。

华兴会成立后不久，会员即发展到五六百人，绝大多数是从日本留学归来或在国内学堂肄业的进步知识分子。他们构成了华兴会的领导层。为了扩大革命势力，黄兴等还争取了湖南哥老会首领马福益（醴陵市人）的合作，另设联络会党的外围机关同仇会，统领了近十万秘密会党，构成了华兴会的基本队伍。

随着华兴会组织规模的扩大和参加人数的迅速增加，其领导者便开始筹划武装起义，准备择机发难。

1904 年初春的一个风雪之夜，黄兴与刘揆一步行来湘潭茶园铺矿山的一个岩洞中，会晤马福益，共同商定了长沙起义计划，决定于 11 月 16 日慈禧太后七十寿辰、湖南文武官员齐集省城万寿宫五皇殿行礼庆贺时起事。省城内以武备学堂学生为主，并联络新军和巡防营策应；省城外由哥老会分兵 5 路响应，向长沙进军。公推黄兴为主帅，刘揆一和马福益为正副总指挥，同时相约湖北革命党人届时响应，占领两湖，再图北伐，直捣幽燕。归途中，黄兴满怀革命豪情，即兴高吟："结义凭杯酒，驱胡等割鸡。"

随后，起义的准备工作紧张地开展起来，集资筹款，购买枪械，印发革命书刊，加强联络工作。1904 年 9 月 24 日，农历中秋节，浏阳普迹市的牛马交易会热闹非凡，刘揆一受黄兴的委派在此主持了庄严的授将仪式，正式封马福益为少将，并授予马福益所部长枪 20 支、手枪 40 支、马 40 匹。其时，与会者群情振奋，议定只等上海军械运到，即刻起义。

然而，华兴会起事的风声早为官方所察觉。当会党败类刘佐楫（曾任马福益文案）将普迹市开会的情况密告当局，便开始了对华兴会的侦缉和搜捕。长沙城内一片恐怖。湘抚下令逮捕黄兴，军警即刻包围了黄兴的住宅。其时，黄兴外出未归，警察急忙赶往东文讲习所。但黄兴已得知消息，急忙从后门逃逸，随后潜往上海，又与大批华兴会成员东渡日本。马福益走避湘西，于次年谋再举义，事败被捕，1905 年 4 月 20 日在长沙浏阳门外英勇就义，时年40 岁。至此，华兴会在国内的活动基本终止。

光复会又名复古会。1903 年冬由王嘉伟、蒋尊簋、陶成章、魏兰、龚宝铨等人在东京酝酿协商。次年初又经陶、魏回上海与蔡元培商议，至同年 11 月，以龚宝铨组织的军国民教育会暗杀团为基础，在上海正式成立了光复会。蔡元培任会长，陶成章任副会长。总部设在上海新闸路仁和里，后迁三马路保安里。该会的政治纲领即入会誓词为"光复汉族，还我山河，以身许国，功成身退"。主张除文字宣传外，更以暗杀和暴动为主要革命手段。光复会积极联络会党、策动新军，主要活动范围在上海、浙江、江苏、安徽等地。该会的会员最初为四五十人。

1905 年初，徐锡麟加入，随后陶成章、秋瑾等通过创办的大通学堂，发展会党组织，成员大多是资产阶级、小资产阶级知识分子、商人、工匠，亦有少数地主士绅。主要骨干还有章太炎、秋瑾、张恭、徐顺达、赵声、柳亚子、陈去病、熊成基等人。该会在东京设有分部，而以绍兴为活动中心。光复会的宗旨与兴中会的"驱逐鞑虏，恢复中华"的内容十分相近，说明两者在反满的立场上是一致的。"光复、同盟，前后离合不一，宗旨固无大异，皆以种族革命为务"，因而在同盟会成立时，在日本东京的部分光复会员加入了同盟会。

光复会主张恢复汉室，建立汉人统治的政权。徐锡麟、陶成章乃至章太炎均存在不同程度的帝王思想。陶成章就说过："革命就是造反，……改朝换代"。章太炎在《代议然否论》中认为"帝王一人秉政，优于立宪，没有什么不好"。在革命宗旨的问题上，光复会与同盟会存在着分歧和对立。

在革命运作的方式上，光复会主张"在宣传革命之外，主要在于革命之力行及实施"，在"用暴力取得政权后，才能实施民主政治"；认为"同盟会虽也重视武装革命，但其领导居国外为多，宣传因之多于力行"。

由于光复会与同盟会宗旨异趣，"弥隙难缝"，不久光复会就退出了同盟会，仍以光复会的名义独自进行活动。

第三节 中国同盟会的成立

1905 年 5 月，孙中山从法国马赛乘船经新加坡、越南西贡，于 7 月中旬到达日本横滨。当时由于清政府实行新政，公费派出大量留学人员，其中赴日本留学生最多，他们走出国门，立即受到革命思想的冲击，看到没落的清廷，无抵御外侮的能力，更没有真正意义上的立宪诚意，认定只有起来革命，通过自救救国会的途径，才能推翻清朝封建帝制统治，建立民主共和的国家。由于孙中山在欧洲的比利时、德国、法国组织过以留学生为基础的革命团体，而消息早已传到日本，留日学生及旅日各界人士翘首以盼，渴望见到孙中山，接受他的思想洗礼，同时接受他的领导。

1905 年 8 月 13 日下午 2 时，中国留日学生在东京麴町区富士见楼开会欢迎孙中山。虽正值暑假期间，但到会者竟达 1800 余人。后到者进不去，伫立街边仰望楼上者，有六七百人之多。孙中山穿洁白的西装从容步入会场，盛况空前。宋教仁致欢迎词后，孙中山做了两小时演说。

他说："现在中国要由我们四万万国民兴起，今天我们是最先兴起的一天，从今后要用尽我们的力量，提起这件改革的事情来，我们放下精神说要中国兴，中国断乎没有不兴的道理。他呼吁抛弃'君主制'，择地球上最文明的政治法律来救我们中国，把中国建成一个 20 世纪头等的共和国。"掌声阵阵，经久不息。陈天华欢呼孙中山"是吾四万万人之代表也，是中国英雄中之英雄也！"之后程家柽、蒯寿枢、张继、宫崎寅藏、末永节也发表了演说。富士见楼欢迎会成为建立中国同盟会的动员大会。

8 月 20 日，中国同盟会在东京赤坂区头山满提供的民宅二楼榻榻米房，召开成立大会，参加者为留日学生和日中友好人士。关内 17 省均有人参加（甘肃未有留日学生参加）。大会通过孙中山起草的《同盟会宣言》和《同盟会对外宣言》以及黄兴起草的会章。经大会讨论通过的章程规定，以东京为本部所在地，总理以下分设执行、评议、司法 3 部；在国内外分设 9 个支部（国内有东、西、南、北、中 5 个支部，国外有南洋、欧洲、美洲、檀香山 4 个支部），并在各省区成立分会。会上推举孙中山为总理，黄兴为执行部庶务长，协助总理主持本部工作。大会又通过以《二十世纪之支那》杂志作为同盟会的机关报,后改名为《民报》。除制定了《军政府宣言》《中国同盟会总章》和《革命方略》等文件,并决定在国内外建立支部和分会,联络华侨、会党和新军,成为全国性的革命组织。

同盟会确认孙中山提出的"驱除鞑虏,恢复中华,创立民国,平均地权"十六字纲领,该纲领后又被解释为三民主义学说;《民报》在章炳麟、陶成章等主编下,由胡汉民、汪精卫等执笔,与由康有为、梁启超执笔的主张保皇的《新民丛报》展开激烈论战,成为革命思想的重要阵地。

同盟会随后在国内多地设立支部,发展同盟会员及开展各种宣传活动。同时,自1906年起曾在国内多地组织起义,试图推翻清政府,但都没有成功。先后发动了萍浏醴起义(1906年12月,又称"丙午萍浏之役")、黄冈起义(1907年5月,又称"丁未黄冈之役")、七女湖起义(1907年6月,又称"丁未惠州七女湖之役")、钦廉防城起义(1907年9月,又称"丁未防城之役")、镇南关起义(1907年12月,又称"丁未镇南关之役")、钦廉上思起义(1908年3月,又称"戊申马笃山之役")、云南河口起义(1908年4月,又称"戊申河口之役")、广州新军起义(1910年2月,又称"庚戌广州新军之役")和黄花岗起义(1911年4月27日,农历三月二十九日,又称"辛亥广州起义""辛亥广州三月二十九日之役")。其中1906年萍浏醴起义是同盟会成立后发动的第一次大规模的武装起义,是太平天国以后中国南方爆发的一次范围最大的反清革命斗争,牺牲义军将士及其亲属逾万人;黄花岗起义参与及牺牲者多为同盟会骨干成员。这一系列武装起义,真正开始敲响推翻清廷封建统治的丧钟,为武昌起义奠定了基础。

历史学家吴雁南在20世纪80年代初曾撰文,对学术界通行的同盟会成立于1905年8月的认识进行"补正",指出这一说法"是不够确切的"。其源头可追溯自同年春孙中山等在比利时创办的革命组织"同盟会",应当"把1905年春在比利时成立同盟会到中国留学生在东京成立同盟会视作中国资产阶级革命政党的形成过程"。同期,其他人也有类似看法,认为孙中山在欧洲成立的革命团体"是中国同盟会的一个雏形"。[①]

---

① 吴雁南:《中国同盟会成立时间补正》,《史学月刊》1982年第1期;陈旭麓主编:《近代中国八十年》,上海人民出版社,1983年,第446页。

1903 年陈天华撰写《警世钟》　　　　　1903 年陈天华撰写《猛回头》并在日本出版

后来，日本学者寺广映雄对"欧洲同盟会"的意义做了进一步研究，指出"欧洲同盟会"，"实际上是以孙中山为中心，与湖北出身的革命学生之间热烈讨论的结果，这件事情不仅对兴中会的革命方式给予了极大的影响，而且对数日后在东京成立的同盟会也有着重要的意义"。这个革命团体的产生，意味着海外学生"实质上承认了孙在今后革命运动中的最高领导者的地位"。它的誓词(即孙中山倡导的"驱除鞑虏，恢复中华，创立民国，平均地权"四大纲领)和入党方式，"在中国同盟会成立时几乎是原样照搬过去的"。所以说，这个革命团体"对兴中会的革命组织和革命的方法进行了修正与否定，确立了新的组织与方法，形成后来中国同盟会这个革命组织和进行革命方式的基础"。①

---

① 〔日〕寺广映雄：《关于欧洲同盟会的成立和意义》，郭传玺译，《中州学刊》，1996 年第 2 期。

第四章 辛亥革命前陕西局势

陕西虽地处内陆，交通不畅，消息封闭，但是辛亥革命前，依然受到国际国内时局影响。帝国主义历次对中国的侵略战争，与清政府签订的一系列不平等条约，致使国家割地赔款，增加老百姓负担。而清朝政府软弱无能、腐败堕落，对群众实行高压统治，导致民不聊生。国内其他地区风起云涌的武装斗争及反封建、反帝国主义运动不可能对陕西没有影响，陕西人的觉悟在这样的背景下开始觉悟，警醒。

第一节 清末税赋徭役民不聊生

清政府对外的巨额赔款、庞大军费开支以及穷奢淫逸腐朽生活的浩繁开支，均通过各种渠道，分摊到各省，陕西同样不能例外。仅庚子赔款一项，

西安鼓楼

陕西就负担 60 万两白银，加上由此而借的外债，每年需还息银 39 万余两，共计 97.4 万两。1900 年发生的宁强燕子砭教案和三边教案，又赔款近 20 万两。办新军、上缴和解往他省的军费开支，每年总计不下 90 万两。[①] 至于官吏薪俸及其他支出，更是名目繁多，层层加码。为了筹集巨额银两，政府别无良策，只有向老百姓搜刮，于是苛捐杂税接踵而来，当时的国家税收，附于地丁者有新加之赔款、差徭，附于盐课者有新旧之盐斤加价，附于厘金者有烟、酒、糖之加税。就陕西地方税来看，办学有捐，办警务有捐，筹地方自治有捐，谋地方公益有捐，筹办西潼铁路有捐，如此等等。捐到各府、州、县，名目更多，有地捐、亩捐、随粮派捐、按人抽捐、商捐、赌博捐，陕北米脂县还有按烟囱收的所谓"烟囱捐"等等。如此繁多的捐税，使陕西人民的负担成倍增加。例如，仅赔款一项每年给关中三十六县，按原负担每正银（地丁）一两，再加收四钱；陕南二十多县，每正银一两加收五至七钱，还有重达一两者；而且所加捐税，每年随粮带征，一次纳清不得拖欠。[②] 再如盐斤加价，食盐当时不许私商贩卖，全由官办，在每县及所属大镇设立"官盐局"承担销售业务以及负责运输事宜。陕西产盐很少，主要从甘肃的花马池、山西运城一带运进。为了归还赔款，当局分别给甘盐每斤加价八文，山西路盐每斤加价四文。[③] 官府正式加价，官商私自抬价，使盐价飞涨。光绪初年，每斤食盐价十六至十七文，到光绪二十九年（1903）以后猛增至六七十文，边远地区增加到百文以上。食盐如此昂贵，百姓经常是无钱可买而淡食。至于税收增加更是十分惊人。到 1911 年，黄酒税由原来每百斤银三分增至一两五钱，小草绳由原来每十捆银三钱增至三两，白布由原来每百匹银八钱八分增至三两一钱，烂丝由原来每百斤银六钱增至每百斤银六两。[④] 税收成十倍的增加，而且形成无物不纳税的局面，据记载，当局为了欺骗群众，"以改办统税为名，尽力搜刮，竭泽而渔，虽一草绳、竹篾之微物，均不能免。"[⑤]1906 年，陕西又筹划"官办"西潼（西安至潼关）铁路，据统计，以 300 里路计算，约需

①《陕西清理财政说明书》，岁解协款说明书，第 1—2 页。
②《续修陕西通志稿》，卷三十，第 31—32 页。
③《陕西清理财政说明书》，岁入盐课类说明书，第 6—7 页。
④《民立报》，1911 年 4 月 5 日。
⑤《民立报》，1911 年 3 月 24 日。

要银300万两。当时陕西本来就贫穷落后，再加上赔款、练新军增筹之款项，数逾百万，实已筋疲力尽，只得先筹修西安至临潼这一段，约59里，为筹得此款，又按亩加捐，给土厘每两再加十二文，食盐每斤再加二文，又将"仓捐"（即义仓备荒粮）每亩所收三升划归路捐。捐到各地，地方官吏层层加码，群众所负担的捐税又数倍增加，再加上原有的地租、高利贷的盘剥，以及其他叫不上名字的税赋、徭役等，压得百姓喘不过气。

对人民群众如此苛刻的掠夺，仍支撑不了清政府将要倒塌的经济大厦。光绪末年，陕西每年财政收入200万两，但支出银达300万两，亏空近百万两。到辛亥革命爆发时，陕西预算年入银421万两，而支出却达630多万两，亏空达200多万两。[1]百姓负担已经达到无法承受的地步，连陕西当局某些头脑清楚的人都惊呼，"陕西为贫瘠省份""再加之岂能堪乎?"若不早想办法，"殆有不堪设想者也"[2]。可见经济问题已经到了非常严重的程度，清政府在陕西统治时的经济基础已经处于崩溃边沿。

轿，清末流行于西北一带的交通工具(陕西师范大学史红帅提供)

---

[1] 《民立报》，1910年12月9日。
[2] 《陕西清理财政说明书》，岁入协款说明书，第3页。

辛亥革命前，陕西当局只知道对人民群众敲骨吸髓，无暇顾及基础设施建设以及水利建设，人民深受旱涝灾害之苦。1900 年前后，水灾旱灾连年发生，光绪二十五年(1899)冬季下雪极少，开春后又长期无雨，禾苗枯萎，赤地千里，粮食奇缺，饥民成千上万流徙满路，此后几年连年歉收，"亢旱尤甚，麦秋既已失望，杂粮迄未长成。节逾霜降，春麦不能下种。通省惟西、同、凤三属，向来稍有窖藏，近时亦苦，力有不及。而北山一带，地本跷瘠，更无隔夜之储"①。连年歉收使粮价飞涨数倍。大荔县"麦歉收，夏收不雨，十一月微雪有种豌豆者，亦皆不熟，大饥。麦石价银由五两涨至十五六两"②。华阴县"民皆挖草根树皮以食"③。不法商人在地租剥削之外，又乘机放高利贷，八折出借，滚算月利，不及一年，利过于本。粮商亦囤积居奇，私抬粮价，贫苦农民无钱购买，或卖儿卖女，或弃地逃荒，甚至活活饿死，出现"秦中道殣相望""赤地千里，饿乎载道"的悲惨情景，当时陕西人口八百万，饥民竟达到三百万。饥民的大量流亡，使土地荒弃现象十分严重。据《秦中官报》的不完全统计，西安府属临潼县，新荒地达二百三十四顷六十七亩六分二厘；同州府属的白水县，新荒地五百四十五顷三十八亩；三水县(今旬邑县)，新荒地九百九十八顷七十三亩。④ 不难看出，以农业生产为主要经济来源的陕西省民生凋敝到何种程度。

第二节　慈禧逃陕　搜刮钱财

正当人民群众在死亡线上挣扎之时，"皇差"又接踵而来。1900 年，八国联军以绞杀义和团为名占领天津，光绪二十六年七月二十日(1900 年 8 月 14 日)又打到了北京，北京沦陷后，慈禧太后带着光绪皇帝和部分皇族、大臣，仓皇离宫，从北京城西北德胜门逃离，他们一行经昌平出居庸关，过山西，于 10 月 19 日到达陕西。慈禧一行所到之处，均要竭尽全力预备皇差。凡打尖和住宿之处，必须房屋宽大，粉饰一新，悬灯结彩，并且摆上数百盆奇花

---

① 《续修陕西通志稿》，卷一百二十七，第 27 页。
② 《续修大荔县旧志存稿》，事征，第 2 页。
③ 《华阴县志》，卷八，杂事志，兵荒，第 2 页。
④ 《秦中官报》，光绪三十年五月，秦事汇编，第 2 页。

异草。"各州县供给伙食，一次就得数百桌。故凡当时走到每个州县，见有支应局所搭的临时厨房席棚，就占半条街那么大。所经之路称为御路，修成马路的样子，临时还需要用黄土垫道，净水泼洒。"①华阴县官绅为了迎接"圣驾"，"目不睫者数十日，张灯结彩，及备豪华，门壁仰棚，便施绸缎"②。其他各州县的情况，大抵也是如此。时任陕西巡抚端方为了取得慈禧太后的欢心，亲自办理皇差，征用大批民工，先修陕甘总署为行宫(因总督衙门迁往兰州，房屋可用)，朱漆云龙，装饰一新。但"驾至嫌其不敷，改住抚署"③。于是，端方又急忙在抚署内大兴土木，拆民房招名匠，一切皆仿京宫式样，雕梁画柱，砖地均凿以花鸟。

慈禧太后到西安后，还不顾国难当头，依然挥霍如旧。她一人就用厨师数十人，每日三餐银贰佰余两(当时在陕西可以买3800斤小麦)，并且令各省进贡名贵食物。在陕住了8个多月，共挥霍白银12万两之多。全部皇差，共耗银31万两④。除王公大臣外，护驾的"卫兵"以及各地"勤王之师"，驻扎西安不仅要陕西供养，而且这些兵三五成群，到处抢劫奸淫，无恶不作，闹得人心惶惶。慈禧出京时拉车的牛，亦命名为"恩牛"，被披红挂彩，在街面横冲直撞，顶翻货摊，撞伤行人，也无人敢于拦阻，随慈禧太后而来的一群官吏，身着花花绿绿的官服，请客送礼，好不忙碌，致使西安一时有"有京师气象"⑤。而挣扎在死亡线上的贫苦人民，却食不果腹，沿街乞讨，甚至卖儿卖女。太后行宫的墙外，就是埋葬饿死饥民的"万人坑"，其境况之凄惨，不忍目睹。

慈禧住西安期间，为了大量搜刮钱财，仍卖官鬻爵。潼关县施某想得道员职位，就贿赂太监李莲英。李问慈禧，她竟无耻地说："今蒙尘于外，价可稍廉，然道员可擢两司，至少需万金。"⑥城固县有一尹姓大财主死后，其子与继母争夺家产，互不相让。该妇到西安向慈禧"捐"银一万两，即买得"二品诰命夫人"头衔，企图以此来打赢官司。上行下效，其他当朝官僚，行贿受

---

① 岳超：《庚子随行简记》，载《近代史资料》1957年第5期。
② 《重修华县县志》，卷一，大事记。
③ 《义和团》，资料丛刊(三)，第484页。
④ 《义和团档案资料》，下册，第1248页。
⑤ 《义和团》资料丛刊(三)，第484页。
⑥ 《义和团》资料丛刊(三)，484页。

贿，可想而知。如此敛财手段，使慈禧在逃亡之中大发其财。在离开西安时，征集了行李车三千余辆，把在西安搜集来的财物"六七百万两，尽辇之而东"①。繁重的"皇差"压得人民无法活命，西安饥民忍无可忍，自发组织起来，冒着杀头监禁的危险，到慈禧行宫前请愿。他们围住军机大臣荣禄，要求免捐救灾。慈禧甚为恐慌，为了平息民愤，不得不下旨赈济，但仍是杯水车薪，并没有真正解决饥民的生计问题。

第三节　地方官吏搜刮盘剥

政治腐败，官吏昏庸是清末的最大弊病。特别是地方官吏层层盘剥，卖官鬻爵，轮番加码更使百姓负担加重，民不聊生。掌握陕西省大权的总督、巡抚及司道大员，政治上多反动顽劣，吏治上多昏庸无能，在全国都是典型的。据当时的史书及报刊记载，辛亥革命前夕的陕西总督升允，就以"顽固不化""妄兴党狱"而闻名。他下台后，陕甘的进步人士集资拟雕其木像，"在任种种殃民劣迹，立于路旁，有如秦桧之铁像，任人唾骂"②，可见其为政之劣和民愤之大。

巡抚恩寿更是"贪鄙无耻""败坏吏治"，滥加统税，纳贿买官，秽声四播，陕人切齿痛恨。就其卖官而言，对于肥缺美差，往往"居为奇货"，非花大价不能得到。即典史、巡检、局所之类的微末小差事，也必须花钱"运动"。因此，当时报刊说"全省差缺"被其"一网打尽"，"呜呼，恩寿胡为乃尔"。③善于行贿者胡微元，因谙此道，一年之中竟然"三

恩寿

① 《满清野史》，第九章，《蒙尘时之市官条》。
② 《民呼日报》，1909 年合订本，第 444 页。
③ 《民立报》，1911 年 6 月 29 日。

得肥缺"。恩寿每年仅"门包"（规礼）就可得银两万余辆，难怪《民立报》大声疾呼："恩寿不死不走，陕民无复望活亦！"

新军督练公所总办王毓江，认恩寿为"义父"。两人狼狈为奸，弄权受贿。王以恩寿为后台，狐假虎威，有恃无恐。他去潼关公干时，看中该地参将刘少良好马一匹，未能得到，一直耿耿于怀。不久刘去世，其部下巡防队管带洪隆庭以诈骗手段得此马，立即送交王公馆。王毓江遂在恩寿面前为洪活动，洪又送恩寿二千两银子，很快就被提升为汉中府巡防总领之职。在王毓江职权范围内，别人要得一差使，必须按"定价"付款，如"优差"，王必在数日内招其打牌赌钱，来这明白此系索贿之妙计，所以只能输不能赢。

掌管财权的藩司余诚格，以该办"统税"为名，暴涨税厘，极尽搜刮。有的物品税金竟与价格相同。其下属经常以多报少，借端勒索留难，"苛扰万状"。而本人则在办理"统税"中大发横财，"箱笼累累"。陕西人民对其卑劣行径"衔之刺骨"，有人冒险在藩司署的照壁上张贴"驱除民贼"四个大字，以泄其愤。1911年春，余诚格调离陕西时，西安市民在其"过市之时，皆痛骂不绝口"。有位卖卷烟的小贩，在大街上"焚化烟钱，大呼送瘟神、送瘟神"。余的警卫、仆从摄于群众威力，也"无可如何"。[①] 这样的赃官，离陕去湖北、湖南绕了一圈，后竟又被清廷任命为陕西巡抚，他自知在陕西已天怒人怨，未敢就任。

臬司锡桐，在政事上素有"糊涂鬼"之称，甚至连自己熟悉的属员姓名都记不住，但搜刮勒索、纳贿卖官却毫不含糊，录用部属时，名为"考取"，实为卖官。它规定科长需贿银五百，科员三百，未送贿者，概不录用。在他负责陕西司法期间，考取录用者"无一通晓法律之人"。

提学使余堃，反对"新学"，提倡"旧学"，对于陕西教育，千方百计地"阻碍其进步，锢塞其知识"。他严禁学生阅读进步思想的"新书"和学习西方的科学知识。他迫害革命党人，禁止同盟会活动，镇压学生运动。为了与"新学"对抗，他在陕西创办了"存古学堂"，以四书、五经为主要教材，提倡尊孔，要学生正身修身。他规定，每月初一、十五学堂师生必须到文庙拜孔子。为了与新学堂有别，存古学堂上课时竟然不用黑板、粉笔，而偏要用白板、

---

① 《民立报》，1911年4月29日。

黑笔，其愚顽守旧达到何等可笑的地步。存古学堂为了与新学争取学生，给学生以特别优待，不仅不收宿膳费，而且每人每月补贴银子八两，① 尽管如此，入学者寥寥无几。

至于那些下层官吏，强取豪夺，并不亚于上层官吏。有的县官不满足于一般的贪污受贿，挖空心思地乱摊滥派，不仅要群众负担县衙日常所需的粮、油、肉、菜等，甚至连县府用的抹布，县官内眷用的包脚布之类，亦要群众交送。大官大贪，小官小贪，这就是当时陕西政界的实际状况。

于右任写的一首诗中，怒称这伙贪官污吏为"署中狗"，他写道："署中豢尔当何用？分噬吾民脂与膏。"② 这正是当时广大人民群众对陕西当局反动统治强烈不满的真实写照。天灾人祸，经济凋敝，民不聊生，当时的陕西社会状况确实如此。

于右任

① 《民呼日报》，1909 年 8 月 2 日。
② 《于右任先生诗集》，上卷，第 3 页。

第五章 反帝反侵略的斗争运动

19 世纪末，各帝国主义疯狂侵略中国边疆和邻近国家，危机出现；甲午战争后，帝国主义列强进一步向中国输出资本，在政治上则签订不平等条约，强占"租界地"和划分"势力范围"，掀起了瓜分中国的热潮。在文化上通过教会在华传教、游历、考察等深入到城市或乡村进行传播活动，使民族危机愈加严重，终于爆发了义和团反帝爱国运动。

其实早在 17 世纪中叶，外国传教士就来陕西传教。1664 年，西安、汉中等地就建有天主教教堂。鸦片战争后，教会依仗不平等条约，作为外国列强的侵略工具，随着帝国主义侵华而不断发展，并且，任意在中国划分传教区，兴建教堂。陕西关中地区基本上属于英、法天主教的传教区，汉中、兴安（安康）两府属意大利传教区，陕北各县属比利时天主教传教区。1900 年前后，教会在陕西关中高陵县通远坊、陕南城固县的古路坝和陕北靖边县的宁条梁，分别建立了三个总教堂。又以这三个总教堂为据点，在全省各地共建大小教堂及各类传教点 500 余处，教徒发展到 3 万多人。在陕北，教会到处修建土寨，组织教民武装。尤其是陕南"兴、汉一带，教堂林立"[1]，遍布乡里。到辛亥革命前后，教堂更是遍及全省各地。在传教士中，确有以慈善事业为本质的，但也有不少传教士自恃背后有帝国主义列强做靠山，又得到清政府的默许，地方官府也惧怕三分。他们以传教为名，打着"行善""广布天主仁爱"的招牌，肆无忌惮地奴役和蹂躏中国人民。陕西的不法教士更是恶迹昭彰，秽声四播。他们所到之处，侵占大量土地，欺压群众，包揽词讼，袒护教民，人民恨之入骨。例如：宝鸡一农民理发时，因不满教会欺压而发牢骚，骂了教会几句，不料被旁边一教民听见，报告教会，教会即派人把这个农民打得

---

[1] 《辛亥革命》资料丛刊，第 481 页。

头破血流，扭送官府，在场的人纷纷不平，却无可奈何。1900 年，陕南城固县富豪衡士一的家庭经济纠纷案，就是教会包揽词讼、袒护教民的一个典型事例。衡士一生前因其子早逝，收养堂侄衡长绪为养子。衡逝世后，衡长绪与养母张氏争夺家产，各施手段。张氏走官府门径，耗费巨资，向朝廷"报效银一万金"，[①] 卖得封号，自以为打赢官司有了保证。而衡长绪却投身了教会，教会保证给衡长绪"代为保护财产"，并向官府提出种种要求，官府"一无所违"。张氏不服，不断上诉，打了四年官司，仍以失败告终。衡长绪虽然打赢了官司，却未得到任何实惠，结算打官司费用，除去已交教会三万余金之外，"尚欠教堂三千金"。这时，衡长绪才深悔受了教会"愚弄"，坚不愿再受教会保护，但无济于事。到 1900 年，在义和团反帝运动的影响下，陕西境内也爆发了反教会侵占掠夺的斗争，其中规模和影响较大的是宁羌州(今宁强县)的燕子砭教案、三边(定边、靖边、安边)教案和平利教案。

第一节　燕子砭教案

燕子砭位于宁羌西部，居陕、甘、川三省交界处，燕子河与嘉陵江在此交汇，因从远处看，燕子砭就像嘉陵江边一个展翅的燕子故而得名，这里交通便利，物产丰富。与燕子河一河之隔的青岗坪，北临金子山，上有千佛寺，南濒嘉陵江，风景秀丽，环境幽雅，为当地一商旅辐辏之地。

1898 年(光绪二十四年)，汉中天主教主教安庭相，以古路坝教堂为汉中地区总教堂，向汉中府属各地开展扩建新教堂。当时意大利籍传教士郭西德来到宁强燕子砭一带传教。郭一到宁强燕子砭，就与当地李占鳌、李大银相互勾结、沆瀣一气，并封他们为掌教。为了在燕子砭找到一块立足之地，他们看中了青岗坪这块地方，就想方设法霸占当地居民任永林的房子做教堂。郭西德以入教死后可以升天堂来欺骗群众，同时又借看病、讨药不收钱等手段来拉拢群众入教。教会又常用教规来约束教民，经常强迫教民向教会捐粮款，服各种杂役，甚至要教民的女儿在出嫁前三天到教堂接受传教士的"领洗"，"领洗"的姑娘们常被他们奸污或侮辱。当地群众潘长富、郑千仁、举

人杨海等多人的眷属，均遭郭西德奸污。该郭自恃上有州县的官府撑腰，下有土豪恶霸、流氓地痞为打手，在燕子砭一带收租放债，高利盘剥，欺压群众，奸污教民妻女，当地人民对其恨之入骨。

1898年，燕子砭遭水灾农田大部被淹，次年又遇大旱。连年灾害，粮食歉收，群众以野菜、树皮、草根充饥。教会乘机勾结官府，开当地"义仓"放粮，但将粮食只给教民而不给非教民；又以"赈灾"为名，筑灶舍饭；并说水旱灾害，是天主降罪，入教方可免灾，欺骗群众入教。

宁羌(强)燕子砭老街依旧　　　　　　宁羌(强)燕子砭依山傍水

1900年风调雨顺，稍有收成，郭西德又以归还"赈灾"粮为名，向群众摊派粮食六百多石，就连一般地主绅士如李云栋等家，也被摊麦、谷各十石，要求限期交清。群众交纳不起，郭竟指示教民抢收庄稼。教会的所作所为，早已引起群众的痛恨。此次抢粮，民愤更大。以李云栋为首的当地群众，酝酿着一场反教会的斗争。

李云栋，字述棠，宁羌州人，秀才出身，在当地教书多年。他对郭西德的恶行劣迹早已不满。郭西德这次摊派粮食，他家又深受其害。另外，当地农民潘长富、贡生滕尚贤、举人杨海等人均有亲属被郭西德奸污，他们对郭西德早已怀恨在心。这期间，义和团反帝的消息传到来，李云栋一面写信给在汉中府教书的哥哥李朝栋，了解义和团的情况，一面和潘长富、潘长贵、杨海、滕尚贤、杨春华、王登科等人联络，分头发动群众。不久，李朝栋从汉中回信给李云栋说：现在各地义和团都在反抗洋人，你们可以组织力量把郭西德赶走。一场酝酿已久的反对不法传教士的斗争就要爆发了。

1900年7月2日(光绪二十六年六月二十五日)晚，杨海、李云栋等，利用当地"点团"的机会，鸣锣击鼓，四面八方群众，闻声打上灯笼、火把，持刀、矛和各式农具纷纷赶来，很快聚集了数百人。群众高呼"杀洋人为民除害"等口号向青岗坪进发。郭西德得到群众要攻打青岗坪教堂的消息，急忙派人往宁羌州衙门求援，并准备逃跑，但教堂周围已被群众封锁，他无路可逃，便慌忙躲到燕子砭税务局。群众包围了税务局，当郭跪在后门口祈祷时，被群众抓获。郭要求把他送到官府，群众清楚这样等于放虎归山，当即用刀、矛将他砍伤，然后绑起来，扔到燕子砭街中心。第二天清晨，群众将郭砍成几段，尸体扔到嘉陵江中。同时，杀死地痞李大银等。

事发之后，新任汉中区主教拨士林得到从燕子砭逃跑的教会教民李占鳌的报告，立即上报梵蒂冈教皇。帝国主义以郭西德被杀为借口，向清政府提出种种无理要求。清政府遂于1901年5月和帝国主义签订了燕子砭"解决"教案的可耻条约，条约规定：赔偿白银五万两，作为郭西德以及被群众处死的教民的"命价"；允许帝国主义在宁羌州城及燕子砭、汉中各地修建教堂；免收天主教堂一切捐税；惩办燕子砭教案的主要领导者等。为了向教会献媚，清政府还"赏赐"汉中教区主教拨士林一品顶戴，副主教康乐尧三品顶戴。同年九月，清政府和帝国主义签订的《辛丑条约》中又明确规定：停止宁羌文武科举考试五年[1]。1902年春，清政府四处搜捕燕子砭教案领导人。潘长富、潘长贵、杨海、杨春华等人先后被捕，李云栋、李朝栋逃往外地。清政府扬言如果抓不到李云栋就要大屠燕子砭一带百姓，李云栋得知消息后，为了燕子砭一带群众不受牵连，生灵免遭涂炭，挺身而出，到官府投案。

李云栋被捕后，陕西当局下令把李云栋、潘长富等人押送西安处决。燕子砭一带人民知道消息后，立即组织起来，以刀、矛、土炮为武器，"团集据山水险"处，要"杀媚外者"，营救被捕的亲人。汉中教会十分害怕，便勾结当地官吏，于1902年8月11日在押解汉中途中，把李云栋、潘长富、潘长贵、杨海、杨春华等杀害在褒城。[2]教会还把李云栋等人的头运到燕子砭，挂在街中心"示众"。1903年，清政府又在汉中和燕子砭为教会立碑，向帝国主义保证今后"永不发生此事"，并要求"万民共尊"。然而，燕子砭群众并没有屈服。

这次事件结束后，教堂更是得意忘形，进一步霸占当地良田，整修教堂，欺逼群众入教。1905年，上清河人刘长海，性格豪放，敢作敢为，外号"刘

---

① 《中外条约汇编》，商务印书馆，1935年，第504页。
② 《辛亥革命在陕西》，陕西党史资料丛书(三)，第42页。

野人"。目睹教堂凭空滋事，欺压百姓，而官府偏袒教堂，遂同薛硫麟、成万富和沈晚华等人揭露教堂的罪行，提出："怀揣龙虎胆，枪棒不离身。棒是无情棒，专打传教人。"神父康道华以污蔑教堂、妨碍传教为由，要挟宁羌知州处理。州衙强迫刘长海亲往教堂请罪，乞求宽恕。刘长海断然拒绝。贡生陈鸿渐为息事宁人，转托滕尚贤和李有松等作保，赴教堂同康道华交涉，佯称"刘长海畏罪甚愧，不敢出头露面，暗求该牌贡生陈鸿渐，转托下牌滕尚贤、李有松等甘愿作保，同意教堂代为认罪乞恩。"同年农历七月，知州赵华章又为此勒碑(即《悔过碑》)晓谕民众，方告停息。

民国元年(1912)，刘长海在燕子砭建立民团，一见教案碑，倍感奇耻大辱，锥心刺骨，怒火中烧，率众将其击碎，推入嘉陵江中。教堂惶恐，府县惊心，即将刘长海逮捕入狱。县署罗织他屡犯教堂的罪名20多条，公之于众。在公堂上，刘长海昂首挺胸，眦裂发指，面对酷刑，毫无惧色，当堂慷慨陈词。对于反抗教堂的言行，满招满认，使闻者振奋，见者感佩。县知事惧犯众怒，不敢公开处死刘长海，民国二年(1913)腊月十四日深夜，将刘长海斩于县署阶下，时年50岁。威武不屈的刘长海为抵御外侮，维护中华民族的尊严，血溅县衙，名垂千古。

至今燕子砭一带还传诵着这样一首歌谣：五龙六虎四条牛，举贡秀才赛五侯。洋人不敢正眼看，官府一听也摇头。五龙者指李朝栋、李云青、李荣栋、李泽栋和李云悦兄弟5人；六虎者即蔡家地的杨俊、杨海、杨龙、杨耀、杨彪和杨喜兄弟6人；四条牛即潘家湾的潘长青、潘长富、潘长荣和潘长贵兄弟4人。他们都是此次教案中的骨干。

第二节 三边教案

三边教案，是靖边、定边、安边三县人民掀起的一场反洋教的斗争。1874年(同治十三年)，比利时传教士持清政府的"龙票"(护照)到三边传教，但当地"群众反对，儿童围戏"，不受欢迎。后来，传教士在靖边县宁条梁南沙口一带勾结地痞，买地建房，又在宁条梁小桥畔修土寨子一座。[①] 教会以此

---

① 《靖边县志》，1935年修，卷四，第19页。

为总堂，不断购买土地，建立教会武装，外籍教士接踵而来。凡教堂所建的地方，教会侵占的耕地和山岭迅速扩大，仅小桥畔一处建堂不到 5 年，从县城北到城川口，就有民田 4735.5 垧被霸占。连官府也不得不惊呼，"设不严重交涉，数十年后，汉蒙耕地恐尽归入外人势力范围"①。教会围占的牧场，不仅不准群众入内放牧，就连偶尔不慎踩入者，也要负米五斗。教会还故意纵容教民去抢收非教民的庄稼，故意挑起教民与非教民的纠纷，以从中渔利。教会又用所强卖的良田，诱骗贫苦农民入教，凡入教者可以租种教堂土地。据当时统计，租种教堂土地者共计约 800 多户，这些下层教民，负担着繁重的租米和苛捐杂税，实际上成了教会的农奴。

入教群众，受到传教士的种种虐待。教民张某在自己家门口抽烟，适逢比利时传教士甘士英路过，张未看见甘士英而没有行礼，即受到教会处罚。张不服，甘士英竟然污蔑其要谋害神父，送官惩处，搞得张倾家荡产，几乎丧命。另一教民白某因忙于耕种，忘记一次礼拜，被神父发现，即要送官惩治，后经多人求情，白除陪情"认罪"外，还被罚款。教会还规定，禁止教民与非教民通婚，并强迫教民把女儿送入教堂做修女，供其淫乐。如西堆子梁群众姜某，因不满教会的作为，在教堂外墙上写了几句骂教堂教士的话，被查出后，教会即通过官府，强迫姜把自己 15 岁的女儿送进教堂做修女。教会每与群众冲突，告到官府，官府公开袒护教士，群众总是吃亏。如此积怨深久，无处申诉，教会与当地群众的矛盾异常尖锐。

1900 年春夏间，山东义和团大师兄张成德和青山道人（道士，法名"青山"，群众称为青山道人）先后来三边，在蒙汉群众中设坛招徒，传授拳术和咒语，宣传"灭洋"思想。群众出于对洋教的义愤，纷纷加入义和团，拳民很快发展到百余人。同时积极赶制刀、矛等武器，准备攻打教堂。不久青山道人回山东，当地坛事由宁条梁王某主持。8 月 7 日（农历七月十三日），三边义和团为响应京畿义和团反帝斗争，也积极行动起来，他们首先杀死教会爪牙、一个外号叫"双头蛇"的宁条梁官府班头。教会扬言要为其报仇。9 日，王某、刘福兴、鄂托克旗的武文秀父子等，立即发动拳民 400 多人起事，临近群众纷纷来投者 300 余人，沿途烧教堂 4 处，打死教民数人，接着围攻小

---

① 《续修陕西通志稿》，卷二十八，第 16 页。

桥畔总堂，由于教堂早有准备，在土寨内集中教民数百人，准备有洋枪洋炮。拳民仅有刀、矛和土枪土炮，仍奋不顾身，英勇冲杀，围攻 40 多天，土寨仍然不克。后来王某、刘福兴阵亡，一时无人指挥，伤亡较大，同时得知有清兵要前来镇压，遂主动解围，各自归散。三边教案中，群众伤亡达百余人。

此时，慈禧太后从北京逃来西安，正在向帝国主义乞降，遂下令要对义和团"严加剿除"。对三边人民反洋教斗争一事，命令陕西巡抚派兵镇压。陕西当局立即派抚标右营游击刘琦带兵火速开往三边。群众在清兵未到之前，早已散归。1901 年 5 月，陕西巡抚派员，会同绥远将军所派委员，还有各蒙部代表，与洋教代表在宁条梁会谈。在谈判过程中教堂一再无理苛求，使会谈不能如期结束，双方反复磋磨月余，才签订了赔偿条约，三边教案宣告结束。

条约中宣称："焚毁教堂四处，教民房屋六百余间，伤毙教士一人，教民十人，掠夺教堂及教民器物、粮食、牧畜等件，为数颇多。"以此为根据，条约规定："共赔偿银十四万两，又乌审旗历年旧案，三旗另赔银三千五百两，归入此案并结"。① 总共赔银十四万三千五百两，其中蒙古鄂托克、扎萨克两旗，赔教堂九万八千两，必须借现金或以牲畜和土地抵押。乌审旗赔银四万五千五百两。由于乌审旗素称贫瘠，无巨款可筹，遂以大淖碱池暂做抵押。另外条约还规定，官府今后对教堂要实行保护。从此以后，教会得到地方官府保护，更是横行乡里，掠地、筑城和组织教民武装，竟成为"国中之国"。

但是，三边人民不屈不挠的反抗教会侵占掠夺罪恶的斗争，并未由此而罢休。1904 年春，三边人民在任天绪、耿作、高士英等人的组织下，联络蒙汉群众，秘密制造号衣、旗帜，以刀、矛等为武器，密谋起事。不幸事泄，任、耿、高三人被捕遇害，起义未成。② 次年春，又有蒙、汉群众，酝酿进行反洋教斗争，筹谋起事。这些连续不断的起事显示了三边人民英勇不屈的斗争精神。

第三节　平利洛河教案

平利洛河教案，亦称"洛河教案"。平利位于川、陕、鄂三省交汇处，这

---

① 《东华续录》，光绪朝，卷 173，第 8 页。
② 《秦中官报》，光绪三十年三月，秦事汇编，第 2—3 页。

里山峦起伏，江湖会党活动较为活跃。1903 年 7 月，当地哥老会发动了一场较大的反洋教斗争。

1890 年，天主教汉中总教堂在平利设立分教堂，葡籍教士诺牧师任教堂神父，结识了地方无赖袁瑞林，收为教民，并依靠袁瑞林网络一批流氓地痞入教。据地方耆旧说："其人极刁狡，平日动以教民凌人，善于挟嫌诬控善良。"袁瑞林等为虎作伥，霸占平民詹某房基，修盖教堂，又强购南坪街、狮子堡等处田地充作教产，招佃收租，盘剥乡民。乡民对袁瑞林等人种种不法，早已切齿。而袁瑞林毫不在意，又欲霸占乡民叶久义之妻常氏，纠缠不清。叶久义几次投鸣乡保，皆因诺牧师出面要挟而不了了之。

这期间，有个在洛河地方以缝纫为业的四川人，人称何裁缝，为人仗义慷慨，一些穷苦农民都喜欢与他一起聚谈，原来何裁缝是四川太平（今巫县）白莲教后裔秘密结社"拳坛"的骨干，1902 年 3 月，受总坛派遣来陕西平利洛河一带，以裁剪缝纫为掩护，暗地发展拳民，以洛河西南太白庙为据点，秘密设立拳坛，教授神拳。叶久义因将家事告诉何裁缝，何裁缝同情叶久义遭遇，便收为徒弟，加入拳坛。1903 年正月，叶久义与拳民高升等至砖坪（岚皋）溢河、蔺河一带散布揭帖，发展拳民。袁瑞林得知叶久义外出，便去叶家纠缠，有时一个人，有时带着几个人去，开场聚赌，闹得不亦乐乎。正月二十八日夜，叶久义与高升返回洛河，见此情状，怒不可遏，便揪扯袁瑞林厮打，其余人见状逃走。叶与高便将袁拉扯至乡保，适诺牧师亦至乡保，将袁瑞林领走。乡保慑于洋教士之势，不责袁瑞林，反而杖责叶久义和高升。何裁缝闻讯，带人来救叶、高，乡保又将责任推到诺牧师身上，众人义愤填膺，便哄至教堂，要诺牧师交出袁瑞林，诺牧师依仗官府势力，不但不交人，反而令教堂里教民，手执棍棒，驱赶围观乡民。乡民詹朝勋之子狗儿，被教民棍棒击中天灵，当场死亡。詹朝勋痛失儿子，像发疯一般抱住教民叶学智又咬又抓，于是一阵混战，当场乱棍打死打伤教民 7 人。愤怒的群众，在何裁缝的指挥下，一把火烧了教堂。时袁瑞林见激起民变，知道自己已难在洛河存身，于是趁乱偕诺牧师自小洛河双龙桥奔至平利县城。何裁缝查点死者，未见袁瑞林，知其已和诺牧师逃走。

平利知县林某不分曲直，竟公然袒护教会，正月三十日，遣刑吏、捕头率团丁百人赴洛河捉拿何裁缝、高升、叶久义、詹朝勋、柯经贵、马元经等为首之人。何裁缝等得悉县里遣兵拿人，即决定据太白庙起义。众人推选何裁缝为坛主，柯经贵为军师，马元经为元帅，高升、尤六拇指为先锋大将，商议西趋砖坪，毁砖坪教堂，而后由岚河上游入川。一时四乡民众及何裁缝发展的拳民，闻起义风声，纷纷赶来参加，很快聚集起千人队伍。平利县派来兵丁，行至柳林地方，闻何裁缝等起义，势力浩大，便不敢深入抓人，返回县城，据情禀报。平利知县知民变已起，责任难逃，急夸大其词，谎报义和拳匪数千人自川入陕，据洛河一带活动。兴安知府接报，一面报省，请兵剿办。一面派兵镇压，于是总兵姚文广

着中式服装的传教士

率兵自安康出发，沿途扼要布卡，进军洛河。陕西巡抚接报，即令石泉防军副将周玉堂率队相机剿办。义军大溃，柯军师、马元帅等30人未经征战，不谙兵法，军败被俘，逮至丰河坝（今洛河镇丰坝村）被官军杀害。何裁缝则自南坪街西沟仅带百余人逃入砖坪上溢河。这时率兵屯聚线河的尤六拇指，赶来与何裁缝相会，两人商量乘砖坪不备，袭击砖坪厅城以振士气。于是尤六拇指伏兵溢河为应援，何裁缝亲自带队攻打厅城。"砖坪厅通判铁珏闻警，即派兵丁乘夜拿获尤六拇指等人①。何裁缝见计破，只好撤军至平利、安康、砖坪交界处的麻柳衢。铁珏在后紧追，周玉堂亦由平利洛河追剿而至，于是义军与官兵鏖战麻柳衢，终因寡不敌众而溃散，何裁缝则因兵败跳崖而亡。

此事发生后，教会向清政府提出交涉，几经磋商，双方立约。赔教堂人命价和房产银八千两，杀哥老会会众三十人，并在当地"立碑示众"②。企图刊碑晓示，严防反洋教斗争再次发生。

这次反洋教斗争，提出了"兴汉灭洋"的战斗口号，把斗争矛头直指洋教，并与清军开展了激烈的战斗，它是继义和团运动后，在陕南发生的一次较大规模的反帝反封建斗争，也是义和团运动在陕西的延续。

---

① 《砖砰厅志》，兵事录，之三《会匪仇教》。
② 《辛亥革命在陕西》，陕西党史资料丛书（三），第52—59页。

第四节 各地反洋教运动

除过以上三起大的教案外，陕西其他地方反洋教斗争亦有发生，几乎席卷全省。影响较大的有以下几个。

南关外瑞挪会"童学"校园主体建筑，1911年10月陕西起义后被损毁

1901年春，略阳县哥老会熊某、周青云等，将经过该县烟筒沟的两个意大利传教士痛打一顿，以泄民愤。

1905年春，周至县沙云屯、马家滩一带群众，在当地哥老会窦明堂的领导下，掀起反教会欺压的斗争，参加者达数百人之多。[①]

还有陕南的城固、宁陕，陕北的神木等地，也都曾发生过大小不等的反洋教事件。但是，这些斗争，都因清政府的镇压而失败了。

陕西人民的反洋教斗争，是人民群众反对帝国主义侵略，反抗教会势力的压迫和摧残的历史见证，他们前赴后继，不畏强暴，英勇战斗，表现了崇高的爱国主义精神。他们可歌可泣的事迹，在陕西革命史上写下了光辉篇章。

---

① 《秦中官报》，乙巳年三月。

第六章　农民运动　风起云涌

　　清末，九州大地反清运动此起彼伏，目标所指均为推翻其封建统治，其组织形式也是多种多样。陕西清末多次起义运动组织者、参与者首推哥老会组织。因其系秘密的帮会组织，故它的成立时间、人数、规模、地域始终不是很清楚。哥老会是一个全国性的秘密组织，起于清朝前期，全国各地以及海外华侨中间都有其活动足迹。其成员主要是破产农民、手工业者、船夫、脚夫、无业人员等，彼此称呼"大哥"或"哥弟"，内部倡导"梁山义气"，或称"桃园义气"，即所谓"有福同享，有祸同当，有饭同吃，有难同受"，同舟共济，团结互助。其组织机构是"山堂"（山堂系哥老会开会活动，招收"哥弟"的一种秘密基层组织），山堂头目称"龙头大爷"，亦称"山主"或"香主"。会内条律森严，不可违约，带有浓厚的迷信色彩。在相互联系或见面时，有各式各样的"暗示和手势"，又有一定的"礼节"和问答的"信子"。哥老会有着反清的光荣传统，内部比较团结，是一种较强大的社会势力。鸦片战争以后，随着民族危机的日益加深，其组织逐渐扩大。陕西和全国一样，特别是在清同治年间，左宗棠进兵新疆后，遗散到陕西的"客军"较多，加上外省的"客民"大量流入，哥老会的势力得以迅速发展。辛亥革命前夕，"恩寿抚陕，政以贿成，剥削民脂，扣减军饷，军民怨愤已久，投身会党者日众，哥老会之势力，及于全省"[①]，成为陕西反清斗争的一支重要力量。

第一节　渭南、商洛、安康等地哥老会起义

　　辛亥革命前夕，陕西哥老会的"山堂"，已经名目繁多，遍布各地。主要

————————

① 《辛亥革命》，资料丛刊（六），第41页。

有：活动于石泉一带的"太白山"，活动于华县一带的"提笼山"，活动于勉县、略阳一带的"虎珀山"，活动于陕北三边一带的"贺兰山"，活动于凤翔一带的由回族坐堂大爷马秉乾开的"秦凤山"，活动于商州县一带的"太平山"等等。各个山堂虽互不相属，但是彼此经常联系，特别是在反抗帝国主义侵略和清朝封建统治方面比较一致。在这一时期哥老会的反清斗争中，渭南县哥老会首领田贵滨和安康地区哥老会首领梁悦兴领导的起义，是两次规模和影响比较大的。

田贵滨，渭南县东塬崇凝镇楼田村人，是当地哥老会首领，在群众中威望较高，同村地主田兆吉父子，勾结官府，称霸乡里，不仅用高利贷和苛重的地租剥削农民，而且种植鸦片从中渔利。1899 年，田贵滨的父亲因连年灾荒，借了田兆吉几斗麦子，到期无法偿还，竟被迫以五亩麦田抵押，他对此非常愤恨。1900 年渭南、蒲城、华县等数十县又逢灾荒，几乎颗粒未收，粮价昂贵，每石麦子由一两五钱银子飞涨到十两以上。地方官吏加紧催粮收捐，引起群众强烈不满。田贵滨素有反清思想，此时又目睹地主奸商乘灾年囤积粮食，私抬粮价恶行与人民饿毙，流离的惨状，遂生起义之心。他一面在哥老会中鼓动，秘传"闰八月，动刀兵"行帖，使会众有起义的思想准备。一面在县东塬黑张庙，召集哥老会头目刘澜、左复生、左平新、左孟林、尹双娃、左坤生等人开会，决定闰八月初一起义。并派左复生、左坤生去联络渭北哥老会一起行动，但由于谋事不密，消息走漏，被田兆吉父子告密县府。知县张世英派差役四处查访。田贵滨见起义事已泄露，决定提前于八月二十九（9月 22 日）起事，并计划起义后向会党人多且易于集中的西塬发展。遗憾的是，哥老会本身存在着浓厚的封建色彩，包括田贵滨在内，会众对其"军师"道士张胡子算卦深信不疑。张胡子因家住西塬，怕起义后家中遭受兵祸，加上他已看出田贵滨让他算卦时的态度反常，猜出田贵滨知道是他泄露起义的机密，将来不会轻饶他。遂在卦中要起义军"向东打一定成功"，田贵滨这时已知道张胡子泄密事，还是信以为真，接受了他的意见，算卦后又派人处死了张胡子。

但是，提前起义的消息还是被知县张世英探知，他急忙派班头王英带差役于 21 日晚赶到楼田村，将田贵滨逮捕，准备次日解送县城。哥老会哥弟知道后，立即集合百余人，持刀枪将田贵滨夺回，并打死差役两人。田贵滨被营救后，当天召集会众 800 多人，宣布起义。本村地主田兆吉闻之，早已逃往县城，起义者烧了他家的房子，并将他家的粮食分给群众。接着又烧了左村、尹村几家地主的房屋。然后率队南行扎营黑张口。第二天东进围攻华县所属的高塘镇，由于高塘镇早知起义军东进的消息，防备甚严，当天没有攻下。24 日，华县官军赶来，渭南官军又从西尾追而至，起义军前后受敌，加上起义群众未经训练，缺乏作战经验，武器多是陈旧的刀、矛等冷兵器，在清兵东西夹攻之下，斗志受挫，很快乱成一团，丢下辎重纷纷溃散。当场被捕、被杀者数十人。时渭河以北哥老会，闻败未有行动。

高塘镇失败后，田贵滨只身逃回崇凝镇亦被捕。接着张世英亲自带着差役和民团到崇凝镇将田贵滨等被捕的 30 多人押解渭南，报奏省府批准后，于当月处死了田贵滨等 8 人。[①] 并悬首于崇凝镇庙前的柏树上。其余被捕者被处于"械石"刑罚。张世英为了庆功，特率马队等 50 人到崇凝镇，扬旗鸣炮，向群众示威。群众对此毫无所惧，想方设法掩埋了 8 位英雄的尸体。

这次起义，如果能向西塬发展，不仅能壮大队伍，而且进可以下塬攻打县城，退可以进大王山区据守。但由于受封建思想的束缚，结果进军华县高塘，既无法扩大力量，又遭两县官军夹击，进退两难。这不能不说是高塘惨败的主要原因。尽管起义失败了，却点燃了当地群众反清斗争的怒火，起义英雄们的事迹，深深地印在人民群众的心中。

同年 8 月，山阳县崔河一带，有会党刘必高率 300 余人起义，知县李明垣亲自前往镇压。起义失败后 4 人被捕，刘必高逃至镇江亦被捕，以后解回县城被害。[②]

1905 年 3 月 7 日（二月初二），陕南安康哥老会首领梁悦兴（梁和尚），领导哥老会会众及当地群众数百人，举行起义，反抗官府。

梁悦兴，原系汉江船夫，经常往返于汉口与安康之间，为人好抱打不平，在当地群众中很有威望。1901 年前后，已经成为汉江流域哥老会头目，曾在汉口密谋起义，事泄后逃到西安，住城隍庙李老道处，又与西安哥老会首领商议起义，并把他在安康的哥弟，约集来西安共图大举。因引起官府注意，起义未举行。为了躲避官府追捕，后移居大雁塔附近村庄一个哥弟家中，可

---

① 中国社会科学院近代史所编：《义和团史料》，第 1049 页。
② 《续山阳县志》，1921 年修，卷十五，杂记，第 33—34 页。

是仍感不安全，遂落发为僧，从此人称梁和尚。1904 年他见在西安起义不易，又带上一帮哥弟回到安康。

安康府镇台傅殿魁，拉拢包庇当地土豪劣绅、地主恶霸，任意增税加捐，敲诈勒索，压迫剥削，民愤极大。且经常迟发、克扣士兵饷银，发到士兵手中的也是银色很低的饷银，士兵满腹怨气。梁悦兴几次密谋起义，捕杀傅殿魁，都因事泄未果。但他并不气馁，继续联系当地哥老会头目高庆云、胡云山等暗中赶制武器，组织会众，发动群众，半年之内一切准备基本就绪。1905 年 3 月 7 日(二月初二)，这天是安康县文昌宫庙会日，哥老会探知傅要前往祭祀，遂决定利用这一机会，捕杀傅殿魁。3 月 6 日晚，他们联络约集哥老会哥弟及附近农民群众数百人，每人发给白布条挂在胸前，身带铜钱一枚作为暗号，并以白旗为标志，手持刀、矛，密集于文昌宫附近的小沙沟村和陈家沟村潜伏等候。又派哥老会成员闵春来、李元谋等事先潜入文昌宫做内应。双方约定当傅来到以后，即以火烧文昌宫门窗为号，外边看见火光即迅速冲进，围杀傅殿魁，然后攻占县城，宣布起义。不幸，当傅到后，闵春来等火烧门窗未燃，即被巡防兵发现，闵、李当场被捕，此时傅已发觉起义事，又探得群众埋伏地点，立即调兵前往镇压，起义群众还在等候文昌宫起火，不知事已暴露，突然遭到官兵围攻，仓促应战，很快就被冲散。

起义失败后，官府对闵春来、李元谋酷刑审讯。过堂的知县王世瑛觉得说他们是为了杀傅殿魁，是起义，怕落个"官逼民反"的嫌疑。企图以"偷牛"做贼定罚，大事化小了结此案。所以在审问时，王世瑛拍案假问："你们为什么要偷人家耕牛?"闵、李当即识破其阴谋，理直气壮地回答，我们并非偷人家耕牛，而是为了杀傅殿魁，为了推翻清政府才起义的，其他事情坚不吐真情。一伙官吏罪恶被揭露，恼羞成怒，用站笼等最严酷的手段，将闵、李杀害。梁悦兴暗躲汉江北岸金牛山，后被官府探知，又避难于湖北武当山。不久，因哥老会内部叛徒夏充、王臣两人告密而被捕，在押送安康途经白河县时，梁悦兴觉得自己起义失败，实对不起安康父老，坚决拒行，被在当地杀害。白河县群众为他的反清精神和忠勇品德所感动，自发筹资为他立碑纪念。陕西官府虽然残酷镇压哥老会的起义，但是哥老会的势力不仅没有削弱，反而日渐强大，终于成为辛亥革命时期光复陕西的一支重要力量。关于哥老会在陕西辛亥革命中的作用及其消亡，后面章节将有详细介绍。

第二节　关中、陕北"交农"抗捐运动

1900年后，清政府为了偿付巨额赔款，捐上加捐，税外增税，名目日益繁多。地方官吏又巧立名目，横征暴敛。加上水旱灾害连年不断，人祸天灾闹得广大人民群众饥苦不堪。从1903到1908年间，关中、陕北各地人民群众，揭竿而起，自发掀起了多次轰轰烈烈的"交农"抗捐运动。

1903年陕西人民的抗税、抗捐斗争，首先从凤翔府开始。

盐税是清朝政府压迫剥削较百姓残酷的一项税收，陕西当时食盐主要由山西、甘肃两省运进，省东各县属于山西运城潞盐销售范围，凤翔府属各县及兴安(安康)、邠州(彬县)、延安、榆林、绥德等大部分州县，都属于甘肃花马盐池的销售范围。

凤翔府各县，光绪初年盐价每斤十几文钱，后来涨至每斤三四十文钱。自1902年改为"官商并运"(或叫"官督商办")后，在凤翔设立了"官盐总局"。以候补直隶州李显诚为总局委员，又在所属各县设立了"官盐分局"。官盐局成立后，垄断了盐的销售，并托专商包运包销，每商包销一至两县，其他人不得私自贩运经销。盐局卖盐全靠贫苦农民脚夫驮运，花马池(即今宁夏盐池县花马镇)离陕路途遥远，运输困难，驮夫又经常因交不够斤数而赔偿，各种勒索苦不堪言。官商、包商售盐，更是为所欲为，"总局定价七十文，各县按里递加，有加至百数十文者，官局发盐系九五折扣，包商领到手，暗掺沙石，明减分两，以掺假之盐，用十四两之秤，买者稍向争论，勇丁殴骂交加，贫民大半淡食，缙绅无法忍受"[1]。加之，该总局招巡勇二百名，总司李显诚常借查私盐为名，"带队四出搜查，纵勇擅入民舍，调奸妇女，乡民畏凶如同盗贼。"有时巡勇捉到卖盐小贩，"竟有将人腹剖开，而实以盐汁之事"。[2] 其种种残虐，人民群众实在忍无可忍。

同年12月初，凤翔府麟游县分卡，无理没收了岐山县运盐驮夫李猪娃、王摇摇等人的盐和牲畜。他们愤愤不平，回家后立即用鸡毛传贴约集群众反抗官盐局。四乡农民早已对官盐局义愤填膺，闻讯纷纷响应。12月14日(农

---

[1] 《续修陕西通志稿》，卷六十二，盐法类，第24页。
[2] 同上。

历十月二十六日），李猪娃、晁黑狗等先后发动岐山县的蔡家坡、高店和宝鸡县的阳平、虢镇附近农民起事，分了该地分盐局的盐，捣毁了盐局，然后向凤翔府总盐局进发，沿途凤翔、岐山、宝鸡各地农民积极参加，队伍越走越多，人数很快达到千余人。到了凤翔城东关，烧了凤翔官盐总局。官府出动巡防兵，又从省城调来巡防马队，在李显诚的指挥下，四乡"剿洗"，残酷镇压。晁黑狗、王摇摇被捕，根据陕西巡抚升允的命令，晁、王二人被"按章就地正法，传首起事地方，悬杆示众"①。李猪娃逃避甘肃，亦被拿获，解押回凤翔杀害。参加的群众被捕被杀更是无数，"三县之民，扶老携幼，舍命逃生，勇丁淫掠，控营不纠，而投河自尽，被枪毙死者，不计其数"②。残酷镇压之后，清朝政府亦怕引起群众更大的反抗怒潮，不得不下令把李显诚、麟游县分卡司事张士恭、副将刘琦等人"即行革职"，把臬司严金清、候补知县王荣绥交上司议处，同时每斤盐，降至五十文。又把凤翔知府傅世炜和知县彭毓嵩撤职查办。但是群众斗争的火焰并没有就此熄灭。

1904年3月25日（农历二月初九），兴平县农民要求免征学捐，进城"交农"。其事起因是当时县府不顾农民日益繁重的苛捐杂税，以借口办学堂为名，向农民增派学捐，激起民愤。先是县西桑园村举人刘锡纯，联络在同县南乡人张鹏翼等，代表民意，向县府提出建议，请求将县城盐商赵思敬包销的盐局移往他处，并令其交出历年兴平县人民代纳的盐课，充作学捐；然后由兴平百姓另外自设官盐局，将其所赢和所抽盐税支付学捐，不再向百姓摊派。知县周丕绅③，不仅不理，反认为刘、张两人是煽动闹事，将张鹏翼逮捕，唤堂前训责。刘锡纯因是举人未缚，他挺身直前，夺掷戒尺，解开张的手缚，挟之而去。接着，刘、张二人立即组织桑园、赵村、解村一带群众，联名向县府提出要求和抗议。官府认为这是煽惑"莠民""闹事"，将刘锡纯革去举人，将张鹏翼等多人押入县狱。百姓得此消息，非常气愤。于是，在刘锡纯的弟弟刘坎坎和当地刀客刘三（外号刘疯子）的领导下，集合了桑园村周

---

① 《秦中官报》，光绪三十年十一月。

② 《续修陕西通志稿》，卷六十二，盐法类，第25页。

③ 根据《兴平县志》记载，1903—1904年，兴平知县是周丕绅，1905年是王景峨。《樊山政书》卷十五，第17页，记载1905年兴平知县王景峨；卷十一，第7页，记载商州知州是杨宜瀚（吟海）。《秦中官报》1904年15册4页记载，杨宜瀚在商州任。于右任：《我的青年时代》记载，杨宜瀚于1903年已调商州任。所以，有书记载1904年兴平知县是杨吟海有误。

围十多个村的农民群众 200 余人，扛上农具，赴县城交农。知县周丕绅闻之，紧关城门。群众围城高呼：免掉学捐！释放刘举人！喊声震天动地，周丕绅怕事态扩大，登城当众答应了群众的要求，大家散归。

接着，省城派参将刘钰督带马队兵丁 40 名，前来弹压。到桑园村一带搜捕、拷打、勒索交农群众。同时省城为了缓和矛盾，将周丕绅调离兴平，临时委派张树功代知县参加处理这一件事，要求对刘锡纯"非革讯严惩"不可[①]。当时交农的领导人刘坎坎隐蔽，刘三英勇牺牲，第二年，经新任知县王景峨奏准，将刘锡纯革去举人锁押县狱，并勒令起事群众，"将刘坎坎等二犯交出，方于保释管束，不然，永不释放"[②]。但是，群众识破这是欺骗，所以，默而不语。这次交农抗捐运动虽然被镇压，而其中反抗的怒火并未熄灭。

1906 年，扶风、武功、郿县（眉县）、岐山、麟游等县农民群众掀起了更大规模的交农抗捐运动。首先是扶风，继 1903 年凤翔、岐山打"官盐局"之后，1906 年春，由张化龙（升云）、李化虎、帅大旗等领导，又发动农民群众千余人，拿着农具，扛着旗帜，打着锣鼓，像过庙会一样奔赴县城交农具，要求停止路捐和减低盐价。知县谭绍裘与群众谈判，假意答应群众提出的三项要求：（一）取消西潼铁路路捐；（二）取消盐斤加价；（三）查办劣绅马临太（外号马十四，包销扶风食盐）、杨新、侯二（廷栋）等人，群众受骗后散归。事后，不仅三条要求一条未执行，反而给每斤盐加价四文。此事再一次激怒了群众，于是在张化龙等的领导下，再次起而与官府斗争，这次张化龙吸取了上次的教训，不免捐，人不散，坚持斗争到底。起事后先烧了马临太的酒坊，捣毁了马家祖坟石碑数座，以泄民愤。然后张化龙带队进驻太白山的九明宫，设防驻守，做长期打算，同时派人与官府交涉。至年终，凤翔知府尹昌龄派奸细混进群众队伍，借机瓦解军心，从中煽动，假装关心群众，说服张化龙过年给大家放假，结果大部分人离队回家过春节，清兵闻讯，于腊月十九日，乘虚围攻，农民留守人员很少，无力抵抗，很快败散。李化虎、帅大旗等 4 人被捕入狱，张化龙非常气愤，又率领几百群众乘腊月二十三县城遇集的机会，进城打开狱门，救出了李化虎等被捕群众。这时新任知县陈官韶，骑马带役追赶，被群众苟七一杆子拨下马来，只好带役回城。劫狱后，

---

① 《樊山政书》，卷十二，第 15 页。
② 同上，卷十五，第 17 页。

官府又派军队前来镇压，四乡搜捕，腊月二十七将李化虎、帅大旗再次逮捕。官军又探知张化龙隐居在杏林镇南的秦家台村秦黑狗家，第二天包围了秦家台村。张化龙怕累及群众，挺身而出，遂被捕。

　　1907年2月13日（正月初一），扶风县农民群众想到英雄们为了大家，过年还在狱中受苦。遂再次传呼群众赴县城营救被捕的张化龙等。由扶风群众带头，一呼百应，邻近的凤翔、郿县、岐山、武功、麟游等县农民不顾路途遥远，纷纷前来支援，很快聚集十多万人，围得扶风县城水泄不通。群众高呼：我要张化龙！要杀劣绅马十四、杨新、侯二！喊声震天。知县陈官韶又亲自上城，向群众赔情道歉，当众宣布免捐，释放张化龙，惩办劣绅马十四等，再次欺骗群众。当大家散归后，官府一面暗中将张化龙、李化虎、帅大旗等6人分别杀害。① 同时为了缓和矛盾，也不得不将知府尹昌龄撤任，"劣绅杨新、侯廷栋极应斥革，侵吞之款交陈令严追"②。事后，当地群众为了传颂张化龙等英雄的事迹，"助资立石，爰序其事，以垂不朽"③。表达了人们对领导抗捐英雄的怀念。

　　1906年12月19日（农历十一月初四），渭南县农民群众，赴县城交农抗捐。渭南县当时征收西潼铁路路捐，每户粮赋加收一分二厘，激起民愤。渭北固市大中寨村农民汪启青等，用鸡毛传帖，四处传呼群众，约集反抗路捐。知县张世英探得信息，下令将渭南所属渭河渡口船只全部集中起来，停放渭河南岸，企图阻止渭北群众过河。19日，数百名农民群众，扛着农具，行至渭河渡口，无法过河。当沿河群众得知此事后，积极支持，有会游泳者，强忍刺骨河水，奋不顾身游到河南岸夺回船只，帮助大家渡过渭河。群众到县城后，气愤之下捣毁了县官盐局和厘金局，然后冲入县衙。知县张世英当众被拉住，他在群众的要求和压力下，只得当堂写下"免捐"帖子慰群，群众才各自散归。

　　同年12月30日（农历十一月十五），华州（华县）农民数千人进城交农。因为事前有鸡毛传帖通知各村各户，传帖说明每户一人，带上一件农具，进城交农，要求免掉路捐。所以这一天人很多，连最远的高塘、岭南的群众也

----

① 《辛亥革命》资料丛刊(三)，第480页。
② 《秦报》，光绪丙午年十二月，第一册。
③ 碑现存西安碑林博物馆内。

纷纷参加。当大批群众到达县城西关时，县城四门已经关闭，无法进城。群众无不气愤，立即捣毁了西关厘金局、天丰通钱铺和"洋教堂"（州立中学堂）。官府调来镇压的马队，"亦被州民殴伤数人，死者一人，百姓亦有死者一人"①。接着，群众从南门冲入城内，州官褚成昌见群众声势浩大，不得不当众宣布停收铁路路捐，群众才逐渐离去。事后十多天，官府派马队四乡捉人，后将解铁链子（解发正）、刘豹子两人，以所谓"哄闹华州衙署，冲毁学堂"的罪名杀害。②同年12月下旬，华阴县农民数百人，亦进城交农抗捐。华阴县当时为了征收西潼铁路路捐，按每两赋银加收制钱五百文（当时折粮70余斤），农民议论纷纷，愤愤不平。11月中旬，鸡毛传帖就在各村传开了，帖子写着各家都要出人去县城交农抗捐。到了约定时间，约集数百人，人人拿着木杈、锄头等农具，成群结队奔向县城。消息传到县署，知县崔肇林闻之，令华阴巡防队统领洪香墀出东门，自己出西门，分别劝阻群众进城。当洪在东门与群众相遇时，群众中有高呼"拔洋杆"者，洪即顺手指电线杆说："那是洋人的，把它拔了。"群众提出免掉路捐时，洪满口答应立即免收。于是很快骗退了群众。但是崔知县出西门确是另一种情况，他坐轿带役，耀武扬威，官气十足。当与西门外群众接触时，大家满腔怒火，当即打翻其官轿，摘其官帽，冲入城内，直捣县衙。知县崔肇林威风扫地，一面向群众道歉，一面亲手写了"免捐"帖子，当众宣布，群众才各自散归。事后，官府派人进行了残酷镇压，"毁焚民房三百七十余家，烧伤毙命数百人"③。又四处追查鸡毛传帖的来历，追到敷水一个读书人孙应策那里，就把他以及高厉害、屈时兴、雷荣昌等四人，以"聚众抗捐"的罪名杀害。

同年10月到12月下旬，富平县农民曾两次进城交农，反抗西潼铁路路捐。第一次群众约两三千人，扛上农具，自带干粮，赴县城交农。知县李嘉绩闻之，立即紧闭城门，群众赶到无法进城。知县派绅士仵子新登城劝说无效，遂亲自上城劝解，声称一定豁免路捐，群众被骗散归。事后路捐并未豁免，大家知道上当受骗了，又酝酿再次进城交农。第二次，群众多达数千人，不仅扛着农具，而且背着麦草，若城门不开就放火烧门。知县李嘉绩知道消

① 《中国日报》，1907年3月4日。

② 《辛亥革命》资料丛刊（三），第489页。

③ 《中国日报》，1907年4月8日。

息后，自知上次哄骗了群众，这次众怒难犯，吓得离城逃走，惊慌之中，"马蹶坠地，受伤甚重，抬回署中，则已气绝"①。

这一年，蒲城县也爆发了有数千名农民参加的反抗西潼铁路路捐的斗争，群众手持农具冲入县署，吓得县令"踰后墙出西关"，虽保住了性命，却搞得"腿已跌伤"，狼狈不堪。②1907年1月11日(农历十一月二十七)，大荔县农民亦发起交农抗捐斗争。由于仅有一河之隔的渭南、华州发生了交农运动，县府防备甚严，大荔县农民群众在王兴财、王官定、柴新胜等的号召下，采取了分散进城的办法，然后在指定的城内东街十字路口集合，再一起行动。知县陈润灿因提前探知消息，以为群众会成群结队而来，便在当天早晨从西门出城，站在三官庙高地等候，企图劝阻群众进城。他一直等到中午还不见群众的队伍，急得转来转去，东张西望。谁知午后听到城内哄闹起来，赶忙回城，不料县官盐局、厘金局以及城内两个天主教堂，均已被群众捣毁，而交农群众早已散离。衙役出动逮了几十名群众，经审讯都是进城赶集买卖东西的，与此事无关，全部释放。陈知县为了向上级交差，杀了一个在押犯赵捻子做替罪羊，以了结此案。而王兴财、王官定和柴新胜3人，事毕逃避华阴县，两年后才相继回家。

这次交农抗捐，因为捣毁了教堂而涉及洋人，官府生怕触犯教堂的利益，一面速派兵前往高陵、三原及陕南安康、汉中等地教堂集中地区，"认真防范保护"；一面简明告示，飞行各州、县，让其"格外加防"。③尽管如此防范和镇压，也难阻止人民群众的反抗斗争。

同年夏，商州农民群众千余人，在杨春华、阎万民等领导下扛上农具，背上干粮，从四面八方，浩浩荡荡赴县城交农抗捐。州官孔繁朴，见群众人多势众，当大家提出要求时，他立即答应"免去路捐"，群众当即解散。

1908年11月至1909年6月，陕北米脂县农民群众反抗"烟囱税"的交农运动，是辛亥革命前夕农民运动规模较大，时间较长，斗争性较强的一次。当时，由于知县潘松在正捐之外，又借口以办警务为名，擅自派征"烟囱税"，即每月按每家烟囱数，每个收制钱三十文，每年就是三百六十文，在当

---

① 《中国日报》，1907年3月1日。
② 《中国日报》，1907年3月10日。
③ 《辛亥革命》资料丛刊(三)，第481页。

时陕北能买一百多斤粮食。陕北农民为了冬季御寒，每家几乎都有几个烟囱，正捐已经使农民无力负担了，现又加"烟囱捐"，再加上差役四乡收捐，敲诈勒索，百姓实在无法承担。特别是到西川(今绥德县驼耳巷镇，当时属米脂县境)一带去收捐的差役，横行乡里，连破旧无人居住的窑洞上的烟囱也要收捐，而且，催逼甚急，逼得群众走投无路。遂在苗庆元、李生荣的领导下，散发传单，联络群众，于1908年11月28日(农历十一月初五)，西川农民群众百余人，带上干粮，扛上农具，进县城交农，立即向知县潘松提出两项要求：(一)清算县厘金局账目；(二)免掉"烟囱税"。知县潘松假装热情，提出让群众派代表共同商议，其余的人可以回家。群众信以为真，百余人只留代表四人，其余散归。当群众走后，潘松背信弃义，将所留代表苗庆元、景堂奎、马象宽、高鹏飞四人，严刑拷打，并以"聚众抗捐"的名义押进监狱。这时，还留在城里的景堂奎的儿子景兆桂、马象宽的儿子马国风，对此事非常气愤，即速赶回西川传呼群众，大家无不表示愤慨。

12月27日，景兆桂、马国风和李生荣等，约集农民群众300多人，第二次进县城交农，每人扛着犁、锄、杈等农具，背上铺盖，带上口粮，准备找知县潘松评理。群众队伍浩浩荡荡开赴县城，当行至城外桥头时，和前来企图阻挡的兵勇相遇，兵勇本想阻拦，见群众人多势众且都拿着铁器农具，遂逃回县城紧关城门。群众义愤非常，奋力砸开城门，冲进监狱，救出了景堂奎等，只有苗庆元因伤势较重，行动不便，仍留狱中。出狱的三人在群众的支持下，要和知县继续交涉，潘松先是吓得躲在大堂暖阁里不敢露面，后在群众的解释下才开始谈判。在群众还占据县城的情况下，潘松又耍花招，假意向群众认错道歉，满口答应继续"商谈"。群众再次被骗散归。

等到群众走后，留下景堂奎、马象宽、高鹏飞、李生荣等，一方面同知县潘松交涉，一方面将此事告到榆林道和榆林府。同时，知县亦将此事报告榆林道、府，并请求上司发兵弹压。榆林道台和知府，"谓人民因公聚众，当视情节若何，不宜骤然示威"[1]，未有用兵。并将此案委绥德州查处，绥德州知州张铭坤通知交农群众派代表来绥德州当面商议，令潘松以欺骗手段把李生荣、景堂奎、马长胜、陈兆铭四人哄到绥德州，不问青红皂白，押入州狱。

---

[1] 《米脂县志》，1944年修，卷八，第24页。

西川群众知道后，激起更多农民群众的义愤。

1909 年 6 月，群众又集合起来，赴绥德州交农抗捐，营救李生荣等。这次声势更加浩大，人数达千余。为了不使州府察觉，决定晚上出发，天明已赶到绥德城外，乘官府无防，突然冲进州城，砸开狱门，救出李生荣等四人。等知州张铭坤从梦中醒悟过来，群众早已散离州城。劫狱后，又挑选精壮青年数百名，北上米脂县城，就在当天又救出因伤势重而留在狱中的苗庆元，群众所到州府、县衙，没一个衙役兵丁敢来阻挡，于是胜利而归。

由于群众不屈不挠的斗争，迫使清政府不得不将米脂知县潘松，以不恤民隐，强复旧捐，激起民愤，"着即革职"。将绥德州知州张铭坤以才识平庸，难资表率，"着以府经、县丞降补"。[①] 一个撤职，一个降级，"烟囱税"亦不得不停收。

辛亥革命前夕，陕西广大农民群众，轰轰烈烈的交农抗捐运动，尽管遭到清政府和地方官吏的残酷镇压，但是，在群众斗争的压力下，清朝政府不得不把那些腐败无能、压榨群众的地方贪官污吏加以惩处。各种额外捐税暂时停收，路捐也"一律暂行免收"，[②] 以安民心。这些斗争，沉重打击了清王朝在陕西的封建统治。经过此次交农运动的扶风、凤翔、郿县、富平、蒲城、华州、华县、渭南、临潼、大荔、商州等州县的农民群众，日益觉醒，在更大的革命风暴即将来临之前，清朝在陕西的封建基层政权和全国一样，已处于风雨飘摇之中。

---

① 《宣统政纪》，卷二十八，第 6 页。
② 《秦报》，丙午年十一月，第 6 册。

第七章 革命思想在陕西传播

庚子年赔款后，国难当头，中国面临亡国灭种的危险。继维新改良运动失败后，孙中山领导的资产阶级民主革命运动，蓬勃兴起。陕西和全国一样，许多爱国志士、留学生和具有革命思想的知识分子，迅速觉醒，满腔热情地投入这场革命斗争，表现了无所畏惧的斗争精神和崇高的爱国主义思想。

第一节 陕西留日学生的选派

自1901年起，清政府推行所谓"新正"，令办理京师大学堂，着各个省设立高等学堂，各府、厅设立中学堂，各州县设立小学堂。于是，新式学堂在各省普遍兴办。1902年以后，陕西省城西安设立陕西高等学堂，又将原关中书院改为陕西优级师范学堂，将原武备特科与随营学堂合并改为武备学堂，后又改为陆军小学堂。渭北三原县的宏道学堂、泾阳县的味经书院和崇实书院合并改为宏道高等学堂。接着各府、州、县相继设立了中学堂、小学堂。随着新式学堂的创办，一批接受了"西学"的资产阶级、小资产阶级知识分子涌现出来，成为资产阶级民主革命的重要力量。

1902年，清政府颁布了"出洋"留学的章程，开始组织派遣官费留学生，同时鼓励自费留学。到1906年，全国在日本的留学生达到8000多人，陕西留日学生达50余人。

"1904年10月，张凤翙（翔初）、白秋陔（毓庚）、魏国钧、张益谦（靖清）、席丰（子厚）、炳炎六人由陕西武备学堂经陆军部派往日本振武学校普通兵士科留学"[①]，这是陕西第一批赴日留学生。随后陕西先后从省城高等学

---

① 《陕西光复》，辛亥革命在陕西，第20—21页。

堂、师范学堂和三原宏道高等学堂选派优等生赴日本留学。

陕西留日学生和全国留日学生一样，在戊戌变法和义和团运动失败之后，特别是 1900 年八国联军攻入北京，签订了不平等条约后，他们目睹了清政府腐败无能和帝国主义列强的狂暴侵凌，纷纷倾向孙中山所倡导的民主革命运动。

1903 年冬，井勿幕由四川赴日本，入大成学校学习日语和普通科，是陕西较早的留日学生。[①] 他到日本后，和辛亥革命时的四川著名革命党人熊克武（锦帆）、但懋辛（怒刚）同学，和但懋辛同班。他富于革命思想，到日本不久就剪掉了脑袋后面的长辫子，以表示决心与清朝封建君主专制制度决裂。以后又结识了黄兴（克强）、吴玉章（树人）、秋瑾（女，字竞雄）、景定成（梅九，后以字行）等革命党的重要人物。

井勿幕

1905 年 8 月，中国同盟会在日本创立，陕籍学生康宝忠及井勿幕、赵世钰等人立即加入。康宝忠因曾任陕甘同乡会干事长，所以被大家推举为同盟会总部评议员兼陕西同盟会员的主盟人。同盟会创立后，各省纷纷成立分会，由于陕西留学生中加入同盟会的人较少，未能成立分会。已经加入同盟会的会员各自与自己关系密切的外省同盟会员联系，参加外省分会的活动。井勿幕和四川的同盟会相熟，就参加了四川分会的活动，赵世钰和山西同盟会会员经常来往，就参加山西分会的活动。

同盟会成立后，中国留日学生积极开展各种形式的反清斗争。清政府十分惶恐，于是勾结日本政府，对留日学生的革命活动千方百计地进行阻挠。1905 年 11 月，日本文部省发布了《取缔清韩留日学生规则》，下令取缔留学

[①] 井晓天：《乱世烟云——井勿幕、井岳秀昆仲史事钩沉》，中国文史出版社，2018 年，第 20 页。

生的政治活动，剥夺言论自由，禁止留学生集会结社，甚至连书信都要受到检查。留日学生无不义愤填膺，在同盟会领导下，开始了停课罢学活动。陕西籍留学生也积极参加了这场爱国运动，当时正在振武学校学习的陕西籍学生白秋陔被推为武学界学生代表，和文学界学生代表胡汉民（展堂）去面见清驻日公使杨枢，要求他和日方交涉，使其收回成命。杨枢拒不接受学生的正义要求，反而对学生代表大加斥责。白非常气愤，当场打了杨枢几个耳光。孙中山得知此事后，十分赞赏，即派和白秋陔熟识的同盟会员何子奇、景梅九介绍他加入同盟会。陕西的其他同盟会员井勿幕、康宝忠等人也参加了这一斗争。

第二节　留日学生成立同盟会陕西分会及其活动

1906 年秋，陕西的同盟会员代表井勿幕、白秋陔、赵世钰（其襄）、宋元恺（向辰）、张季鸾（炽章）、杨铭源（西堂）等十余人，在明明社楼上的一间大房子里召开了同盟会陕西分会成立会议。会议按照预定的议程，讨论通过了分会章程，选出了陕西分会负责人。白秋陔因为在反对《取缔清韩留日学生规则》的斗争中表现出大无畏的精神，赢得了陕西留日学生普遍拥护，并已接受孙中山的指示，即将离日返陕开展争取新军的工作。因此，到会同志推选他为同盟会陕西分会会长，以便他回陕后进行革命活动更有号召力。不久白秋陔回陕，在日本的同盟会陕西分会另推杨铭源为会长，后来杨铭源因病回陕，又由赵世钰任会长。其他井勿幕、尚天德（镇圭，后以字行）、宋元恺、杨鹤庆（叔吉，后以字行）等都担任过同盟会陕西分会的领导工作。1906 年 4 月，于右任、邵力子从上海到日本筹款，准备创办《神州日报》，经康

张季鸾

宝忠引荐会见了孙中山。同年9月，在东京由胡汉民、康宝忠介绍加入了同盟会，被孙中山任命为长江大都督，负责上海一带同盟会事务。于右任在日本时，还积极参加了豫、晋、秦、陇四省留日学生协会的筹备工作，被推为四省留学生协会会长。"井勿幕、康宝忠陪同于右任、邵力子参观《朝日新闻》等报社，学习办报，会见爱国华侨。"[1]不久，于右任即由日本回国，以办报进行革命的舆论宣传工作。

同盟会陕西分会成立后，确定进行以下活动：（一）组织舆论机关，发行刊物，宣传革命思想。（二）广泛联系陕西省各校学生，扩大革命活动范围。（三）倡办各种新兴会所，联络省内其他阶层的进步人士，争取他们对同盟会的革命斗争予以支持，并发展新会员。这些活动的开展，对促进陕西的反清斗争，配合全国的民主革命潮流都起了积极的作用。

1906年以后，陕西的反帝反封建斗争风起云涌，连续不断。为了更有效地支持和配合省内的斗争，同盟会陕西分会决定由陕、甘留日学生联合创刊《秦陇报》杂志，陕西留学生党积龄（松年）任总经理，赵世钰为总编辑，郗朝俊（立丞）、马步云（凌甫）、张蔚森（荫亭）等人分别负责发行、会计、印刷工作。由于当时在陕西留学生中明显地存在着思想分歧，一些激进的革命派，主张推翻清政府封建统治，实行同盟会"驱除鞑虏，恢复中华，创立民国，平均地权"的政治纲领；一些思想保守的学生，仅仅出于推翻清朝的单纯民族主义思想，至于推翻清朝后，是否要按同盟会的纲领建立中华民国，思想上还是模糊的。前一种人主张依靠革命青年、学生办报，后一种人则主张靠那些满脑子封建思想的"进士馆"（清王朝为了维持已摇摇欲坠的反动封建统治，让那些熟读八股文的进士去日本学习"西学"而设立的学习机构）的人办报。结果，后一种人占据上风，《秦陇报》推进士馆的张孝慈和杨慎之二人任总编辑，别的进士几乎都成了撰稿员。张、杨二人生怕刊物触怒了清朝统治者，于自己"前程"不利，因此，自己不亲手写文章，也不向别人征稿。对一些革命青年送来的稿件又百般挑剔。使其一开始就面临夭折的危险。为了这份西北留日学生唯一的刊物能如期出版，党积龄又邀请来日考察的高幼尼（祖宪）担任总编辑，高幼尼曾任教于三原宏道学堂，又创办绥德中学堂，思想进步，

---

① 李秀潭、朱宝儿：《于右任传》，陕西人民出版社，1989年，第34页。

在教育界颇有声望，到日本后即加入同盟会。高幼尼任总编辑后，多方努力，并亲自撰写发刊词，使《秦陇报》第一期终于在1907年8月26日问世。

《秦陇报》发刊词中写道："今则比人已攫矿利，英、德强索路权，俄罗斯日思夺新疆、蒙古以致我死命"。面对帝国主义列强的侵略，清王朝却"开门揖盗，认贼作子，迨生计益穷，事事仰人鼻息，举从前特立独行之慨，遂为依赖乞怜之状"。文章最后呼吁："倘阅是编者震动脑海，勃起热忱，积羞成怒，积怒成愤，聚精神以运思想，思想愈灵；由思想以鼓精神，精神愈奋。不出数年，百废俱兴，吾关中豪杰，陇西狂士，必能与碧眼紫须众争黄池之一敷"①。党积龄也在这期上以"播种"的笔名，发表了《论西潼铁路官办之失败及外人包办之由来》一文，指出："庚子大荒以后，陕民十室九空，而无年不加捐，无款不剥民，乡民饮血茹苦，久已积不能平"，"各处人民聚众之目的，惟求停止亩捐，亦人民正当请愿权，……即科以最野蛮之刑律，应不在剿杀之中，而飞骑四出，到处捕掠，扶风正法九人、枪毙五人，伤十人，大荔杀五人，华阴杀四人，华州杀二人，渭南杀二人，其幽囚锁系者尚不知凡几"。那些贪官污吏，又借筹修铁路，虚耗贪污。使"我陕人一点一滴之膏血任人挥霍，最亲最爱之同胞任人屠戮，至大至巨之利源为人破坏，苟非麻木不仁，无不眦裂发指"②。对帝国主义的侵略罪行和清朝政府的腐败进行了揭露，表现了明显的革命倾向。但由于经费短缺，组织内部政见不一，加上组稿困难，仅出了一期就停刊了。

第三节　创办《夏声》《关陇》杂志

《秦陇报》杂志停刊后，在井勿幕、杨铭源、李元鼎(子彝)、赵世钰等人的领导下，另行创刊了《夏声》杂志。《夏声》吸取了《秦陇报》的经验教训，指定同盟会员十多人为主要撰稿人，再广泛争取有革命倾向或同情革命的进步人士撰稿。《夏声》杂志在东京小石川区竹早町赁房作为社址，指定杨铭源、李元鼎、赵世钰等常驻杂志社，除办理杂志社事务外，并兼管同盟会陕西分会事务。实际上，成为同盟会陕西分会的机关刊物。

① 《秦陇报》杂志，第一期，第1页。
② 《陕西文史资料选辑》，第一辑，第33—34页。

《夏声》《关陇》杂志

　　1908年2月，《夏声》杂志正式出刊，现在所能看到的共有九期。该刊名义上是"以开通风气，涤除弊俗，发挥固有文明，灌输最新学说，救国民独立之精神为宗旨"①。实际上却是陕西留日学生宣传革命思想的一个主要阵地。井勿幕、康宝忠等陕西同盟会的领导人物都在《夏声》上发表文章，介绍国外新思想、新知识，揭露清朝政府的黑暗统治和帝国主义侵略我国的罪行，鼓动革命运动。井勿幕(笔名侠魔)在题为《二十世纪之新思想》的连载长文中，还对马克思的学说做了简要介绍。尽管他不能正确地区分马克思学说中的社会主义和空想社会主义的区别，然而，他在文章中明确指出："专制制度之思想，早已一落千丈，过去之时代也。即自由制度亦成晚照夕阳，行将就没。而黑云蔽空、冲滔天之大浪而来者，即此社会主义之新思潮也。"②"社会主义，……主旨虽不一端，其要则曰：维社会治安，谋人民幸福。贫富之悬隔也，思有以平均之；贵族之骄横也，思有以压抑之；政治之失平，国民道德

————————————

① 《夏声杂志出版广告》，载《关陇》第四号。
② 《夏声》第三期，第11页。

之堕落也，思有以改革而补救之。"①他还指出："知此恶劣之政府，为外人傀儡，而不足以保护我也。……乃大声疾呼，以号于众曰，政府不足恃矣，吾人民若不起而自为维持，则亡国灭种之祸，瓜分豆剖之惨，不旋踵而至矣"②，号召推翻腐败的清朝封建统治。在《夏声》杂志上曹澍（雨亭）以"孑遗"为笔名，发表了《排外与媚外》一文，痛斥帝国主义列强污蔑中国人民反帝斗争是"排外"的谬论，指出，"外人或以强权迫我，或以含糊欺我，吾人民皆据理力争，无丝毫野蛮之举动。"而欧、美、日各国报纸都把中国人民的反侵略运动污蔑为"排外热"。文章以强盗夜半入室，乘主人酣睡之时盗窃，主人惊醒驱贼，不能称为"驱贼热"为例，批驳了这些报纸的恶意中伤。③并进一步指出，中国人民并不排外，反对的只是列强的瓜分和侵略，义正词严，有理有据，把帝国主义列强的凶残嘴脸和险恶用心揭露得淋漓尽致。还有李元鼎以"垒空"的笔名写了《敬告陕甘父老书》一文，大声疾呼："巨盗至，将蹂躏我江山，践踏我田园，发掘我祖宗坟墓，吸取我人民之膏血，祸将不远也。"此外，《夏声》发表的文章还揭露帝国主义掠夺陕西矿权、路权的阴谋，报道了陕西人民抗捐、抗税、保矿、保路的消息，与陕西反帝反封建的斗争遥相呼应。

在《夏声》创刊的同时，谭耀堂（焕章）、崔云松（叠生）、郗朝俊等人在原来《秦陇报》的基础上，联合部分甘肃留日学生，于1908年2月创办了《关陇》杂志。《关陇》是"以提倡爱国精神，浚瀹普通知识为宗旨"④。据有关文献记载，该刊共出版过十余期，《关陇》杂志上发表的文章，内容比较庞杂。如对清朝政府的假"立宪"，有的文章表示赞成，有的文章则揭露反对。但总的来讲，在刊物上斥责帝国主义侵略和揭露清朝黑暗专制统治上达成共识，也是做了大量工作宣传鼓动。

《夏声》和《关陇》杂志，虽政见有所差异，但从其主流分析，"都是反对清朝黑暗统治，保障西北利权防止外溢。这两种刊物，对陕西革命运动曾起

---

① 《夏声》，第七期，第1页。
② 《夏声》，第三期，第39页。
③ 《夏声》，第三期，第30页。
④ 《关陇杂志社出版广告》，载《夏声》，第五期。

过相当的作用"①。难能可贵的是，两种刊物还能互相配合，互相支持，在各自的刊物上为对方刊登广告，扩大影响。当时，陕西的留日学生利用这两个刊物，为革命做了大量的舆论和鼓动工作，收到了良好效果。学生们在经济相当困难的情况下，坚持办刊物，为了集资，他们把资助刊物人士的名单刊登在刊物上，以致谢忱。在发行刊物时，他们绞尽脑汁，亦尽了很大的努力。有一次，《关陇》杂志因没有邮资而无法发行时，马步云把自己的手表、大衣送进当铺，以典来的钱作为发行费用。

中国同盟会在日本成立时的照片

除此之外，张季鸾等人还创办了《陕北》杂志，亦以鼓吹革命为宗旨，只是印刷数量和出刊期数较少，影响不大。以上几种刊物出版后，冲破清政府层层封锁，用各种方法寄回国内发行。在向陕西人民介绍国外先进思想，配合1908年前后陕西的抗捐抗税和争取矿权路权的斗争，特别是"蒲案"、高等学堂罢课斗争，联络知识界的进步力量等方面都做出了贡献，促进了陕西革命形势的发展。

1906年到1910年，同盟会在国内组织的多次武装起义都遭到失败，对在

---

① 《陕西辛亥革命回忆录》，第90页。

日本的同盟会员影响很大，有的同志意志消沉，思想混乱。当时，同盟会陕西分会负责人井勿幕、赵世钰同吴玉章等其他省的同盟会积极分子经常联系，不断集会，"无形中形成了一个各省同盟会负责人之间的联席会议，维系着同盟会的组织于不散，坚持着革命工作的进行"[①]。陕西留日学生还积极参加了全国留学生总会和豫、晋、秦、陇四省协会组织领导的各种活动。1907年2月11日，东京报刊揭露了比利时商人与陕甘总督升允勾结企图攫取黄河航运权利的阴谋。陕西留学生当即开会声讨，并以留日学生同乡会的名义，向清政府外交、邮传二部发出电报，揭露升允把我国权益"私卖比商"的罪行，要求清朝政府予以"坚拒"。[②] 1910年以后，由于陕西留日学生的骨干人物先后回国参加反清斗争，设在东京的同盟会陕西分会无形中解散。

第四节　井勿幕回陕创建同盟会陕西支部

前面讲过，1905年冬，井勿幕主动地去拜见孙中山先生，愿意回陕宣传同盟会的革命纲领，创建革命组织和领导革命斗争，希望孙中山先生能给予帮助。他的想法得到孙中山的支持并委任他为同盟会陕西支部长，回陕开展工作。岁末，井勿幕肩负民族复兴的使命，携带孙中山致其兄井岳秀的亲笔信，于1905年冬途经朝鲜回国。[③] 历经辽、冀、晋等省，沿途视察各地情况和清廷虚实，渡河回陕，开始组建中国同盟会在陕西的基层组织。[④]

井勿幕，光绪十四年（1888）生于陕西省蒲城县广阳镇井家塬（今属铜川市印台区），乳名回寅，初名泉，字勿幕。后以勿幕行，易字文渊，笔名侠魔。幼时聪敏好学、志向远大。后因家道中落，14岁时赴四川重庆投奔其父生前好友、川东道道台张铎，1903年冬赴日留学。井勿幕在当时留日学生中年龄偏小，但他革命心切，富于爱国热情和斗争精神，并有一定的组织才干，因而成为陕西留学生中较有活动能力者之一。

---

① 《吴玉章回忆录》，第48页。

② 《中国日报》，1907年12月28日。

③ 井晓天：《乱世烟云——井勿幕、井岳秀昆仲史事钩沉》，中国文史出版社，2018年，第23页。

④ 李昭燕：《朝井勿幕先生公葬纪念日》，1945年。

在井勿幕回陕组织建立同盟会陕西支部前，陕西的一些具有民主革命思想的进步知识分子，已经自发地组织起了一些小团体，利用各种形式宣传革命思想，进行反清斗争。如进步知识分子朱先照、孙芷沅组织的"励学斋"，大量购置新书新报和西方有关宣传资产阶级民主思想的书籍。朱先照自己还著书立说，批判曾国藩等人的思想，指斥康有为的保皇主张。"他还力劝有志之士向黑暗的封建社会现实挑战，他的学生于右任青年时期反清思想的形成，就受其较大的影响。"[1]另外如焦冰（子静，后以字行）、张铣（拜云，后以字行）、任师竹等人组织的"自治社"，名义上是开通思想，提倡地方自治，实则是组织力量，策划反清起义。当时，这些小团体都是各自活动，组织既不统一，纲领也不够明确具体，因为力量很小，影响也不大。"在他未回国之前，即函乃兄岳秀，先期与蒲城先进人物张拜云、李异材（仲特，后以字行）、李良材（桐轩，后以字行）、王颐（子端，后以字行）、张东白（维寅）、常自新（铭卿，后以字行）和正在蒲城县衙供职的师守道（子敬，后以字行）、县立小学堂教习陈同熙（会亭，后以字行）等取得联系，这些先进人物都具有民族思想，得悉此情，愈益增进排除清廷革命的信念，遂函促勿幕迅速返陕，共商大计。"[2]

井勿幕回陕后，立即开展了紧张而艰苦的活动。他首先在自己的亲友中宣传孙中山救国救民主张和同盟会革命纲领，吸收同盟会会员。在不到半年的时间里，井勿幕的足迹遍涉西安和渭北各县。为了提高行走速度，他平常走路时两腿绑带铁瓦，渐次加重，急走时脱去铁瓦，行速远非一般人所及。当时的陕西，"风气闭塞，交通阻梗，言械则接济为艰，筹饷更呼吁无门，又值党禁方密，人皆危言危行"[3]。在这样的困难情况下，经过井勿幕的努力活动，到1906年春，发展的同盟会员已有30多人。

"同盟会陕西分会成立之初，推举李仲特任会长，井勿幕多方游说，对外接头；焦子静常驻西安，负责内部事务。"[4]

---

① 孙志亮、张应超：《陕西辛亥革命》，陕西人民出版社，1991年，第45—46页。
② 《马彦翀先生纪念文集》，丹凤县政协文史资料第十六辑，第212页。
③ 《陕西乡贤事略》，第163页。
④ 《马彦翀先生纪念文集》，丹凤县政协文史资料第十六辑，第212页。

第八章　辛亥革命前的重大活动

辛亥革命前，孙中山同盟会革命思想传入陕西，特别是陕西建立起同盟会陕西支部，在此以后，陕西一大批仁人志士心系同盟会革命纲领，为了推翻清政府封建统治上下求索，付出了不懈的努力。本章着重介绍辛亥革命前发生在陕西的几次有影响的活动。

第一节　北极宫会议传播了革命思想

1906 年春，井勿幕在三原北极宫组织召开了同盟会陕西支部第一次全体会议，研究推进会务方法。会上意见分歧，一部分人"主张急进多收会员"，另一部分人则主张"缓进"，发展会员应特别慎重，不能使会员一步踏进"堂奥"。[①] 讨论的结果，后一种意见被通过。在这次会议上，井勿幕还提出联合会党和刀客的力量，并在其中吸收会员。但是，到会的 30 多名同盟会员中，大多数是从未与会党打过交道的知识分子，他们大都出身于资产阶级家庭，自己对会党缺少了解，从传统的偏见出发，认为这些人是来自下层社会，不屑与其为伍。也有的人不想让自己的革命变成一场旧式的农民起义。更不想接续历次农民起义中经常反复使用的那些口号，比如：等贵贱、均贫富、吃大户、后纳粮。尤其对武装夺取政权，缺乏足够的认识，因而很反感他们，坚决反对与他们同流，致使井勿幕的正确意见未被采纳。会议结束时，井勿幕希望到会者在自己力量所能及的范围内，努力筹款，积极从事革命宣传活动。会后，井勿幕带邹子良(炎)、王守身等同盟会员，赴宜君县、中部(黄陵)县考察地形，决定在这些地方以创办畜牧场、开矿冶铁名义，建立反清据

---

① 《陕西辛亥革命回忆录》，陕西人民出版社，1981 年，第 121 页。

点。同年春，井勿幕二次赴日本，向同盟会总部汇报在陕西开展革命活动的情况，并参加在东京成立的由留日学生同盟会员组建的同盟会陕西分会的工作。陕西的工作，则交由同盟会支部的骨干李仲特、焦子静等人负责。"井二次赴日，入日东京经纬学堂化学科读书，筹备中国同盟会陕西分会（东京）。"①

在清末，参加同盟会革命党是要掉脑袋的大事，所以同盟会的许多会议、联络工作都是在秘密的情况下进行的。即无会议通知，又无会议记录、签到簿等，也没有入会表格。为了防止同盟会员在联络中失误，井勿幕等人仿照哥老会的方法进行联络。例如，两人初见面时，一人指一物问道："这是哪里来的？"如果对方立刻回答："这是中国的"，然后彼此一笑，就表示都是同盟会员。又如两人初见面握手时，如系同盟会员，则以两手互勾，否则，就知不是会员。同盟会员通讯时，也规定了许多暗语，如：稻—广州，赤—上海，雁—信，点灯—侦察敌情等等。另外，同盟会员李元鼎在日本留学期间，还为井勿幕编制了一套通讯斜格和纵横联系法。用这些暗语和方法进行联络，大大减少了失密的危险。

是年冬，受孙中山先生委派，井勿幕再次回国运动革命。他在东京与同盟会诸同志话别时，作《孤愤》词，表达了效法"荆轲刺秦"，为推翻封建帝制，视死如归的决心。②

第二节　黄陵祭祖

这是陕西同盟会组织在辛亥革命前开展的若干个重要活动之一。1906年冬，井勿幕由日本二次回陕，陕西省内的革命工作仍无大的进展。不久，井勿幕通过同盟会员高明德（又明，后以字行）的介绍，结识了慕亲会首领吴虚白，他和吴谈得十分投机，随后吴又介绍与慕亲会中另两位领导人洪寅臣、唐和尚认识。一天，井勿幕在西安同郭希仁（忠清）等闲谈，吴虚白在座，井

---

① 陕西革命先烈抚恤委员会：《辛亥革命纪事》，《西北革命征稿》上卷，1949年，第20—21页。

② 井晓天：《乱世云烟——井勿幕、井岳秀昆仲史事钩沉》，中国文史出版社，2018年，第25页。

慨叹着说："欲做一事，人才少，钱亦难。欲罢之，又不肯，责任如此，奈何？"①吴虚白随声应着说：君欲得执戈实践卫国之多数人士，那只有通而变。古者神道设教，此之谓钦。设教，使民以信！通变，使民不倦，精神专一，动静合用矣。否则，既无群众，又无粮饷，纯以文人，终属空谈无济于事。吴虚白所说其大意是要实现民主革命推翻清朝这样宏大的计划，必须联合武装力量，联合哥老会、刀客和新军，并通过一定的方式，统一大家的思想，规定严密的组织纪律。如果仅仅在读书人士中空谈革命，既无群众，又缺粮饷，这样是无济于事的。

黄陵祭祖誓墓文

这次谈话对井勿幕启发很大，他更加坚定了联合会党、刀客和新军武装力量的决心。为了统一同盟会员内部的思想，1907 年 10 月 15 日（农历重阳节），井勿幕、李仲特、焦子敬、马彦翀、吴虚白、张赞元、高又明、郭希仁、景梅九等，以及四川、甘肃、山西、广东几省在陕西的同盟会员 20 余人，以重阳节祭黄帝为名，在黄帝陵前宣读祭文，表示革命的决心。祭文中写道："近年以来，欧美民族，对我环伺，各欲脔割大好河山，而满清政府恣其荒淫，不恤国耻，殷忧之士，义愤填膺，近有执义帜而起者，粤东如陆皓东、郑士良、孙逸仙，湘越如马福益、黄克强，湖南如唐常才，均矢志盟天，力图恢复。某等生逢艰巨，何敢后人，乃集合同志，密筹方略，誓共驱除鞑

---

① 《陕西辛亥革命回忆录》，陕西人民出版社，1982 年，第 296—297 页。

虏，光复故物，扫除专制政权，建立共和国体，共赴国难，艰巨不辞，决不自私利禄，决不陷害同人，本众志成城之古训，建九世复仇之义师，伏望我皇祖在天之灵，鉴此愚衷，威神扶佑，以纾生民之苦，以复汉族之业。"[1]这次祭奠，完全仿照慕亲会的祭祖仪式，收到了事先未曾估计到的良好效果。在恭祭之时，竟有不少人情难自禁，高声大哭，若丧考妣，与祭之人，无一不落泪者。每个人的面容，均表现得十分沉痛而愤激，吴聘儒（希真，后以字行）年纪最小而天真，竟两天之内饮食不欲进。井勿幕见此情景，不仅感到祭文之动人，而且深感用这种仪式发动群众，真是有声有色，深刻有效。所以回西安后，遂与党人研究，认为仿会党之方法加以改良，是推进同盟会会务工作的很好形式。

后来，根据井勿幕提议，经同盟会会员商议确定，同盟会每年农历二月初二要择地举行一次会议，研究同盟会一年来的工作，考察会员的得失，决定赏罚。会场规定除按慕亲会祭祀的仪式布置外，还加供关公、岳飞神位，取关羽神勇而有义气，岳飞抗击异族侵略精忠报国的精神。具体仪式是，一面上香献馔，一面宣读事先写好的"誓墓文"，内容大概是向神灵奉告一年来会员的革命活动情况；评判会员活动的优劣，评判决不循情；并向神灵保证一定竭尽全力，完成好以后的任务。接着，根据戒律，如果有出卖或陷害同

高又明

志者，有叛盟行为而自获利禄者，跪在神灵前，由主祭人用佛家的铲向其头顶重击。除死受惩者。这种仪式带有浓厚的封建迷信色彩，今天看起来十分可笑和落后，但在当时的具体历史环境下，确实起到了鼓舞士气，联络同志，约束会员的作用。所以，陕西的同盟会员一直忠诚团结，严守戒律，没有出现过叛变或其他应该受惩的现象，一直到辛亥革命爆发，革命党人都能同心同德，严守同盟会纪律，不能说与此无关。

祭黄陵后不久，井勿幕再次渡海赴日本，留在陕西的革命党人在全省各

---

① 《陕西辛亥革命回忆录》，陕西人民出版社，1982年，第299页。

地积极活动，扩大组织，发展会员，建立秘密活动据点，革命运动开展得非常活跃。

关于黄陵祭祖的祭文和时间，要感谢辛亥革命先贤高又明先生。他在 20 世纪 40 年代，"为昔日亡友同志计，为革命史征计"，写成了《如是我见我知录》一书，记录了诸多辛亥革命参加者的奋斗历程，最为关键的是高又明将《祭黄陵誓墓文》，原文誊抄存放于原籍。40 年代写《如是我见我知录》时，他在祖屋翻箱倒柜，竟然寻到了时隔 40 年的原始物件，使这一珍贵资料得以保存并公布于世。否则，这件轰轰烈烈的同盟会辛亥革命前最重要的活动，就会随着参加者的先后去世而烟消云散，成为研究者之憾事。关于时间问题，很多研究辛亥革命的史料中都明确地记录为 1907 年重阳节，其实高又明在《如是我见我知录》一书中记录为 1908 年，而祭文又记录为 1907 年。这么一来究竟以哪个时间为准，怎么会出现这样的错误。它曾经让辛亥革命研究者们头痛，最后还是陕西省社会科学院近现代历史研究所原副所长、辛亥革命研究专家张应超和西安市文联原巡视员，同样是辛亥革命研究专家的王民权两位老师以及井勿幕儿子和井晓天教授，坚持认为应该是 1907 年。一是因为当时辛亥革命参加者普遍使用黄帝纪年，在祭文中明确记录的时间为：黄帝纪年四千六百零五年，而这一年恰好为公元 1907 年。二是井勿幕参加完这次祭祀活动后第三次东渡日本，1908 年重阳节未回陕西。本书就是采用黄陵祭祖时间为 1907 年这种观点。当然，众多辛亥革命研究者还在积极挖掘，希望能发现新的史料，来证实这一稍有争议的课题。

第三节　柏氏花园会议

1910 年 4、5 月间，井勿幕由上海回到西安，根据东南各省革命党人的意见，准备在西北发动起义。于是，井勿幕在泾阳柏氏花园召开了同盟会陕西分会会议，参加会议的除井勿幕外，还有焦子静、宋元恺、樊灵山、柏筱余、高又明、吴虚白、张赞元、马彦翀等 20 余人。会议开了 20 多天，有些与会者没有坚持始终，会议决定推动同盟会会务的一系列重要事项，明确了进一步开展工作的任务。根据当时的具体情况，决定起义的准备工作，在西安和渭北两地分头进行。渭北由井勿幕、宋元恺、邹子良、柏筱余等负责，主要任务是在各县建立据点，成立分会，联络渭北一带刀客。西安由郭希仁、焦子静、张赞元、李桐轩、钱鼎等领导，主要任务是扩大同盟会组织，力争尽快掌握新军。会议还决定由柏筱余进行筹款，由焦子静、高又明、马彦翀等人负责购买武器及印刷宣传品器材，由樊灵山负责联络东路革命党人，由韦协度、张仲良负责文稿的起草等工作，由高季维负责宣传，由雷尔清负责编写清政府即将垮台的歌谣，由罗少鸿负责联络各校进步学生，由任师竹负责渭北各地革命活动的联络工作，由王守身负责宜君、耀县等地秘密据点的联络工作，由吴虚白负责各处消息的传递，由刘芬负责联络哥老会。会议还制订了有关章程、计划、联络暗号等。如两个不相识的同盟会员见面，互问姓名时，一方答"黄帝之黄"，另一方则答"子孙之孙"，含义表示都是孙中山和黄兴领导的革命党人，对上暗号，即表示联系上了。还编出一些歌谣，如："会算不会算，宣统二年半""黄河泛，汉江泛，淹了清水不见面"（"清水"指清朝政权），"宣统两年半，到处驻防烂"。在当时封建迷信思想还很流行的情况下，这些歌谣（口号）传出以后，对于人们的反清思想，都起了一定的鼓动作用。

柏氏花园会议结束时，根据柏筱余的提议，到会者摄影留念。井勿幕也十分感慨地对大家说："他日国事克定，而吾人尚在者，复置酒高会于此，斯不朽之盛事，媲美'兰亭'矣"①会议以后，井勿幕到西安和邹子良、郭希仁、张云山、王荣镇等在小雁塔集会，商讨起义事宜。柏筱余、罗少鸿捐款在马栏山开矿冶铁、制造炸弹，又派张奚若携款到上海购买制造子弹的器材，后因清政府沿途搜查甚严，遂改买黄色炸药及宣传革命党的书籍运回陕西。短短的半年左右，西安和渭北同盟会的革命活动都取得了很大成效。

西安方面，大雁塔的"歃血盟誓"，标志着同盟会、哥老会和新军三股势力结成了革命同盟，特别是进一步控制了新军。

其他方面，同盟会很快在三原、富平、蒲城、醴泉、乾州、鄠县、兴平、泾阳、耀州、白水等县纷纷建立起同盟会组织。在商洛，省高等学堂学生马彦翀、于海仓、王家宾等人经常回乡宣传革命思想，较早的成立起同盟会商州会会，并发展多人参加同盟会组织。在陕南、陕北各县也相应发展了部分

---

① 《西北革命史征稿》，下卷，第65页。

会员，同盟会人数达到千人以上。

李仲三、胡景翼也积极联络刀客，取得了很大进展。井勿幕在渭北山区训练军队、试制炸弹也在紧张地进行者着。这时的陕西，革命形势风起云涌、蓬勃发展，革命党人及人民群众士气高涨，即将迎来推翻清王朝的曙光。

辛亥年春，又派"马彦翀、胡鹤汀到日本购运手枪、炸药等。师子敬到兰州了解情况，期成陕甘合作"①。

第四节　大雁塔歃血盟誓

1908 年冬，同盟会员井勿幕、李仲特、景梅九、邹子良、李仲三、焦子静、马彦翀等二十余人，在开元寺秘密集会，决定把同盟会陕西支部扩建为同盟会陕西分会。推举时任西安高等学堂教习李仲特为会长，由焦子静主持分会内部事务。井勿幕奔走各地，主管与同盟会总部及外省同盟分会的联络工作。会议还决定进一步联络哥老会、刀客和新军，加强与会党和新军的联系、争取工作，这对同盟分会的革命党人来说，是斗争策略上的一个重要转折。因为 1906 年春，同盟会陕西支部在三原北极宫会议上，曾有这个提法，与会者认为哥老会与刀客来自下层社会，不屑与其为伍。对武装夺取政权，缺乏认识。陕西的哥老会和刀客，尤其是哥老会，其组织遍及全省，在陕西新军中较为集中。革命党人利用这支力量共同进行反清斗争，是十分必要而且可行的。同盟会革命党人只有同新军中的会党结成了反清联盟，才有可能举义成功，这也是全国其他省在共同运用的成功经验。

清政府筹练新军始于 1894 年，1898 年正式下令各省实施。同年陕西巡抚魏光焘奏："陕西就饷挑队，遵旨改练洋操，并添设工程队及随营武备学堂。"②为陕西编练新军之始。1902 年清廷又谕令各省"将原有各营严行裁汰，精选若干营分为常备、续备、巡警等军，一律操习新式枪炮，以成劲旅"③。同年，陕西巡抚升允根据清廷谕旨，在陕西军队中选编常备军六营，配备了新式武器，驻扎在省城西安，其余军队续备军和巡警军，在全省各地驻扎和

---

① 《陕西辛亥革命回忆录》，陕西人民出版社，1982 年，第 190 页。
② 《德宗实录》，卷四百二十九。
③ 邓芝成：《中华二千年》，卷五下册，第 126 页。

巡察。1905 年，陕西巡抚曹鸿勋又根据清廷旨令，大规模裁汰旧军人，招募新兵。经过一年时间的整编，到 1906 年，有"步队一协，炮队一队，住省城"，官二百二十员，兵三千九百三十六名。① 到 1910 年，陕西新军已有步兵两标，骑兵一营，工程、辎重各一队，炮兵由原来的一队扩编为两队，组成陕西混成协。当时有谚语云："想当兵，拜仁兄。""那时当兵的多数都参加了洪门帮会"②。所以，新军中的哥老会成员人数较多，而且在新军中的各级组织中又都有哥老会自己的组织和首领。所以，同盟会要掌握新军，在士兵中开展革命活动，必须联合哥老会，联络哥老会和掌握新军几乎是分不开的。

哥老会在陕西新军中最有实力的是张云山和万炳南。张云山，字凤岗，陕西西安市长安区人，早年即闯荡江湖，嗣因西宁（当时属于甘肃省）爆发回民起义，陕甘总督陶模募兵前往镇压，张云山应征入伍，随军至甘肃、新疆等地。他虽因军功得武职，但现实使他看到清政府的腐败，遂离开军队，流荡兰州等地，一度靠领戏班子度日。这时他的处境很困难，却"壮志弥坚，时调查军装局枪炮子药数目，谋乘间举大事"③。后因事败，被清政府追捕逃到新疆，又运动当地头领，谋图反清，仍未得志。这时，张云山在江湖上颇有名气，所以唐才常组织自立军时，曾派人与张联系，札授左将军，令其起兵西北以为响应，事败未果。1904 年，张云山入陕西新军，任号目（号兵班长），1909 年任司号官。他是新军中哥老会势力最大的人物，以他为山主的"通统山"会党成员"列榜者二千八百余人，未列榜尚众"。万炳南，陕西汉阴（一说为湖北郧西）人，新军一标三营正目（班长），其虽在新军中职务并不高，但也是新军中一个很有势力的哥老会首领。

联络哥老会工作主要由胡景翼完成。焦子静在位于西安市西大街的富平会馆内开办健本学堂，"在学生中最突出的是胡景翼，因他早已加入同盟会组织，这时一面学习，一面做革命活动。该校西偏院原是富平武生每届乡试来省应考的练武场，备有铁大刀、硬弓箭、锁子石等各种武器，胡景翼就借练习武术为名，不时招来新军中有先进思想者，接洽联络，相机宣传。"④胡景

① 《清史稿》，第三十八册，兵志，第 11 页。
② 《辛亥革命在陕西》，陕西党史资料丛书(三)，陕西人民出版社，1986 年，第 528 页。
③ 《张云山小史》，载《民立报》，1912 年 8 月 23 日。
④ 《马彦翀先生纪念文集》，丹凤县政协文史资料第十六辑，第 237 页。

翼通过新军中的朋友孙茂林等人介绍，结识了新军中的哥老会成员崔俊杰、雷贵、刘复汉等人，进而又结识了张云山、万炳南。他们经常在西安西关新军营盘附近的茶馆聚会，在富平会馆交流，进行革命思想鼓动、宣传。为了更好地联系哥老会共同进行反清斗争，胡景翼不仅自己加入了哥老会，而且介绍同盟会陕西分会的骨干人物井勿幕、邹子良、李仲三等也加入哥老会。他们向哥老会成员积极宣传孙中山先生的革命主张，"发挥同盟会旨，鼓舞其精神，开通其知识"①。胡景翼、邹子良又介绍新军中哥老会的活跃人物陈得贵（海山）、王荣镇（定伯）等加入同盟会，使同盟会和哥老会的联系更加密切，团结进一步加强。

1910年秋，钱鼎、张钫等同盟会员由保定陆军速成学堂毕业回陕，在新军中充任下级军官。钱鼎，陕西白河县人，是一个富有革命热情的青年，早年在家读书时，就不满清朝统治，怀有强烈的爱国主义思想，曾赋诗："顾瞻禹迹陆沉象，剑作龙吟眦欲裂。"②使当地学界都大为惊叹。在陆军速成学堂学习时，联络省内外反清志士，"创组陆军同学会及醒狮社，鼓吹排满革命"③。这时，他为了争取更多的哥老会成员，也加入了哥老会，并且一直以同盟会和哥老会的双重身份在新军中开展革命活动。由于同盟会革命党人的努力，新军中哥老会的首脑人物与同盟会有了更多的接触，哥老会的大龙头邱彦彪加入了同盟会，张云山也"加入了革命党"④。在同盟会和哥老会联合有了较为坚实的基础之后，同盟会就以张云山的"通统山"为基本力量，组成了一个双方联合性的秘密组织，取名"同盟堂"。张云山还在他自己山堂发的票布（哥老会成员的凭证）上也写了"同盟堂"字样，以取"同心勠力之意"⑤。张云山又根据新军的编制，在新军混成协中建立起相应的哥老会组织，其首领由哥老会成员推选，称为"舵把子"。张云山被推为协舵，下辖三标。陕西新军有步兵两标，第一标的协舵为刘刚才，副舵为刘世杰；第二标的协舵为朱汉庭，副舵为吴世昌。另外，哥老会为了便于领导，将马、炮、工程、辎

---

① 《陕西乡贤事略》，第162页。
② 《辛亥革命》资料丛刊（六），第100页。
③ 《西北革命史征稿》，中卷，第9页。
④ 《近代史资料》，总第45号，第85页。
⑤ 《张云山小史》，载《民立报》，1012年8月13日。

重等营队编为第三标，标舵为郭锦镛，副标舵为郭胜青。哥老会又在各州、县、镇建立了基层组织"码头"。据记载，陕甘两省，码头"共千余处"。"遇有令至，各属县者，由各码头密递往来之速，捷于飞檄"。哥老会的保密工作做得十分严密，每次传令，均在夜深人静时密传，对失密违令者，"即派人诱至无人处刺杀之，投尸井内，故令出必行"。在省城西安，哥老会还在城外西关高升店、王家茶馆，城内大学习巷、西华门等地的茶馆，设立秘密联络点。[1] 1910 年 7 月 9 日（农历六月初三），同盟会、哥老会和新军中的领导人在省城西安南郊大慈恩寺（大雁塔）举行结盟仪式。参加的人有井勿幕、钱鼎、张钫、胡景翼、邹子良、李仲三、张光奎（聚庭）、马文明（开臣）、党仲昭（自新）、张宝麟（仲仁）、张云山、万炳南、王荣镇、陈树发（雨亭）、朱福胜、马玉贵（青山）、马福祥（瑞堂）、刘世杰、郭锦镛、陈殿卿、刘刚才、朱汉庭、张玉成、曹位康（建安）、郭胜清、张建有、陈同（素之）、吴世昌、李汉章、陈得贵（海山）、朱彝铭（叙五）、刘仲明、李长兰、邱彦彪（彦标）、薛键侯、王克明等 30 余人。结盟仪式是按照哥老会传统仪式进行的，先由哥老会中资格较老的朱福胜带领到会者在供着关羽神位、陈列着香烛的桌前行叩拜礼，然后把一只大公鸡当场宰杀，让鸡血滴在酒里，每人都喝一点，称为"歃血为盟"。接着，又在关羽神位前起誓，表示经过这次结盟后，双方力量团结一致，同心同德，共图反清大业，如有违背，神灵鉴察。后来，把这次结盟的人称作"三十六兄弟"[2]。在当时的历史条件下，针对哥老会首领们文化程度低、迷信色彩浓厚的情况，是十分必要的，如果用书面的形式订立盟约，既不易为哥老会成员所接受，而且也容易失密，于是就采取了这种虽带一点迷信色彩，但却简单而有实效的办法。大雁塔结盟，标志着同盟会陕西分会和哥老会联盟的正式形成。

第五节　同盟会的重要据点

由于同盟会总部的指导，加之南方各省起义不断，陕西同盟会骨干人物及留日学生也经常到南方各省联络，一些地方成功的经验，失败的教训传到

---

[1] 《陕西文史资料选集》，第一辑，第 59 页。
[2] 《陕西辛亥革命回忆录》，陕西人民出版社，1982 年，第 301 页。

陕西，使陕西同盟会及哥老会能够及时总结经验，有条不紊地进行秘密活动，特别是到1910年前后，在西安以及渭北多地建立了诸多秘密活动据点，使革命工作及活动能深入地开展。

一、公益书局。最初设在西安城内南院门，后迁移至竹笆市，经营书业、文具和教育用品，并附设有公益印字馆，兼营印刷。1904年，由张拜云、吴星映（宝珊，后以字行）、焦子静等集资开设的（据闻还有高陵刘某一部分股款，但详情不明）。其书业部门，由刘俊生经理。印刷业务，由师子敬负责。广东、上海、武汉等地出版的宣传革命报刊，统一由该局运回。主要有《饮冰室文集》《新民丛报》《心理学》《民报》《铁券》及日本东京留日学生所创办的各种杂志。如陕西留学生所出《夏声》《关陇》均邮寄该局，代为分送。

焦子静

当时这些报刊统统为禁书。运输方式采用夹带或换书皮等办法。公益书局另外一个任务就是接待各地同盟会员。如蒲城张东白、耀县任师竹等，都差不多一住3个月、5个月，有的甚至更长时间。宣传的印刷品，亦由该局秘密代印，所以说，公益书局的作用，是陕西辛亥革命据点中首屈一指的。

二、健本学堂。公益书局成立不久，焦子静、张拜云等人开始筹办健本学堂。学堂设在西安城西大街富平会馆内，名义上系一高等小学堂，主要招收外县来省学生，有三个班一百余人。当时学生年龄均比较大，接受宣传较易。如胡景翼、尚武、焦援、贾绍、闵孝骞、纪从今、景崇文、杨瑞轩、焦拯等。胡景翼入学不久即加入同盟会组织，一方面做学生学习、一方面做革命工作。学校西偏院原系富平武生每届乡试来省应考的练武场所，备有铁大刀、硬弓箭、锁子石等各种器械。胡景翼就借练习武术为名，经常请来新军中思想进步的人士，接洽联络，借机宣传同盟会反清思想。后参加大雁塔三十六弟兄"歃血盟誓"，对辛亥革命举义起了重大作用。其余学生，也都思想积极，返回各县秘密联系，发展会员。在省城举义后，他们就地策动响应，起了不少推动作用。

该校校长由王伟斋担任，后由王子端接任，常任教员有常铭卿、陈会亭、程孝先、范味腴、李天佐（襄初）、马彦翀等，兼职教员有宋元恺、杨铭源、景梅九、董雨麓等，不拘形式随时来校讲话者有井勿幕、任师竹、李仲特、李桐轩、井岳秀、张奚若、严庄（敬斋）、邹子良、师子敬、焦子静等。先后不下十余人之多。经常向学生讲授清朝政府如何丧权辱国和所属贪官污吏如何对百姓压榨剥削。并指出清廷鞑虏，非我族类，因而对学生灌输了很多的民族意识和革命思想。另外，新军中哥老会首领张云山、万炳南也常在这里，与同盟会员接头。

由于有了这样一个学校组织作为掩护，就可延揽各方的知识分子和招纳更多的革命党人。如井勿幕、吴希真等很多革命同志，每由外地活动来省，即住在该校。而该校专职教职员和不断来校讲课的同志，也均借教学之名，进行革命宣传。

该校教员虽多，但多系义务，即使校长和常任教员，也只由校供给食宿和生活费用。因他们都是为革命事业，无人计较待遇多少。如校长王子端，本系某中学堂教员，月薪可达数十金，而到健本每月还不到十金。负责公益印字馆的师子敬，原在蒲城县署户房供职，年奉得二百金，因为调省协助革命工作，也不得不舍弃每年高薪而就此每年不上百金之职。其他个人有时也给学校捐赠一些书籍用品。学校伙食、用具、杂费均由焦子静负责筹措。

三、驿传房。是清朝陕西按察司衙门的一个班房机构，经丞是焦子静。焦秉性沉着，少寡言语，素有大志。他子承父业担任省城驿传工作，还兼理三原驿站职务[①]。所谓驿传，就是代官府传递重要公文，这里来往人员频繁，消息比较灵通。再因该房属于官府的内部的一个机构，更不易被人所疑忌和识破。兼之当时陕西各署衙的书吏，如布政司田斌丞、纪朗亭，提学司的党峙五等均系富平同乡人，素与焦友善，即各司班头如按察司的王茂亭亦与焦关系密切。有这些客观条件，焦能首先倡议与张拜云等合股设立公益书局，又尽力筹措开办健本学堂，一个共同目的，就是为了策动陕人的革命。而焦所在驿传房便成了策动革命的中心枢纽，焦本人就成为一个中坚人物了。

① 《马彦翀先生纪念文集》，丹凤县政协文史资料第十六辑，第238页。

驿传房在革命据点中知名度
不高，它带有比较秘密的性质，
所以一般人只知道有公益书局和
健本学堂，多不知道有驿传房。
其实，该房的掩护力特别强，活
动范围也就特别广，每有外省外
县来陕联络的革命党人，他们不
愿多见人，就秘密住在驿传房。
如四川的谢持、山西的李岐山、
张石生、兰芳五、郭质生、景敬

清末的邮差

之、直隶的郭瑞浦、刘谷峰、童效先、林仲扶、赵柱子、山东的刘冠三，以
及外县的纪雨旸（时若，后以字行）、王仙坪、樊灵山、杨继川等。不仅由该
房供应食宿，而且还要酌予接济。所以大家对焦子静多以"及时雨"呼之。至
焦病故，友人在省城开会追悼，曾有挽幛云："勿幕曾吃公益饭，笠僧原系健
本生"。足以说明焦子静对陕人辛亥革命的重要关系及建立革命据点所接待、
培养革命人才的贡献作用。①

有一件事情就可说明驿传房作用的重要。陕北靖边县郑庠（思诚，后以字
行）系三边一带的侠客，善骑射，因家务诉讼该县酷吏受贿，被关押在监房，
并用重刑，后郑被党徒劫狱救出，逃到西安，住在北大街某车店。一日，马
彦翀赴北关工作，路过该店，见有这样一位魁梧壮士，坐在车后，即非店主
人，又非赶车夫，认为必有蹊跷，就上前攀谈，问明原因，遂约至健本学堂，
同盟会员听后均感不平。校长王子端即代写申诉状，控告县官与巡抚衙门，
不料诉状递上之际，正值该县通缉令捉郑归案之时。按察司班头王茂亭给焦
子静通风报信，把郑隐藏在驿传房，住了数日，风声稍松，连夜送他出省，
并让他回去多加联络。辛亥年省城起义，郑带数百匹马队南来，支援了秦陇
复汉军政府。

四、存心堂书铺。是同盟会员马开臣家的书铺。原来出售各种"劝善"书
籍，后来不仅推销进步书籍和革命刊物，而且成为同盟会一个秘密据点，革

---

① 《马彦翀先生纪念文集》，丹凤县政协文史资料第十六辑，第239页。

命党人井勿幕、邹子良，外省的景梅九、李岐山等人常在此聚会，进行革命活动。

五、公正和纸店。原是井岳秀祖上设在西安出售纸张的商店，后由井岳秀继承经营，遂成为同盟会革命党人聚集地点。其胞弟井勿幕常住在此。

六、西岳庙女子小学堂。创办于1908年，由进步知识分子南兆丰、王瑞轩等发起兴建，同盟会员邹子良主持，对外名义是兴办"女学"，提倡妇女识字，实际亦为同盟会活动场所之一。

七、武学研究社。是新军中的同盟会员钱鼎、张钫、党仲昭等人于1910年创办的，地点在西安南院门，公开的名义是军事研究机构，实际是新军中同盟会员秘密聚会、研究革命事宜的地方。革命党人通过武学社的活动，在陕西新军、陆军中学堂和陆军小学堂中宣传革命思想，发展同盟会员。会员如王一山（亦山）、牛策勋（文亮）等人，在辛亥革命中起到过重要作用。井勿幕、胡景翼等人曾在这里同钱鼎、张钫商讨革命事宜。武学社还在满城内设有分社，以监视满城中清军的动态。

八、丽泽馆。原是进步知识分子郭希仁、曹印侯（树勋）、刘蔼如、贺绂之等人组织的一个宣传思想讲演机构，地址设在端履门附近，郭希仁等人加入同盟会后，丽泽馆遂成为同盟会的秘密活动场所。

九、声铎社。创办于1909年，主持人郭希仁、王铭丹（敬如）等，活动情况和丽泽馆相似。

十、正谊书店。由同盟会员薛骏（麟伯）主持，地址在西安市南院门，对外经营书籍业务，实际是对外地同盟会员在西安的联络机关。

十一、新民图书馆。由同盟会员柏筱余出资创办，是革命党人在西安的一个活动据点。

十二、西关茶社。由钱鼎等人集资创办。因接近西关新军营盘，是新军中同盟会员秘密聚会的一个场所。井勿幕、胡景翼都曾在这里与新军中同盟会员聚会、联络。

十三、秦公社。由柏筱余、高又明、纪时若等创办，地址设在三原县城，名义上是接收由上海运输来的各种新书和教育用品，实际是同盟会设在三原的一个秘密据点。

十四、庙湾畜牧场。1906年，井勿幕等即赴耀州勘察了地形，创办于

1908年，由同盟会员高祖宪（幼尼，后以字行）任畜牧场主任，具体经办是邹子良、胡应文（定伯，后以字行）、樊灵山等人。陕西同盟会的骨干人物，经常在此开会，决策革命大计。井勿幕等人曾在此试制炸弹、训练马队，辛亥革命时，陕西民军炸弹队使用的炸弹，有些就是在这里制造出来的。

十五、宜君马栏镇铁厂。1906年，井勿幕等人赴宜君一带勘察，1908年由柏筱余等人筹资，王守身、邹子良等人负责创办，对外名义是开采铁矿，兴办实业。实际是各地同盟会革命党人来往北山的聚会场所，并利用当地铁矿铸造炸弹。

十六、同州中学堂。这是清末创办的一所州属公立学堂。1908年，同盟会员尚镇圭从日本回国，任该校监督（校长）。后来，同盟会员寇遐任该校监学（教导主任），曹俊夫（世英，后以字行）、史之照等人均在该校任教习。该校几乎被革命党人所控制，成为陕西东部各县同盟会员活动的重要据点，在联络渭北一带刀客的活动中发挥了积极作用。

十七、泾阳柏氏花园。本是同盟会员柏筱余的私家花园，地址在泾阳县桥底。由高又明负责管理，因泾阳是西安去渭北的必经之地，交通便捷，花园又系私人所有，环境幽雅，外人不能随便入内。因此，成为同盟会在渭北秘密聚集的一个重要场所。1910年4、5月间，井勿幕由上海回到西安，根据东南各省革命党人的意见，准备在西北发动起义。于是，在柏氏花园召开了同盟会陕西分会重要会议，参加会议的除井勿幕外，还有焦子静等20余人。会议开了20多天，会议决定了同盟会的一系列重要事项，明确了工作任务。

十八、觉社。1908年前后，由马彦翀与高等学堂同学杨仁天（寿昌）、王雨村、李葆亭、姚树陔、刘乐天等人在南院门秘密筹设。"觉社"意出孟子："使先知觉后知，使先觉觉后觉。"宗旨是唤醒人们热爱祖国，提高文化、科学水平，并在每星期天轮流发表进步演讲，演讲的主要内容以禁烟、放足为题，揭露清廷腐败，关注民族危机，教育人民发愤图强等，给听众灌输革新思想。辛亥革命成功后1912年4月报省民政厅核准备案，先后发展会员300余人，很多听众甚为动容，这样也给广大群众灌输了不少革命思想。[1] 每月出会刊一期，印500本。1913年10月因故停刊，该社也自行解散。

---

① 《马彦翀先生纪念文集》，丹凤县政协文史资料第十六辑，第241页。

马彦翀在其撰写的《辛亥前陕西革命活动的三个据点》中回忆说："……当时的秘密组织确实不少,仅在省城,就还有丽泽馆、谘议局、高等学堂、师范学堂、陆军中小学堂、南院门觉社以及新军中三十六兄弟等组织。"①另外还有张身庵在西安书院门的商业研究所、焦子静创办的追远会等组织,都是同盟会员进行革命活动的秘密机关。高又明亦在回忆录中曾写道:渭北多个县不仅都有秘密据点,而且都有人具体负责。除了建立秘密据点外,同盟会还掌握了一些书报杂志,如《兴平报》(后来和《普及白话报》合并,改为《帝州报》)《丽泽随笔》《声铎公社质言》《皦社学谭》《教育界》等,这些报纸杂志采用各种方式揭露清政府的腐败,宣传爱国思想,在启发知识分子和广大人民群众的民主思想方面,都起了积极作用。许多辛亥革命先贤在回忆文章中还提到大、小雁塔、寒窑等处,也是经常开会碰头的地方。

陕西当时的反清秘密活动据点究竟有多少,是难以统计的数字,因为革命、反清是冒着被杀头、被株连风险的。只要有反清组织,就得有开会商讨的活动据点。张钫在《忆陕西辛亥革命》(全国政协文史资料委员会编:《辛亥革命亲历记》,中国文史出版社,2001年,第396—397页)中写道:"对于教育界、新闻界、政界及一般社会人士,均有相当联络。我们和各方面碰头的地方,计有聚义楼饭馆、正谊书局、派捐处等处,和一些私人(卢慧卿)等的住宅。那时候督练处总办兼巡警道张藻是军队的上级指挥官,在署中担任机要科长的候补知县公恩溥(惠亭),是张钫妹夫的父亲,上级官署的消息可以从他那里探访。藩台衙门的书吏如白水(应为富平:笔者注)焦子静等,都分别担任革命活动任务,并且还组织了公益书局,进行宣传工作。张聚亭的女友傅二姐那里是秘密联络站,作用很大。因常在小雁塔开会,在聚义楼饭馆吃饭,当时风声均很大。"所以说,以上所列的据点和人员,可能仅为一部分,还有待挖掘。总而言之,这些据点对于同盟会革命党人思想的统一、传播,大政方针的制定、推广起到了积极的作用。

---

① 《马彦翀先生纪念文集》,丹凤县政协文史资料第十六辑,第237页。

第九章　保路、保矿、抗捐、抗税斗争

自庚子以后，帝国主义列强侵略势力迅速由沿海伸向内地，纷纷争取在中国修筑铁路、开发矿源的权利，因而激起全国性的"保路""保矿"运动。当时，由于比利时帝国贷款给清朝政府时，订立了修筑汴洛铁路借款合同。合同中第二十三款规定：由河南至西安铁路，将来可由比国公司与中国铁路总公司妥商议办，如中国自办，或招华股共办，该公司不得争执。① 1905 年，汴洛铁路开始向西延伸，陕西一些开明绅商和进步的知识分子，恐怕一旦汴洛铁路由洛阳西伸至陕，则秦省路权将落入外国人手中。于是，纷纷议论由陕西省"自办"西潼铁路，以防外人插手，使利益外流。

第一节　绅商学界争取路权的斗争

陕西统治当局从自身利益考虑，也酝酿办铁路事宜，遂经藩司樊增祥奏请，由陕西巡抚曹鸿勋批准，令樊增祥任总办，开始筹款，拟实行西潼铁路"官办"。潼关至西安以 300 里计算，当时约需银 300 万两，而"陕西凋敝，官绅商民，罕有余积"，加上解赔款、行新政，"实以力尽筋疲"，难以筹此巨款。遂决定暂时先修临潼至西安这 50 里，着手筹款。议定将盐每斤价加收制钱二文，土厘每两收抽制钱十二文，又将"仓捐"每亩三升划归路捐。另外再大量吸收官股，规定"一等每年派银一千二百两，二等八百两，三等四百两。"②这种名义上是由各级官吏分等认股，实则是变相的民捐，最终还是转嫁到百姓的头上。于是强捐勒派、按亩加捐接踵而来，遂激起将近四年之久

---

① 《秦报》，乙巳年十二月，第 2 期。
② 同上，丙午年三月，第 3 期。

的农民"交农"抗捐风暴。清朝政府不得不"出示晓谕，停收此捐"。① 结果，因无款可筹，官办计划宣告破产。

陕西政府官办西潼铁路的计划落空后，英国、比利时等国均企图插手包办，以巡抚曹鸿勋为首的陕西当局竟想出卖铁路主权，不仅阴谋与英商瑞记洋行买办徐树德勾结，而且派其亲信道员郑思贤赴上海以"招股"为名，欲借外资修铁路。消息传出后，舆论大哗，《秦陇报》《夏声》《关陇》等省内外较有影响的杂志，纷纷载文抨击。指出"英公司运动政府包办西潼铁路，二十五年购还，已订草约，电询曹抚画押。……国破家亡，祸自今始"。②

在保路斗争中，井勿幕坚持保护国家经济命脉和主权，反对列强插手我国铁路建设，1907 年秋，河南同盟会人即发起自办洛潼铁路，刘粹轩邀井勿幕赴豫。井勿幕、刘粹轩等在商丘四牌楼东一街，密商发展同盟会组织和在商丘伯台募铁路股事，是为陕、豫同盟会人合作和开端。1908 年春，陕西同盟会人在全省范围内掀起了争取修筑西潼铁路路权的斗争。③

于右任在上海主办的《神州日报》，亦发表文章予以揭露。陕西高等学堂、优级师范学堂等校师生更是群情激奋，以全体学生的名义，上书陕西当局，坚决反对出卖路权。陕西的爱国士绅还选张拜云为代表，赴京上书邮传部，控告陕西巡抚曹鸿勋等官僚企图出卖陕西路权的可耻行径；他们极力反对陕西当局借用外债修筑西潼铁路，也反对向广大农民强派路捐，提出由绅商招股民办。张拜云、井岳秀、吴宝珊、南兆丰等发起要求陕西绅、商界"商办"西潼铁路，同时，联络在京的陕籍爱国人士共同行动，在全省革命党人、爱国绅商和进步知识青年的反对下，在广大群众的抗捐斗争中，陕西当局招纳外国资本修筑铁路的企图未能实现。1908 年，绅商、学界提出"商办"。由赵元中、崔志道等发起，迅即发表了《筹办西潼路启》文，认为西潼铁路"自官办失败后，如梦如醉"，希望"联合京内绅商在省城设一铁路筹办处，详议招股集款之法，呈请当道，改属商办"，并拟定《筹办西潼铁道处简章》，成

---

①　《中国日报》，1907 年 3 月 29 日。

②　《陕西辛亥革命回忆录》，陕西人民出版社，1982 年，第 323 页。

③　井晓天：《乱世烟云——井勿幕、井岳秀昆仲史事钩沉》，中国文史出版社，2018 年，第 31 页。

立"西潼铁路办事处"。① 张拜云任路局文牍，清政府因官办无银可筹，借外资修路又受到陕西各界人士的反对，遂不得不同意"商办"，但规定"认足三十万股之后，再行奏明办理"。岂知陕西各界爱国人士认股十分踊跃。1908年3月25日，各界代表在省教育总会事务所开会商讨认股事宜，会上纷纷痛陈铁路利害直接关系中国主权，全秦命脉，为杜外人觊觎，急需集股自办。会议上群情激动，当场认股达20万股。朝邑吴宝珊、蒲城井岳秀、兴平南兆丰等除积极筹集3万股(每股银二两)外，还各自单独认了股。在西安的各校学生也纷纷认股，就连乞丐有的也认了股，可见气氛之热烈。由于大家出于满腔的爱国热情，争先恐后认股，很快集股达30多万股。[2] 崔志道等将集股情形禀知巡抚恩寿，经恩寿同意，将西潼铁路转归"由绅商专办"(既"商办")。

可是，由于陕西工业比沿海各省薄弱，商业亦较落后，经济基础不够雄厚，领导者多数不懂筑路业务，所以数年间亦无成效。但是，陕西绅商学界这一自发的爱国"保路"运动，却抵制了帝国主义侵占西潼铁路和清政府出卖路权的阴谋。同时，还出资保送爱国青年出国留学，学习铁路建设和管理，为陕西培养铁路科学技术人才，这也是西潼铁路办事处的功绩。例如，后来成为中国著名水利专家的李协(仪祉，后以字行)，就是1909年由西潼铁路办事处总干事阎乃竹具禀作保，资送到德国学习的。

第二节　绅商学界争取矿权的斗争

陕北延长一带，早在两千年前就已发现油矿，而且当地群众把它当作生活燃料。据《汉书·地理志》记载："高奴(延安)有洧水，可燃。"《延安县志》载："城西翟河岸边，穿石井，水面浮油，拾之燃灯，一若炬。"《延长县志》云："县城西门外有井，出石油，……燃之如麻油，多烟熏，收为墨之原料极佳。"可见劳动人民早就用石油点灯、制墨和做燃料，只是不能提炼而已。庚子年以后，帝国主义列强争夺中国铁路、矿山的修筑和开采权，更为激烈。

---

① 《夏声》，第四期，第132页。
② 王仲谋：《"蒲案"前夕同盟会在蒲城组织的革命活动》，蒲城文史资料第10辑，1998年，第106页。

1903 年 3 月，德国住天津领事和德商世昌洋行密谋掠夺延长油矿的开采权，勾结陕西大荔县绅士于彦彪，跑到延长县，同该县绅士刘德馨等，私自订立合同，并通过延长知县禀请，向官府立案，妄图使他们取得延长油矿的合法开采权。消息传出后，全省人民非常气愤，首先是绅商学界全体大哗，纷纷上书奏请，发表议论，表示反对。认为陕西矿产即全省之生命，令外人觊觎，必然引起利益外流。就连陕西矿务局亦提出反对，认为"民人于彦彪与该县贡生刘德馨等私订合同未免意图蒙混，若竟准其开办，势必肇生衅端"，并提出要将此奸民"查传到案，押发大荔县严加管束，不得出外滋生事端"。[①] 官府当时慑于社会舆论的压力，同时鉴于延长油矿有利可取，也主张由陕西官方开采，但是，于彦彪等民族败类，仍私自赴天津与德商勾结，企图开采延长石油。陕西当局权衡利害，即将于彦彪从天津押解回陕西法办，并经陕西巡抚升允奏请清政府批准，将延长石油矿权收归"官办"。

1904 年初，继陕西巡抚曹鸿勋开始筹备延长油矿，派候补知县洪寅带抽样赴汉口聘请日本专家化验，结果认为油质纯好，可以开采。于是，洪寅与日本人订立合同，并聘请日本技师、技工，订购日本的机器设备，就此双方达成协议。当时就聘请日本人佐藤弥四郎为技师，又聘用日本木工、铁工、掘井工 6 名，官办延长油矿开始动土兴建。为了运输机器，又征用大批民工，费了一年多时间，修通了铜川到延长的公路。

1907 年，机器先后运到工地，4 月开始安装，5 月开始掘井，9 月 9 日（八月初二）正式掘成第一口井，每日可产原油 3000 多斤。如果"昼夜取之，又当倍蓰"，且"油质光白烟微，竟驾美孚之上"。[②] 11 月 5 日，炼油房建成投产，首先装油 14 箱运回省城。延长油矿炼出石油这一消息传开后，全省轰动，无不庆贺。陕西巡抚恩寿见试办已收成效，决定扩建，但因财力不足，派员往上海招股，清政府度支部、邮传部和农工商部见延长油矿油质优良，有利可图，议论将延长油矿收归"部办"。美、日、德、俄等帝国主义国家，更是垂涎三尺，遂秘密与清政府接洽，谋图插手，从中渔利。陕西留日学生闻得此消息后，立即发表言论，呼吁陕西要迅速"确定自办、商办之案"，以

---

① 《陕西辛亥革命回忆录》，第 244 页。
② 《中国日报》，1907 年 11 月 22 日。

防帝国主义"群狼竞逐，眈眈吾土"，使我"财货外流，国力疲困"。[①] 当时陕西省内绅商学界、爱国进步人士，也纷纷发表言论要求"商办"。在舆论的压力下，一些开明的驻京陕西籍官员，想支持商办或陕西自办，却怕得罪朝廷；不支持陕西人民的正义要求，又怕群众不满，遂提出"官商合办"的调和意见。1908年9月13日，由筹办西潼铁路办事处和省教育总会发起，在西安中州会馆召开群众大会，到会者达600余人，绅商学界代表纷纷发表言论，一致要求"官办"，反对部办，更不允许帝国主义掠夺。并向巡抚恩寿呈请，由陕西自己招股，改官办为商办。后经恩寿批准，延长油矿即转为招股商办，但允许官钱可以入股投资，实质上还是"官商合办"或"官督商办"。

延长油矿设备运输主要靠马驮人扛

商办确定以后，成立了"保陕油矿公司"，开始招股商办。[②] 但是，同官办一样，陕西经济基础薄弱，筹款不易，结果商办石油数年间亦无进展。原来开出的一口油井，由于日本卖给中国的多是陈旧机器，日本技师和技工在我国领取高额薪金之后，在业务上却实行技术封锁，并且歧视乃至欺压中国工人和工作人员，在工人与技师间制造种种矛盾，致使石油生产成效甚微。1911年春，商办者才开始掘第二口井。10月，辛亥革命爆发，厂事遂停。这次由一些爱国绅士、商人和资产阶级知识分子所发动的保矿运动，虽然成效不十分显著，但却保住了延长油矿的矿权，使其免遭帝国主义列强的掠夺。

---

① 《夏声》，第八期，第113—114页。
② 《陕西辛亥革命》，陕西人民出版社，1991年，第51页。

第十章 学生运动蓬勃发展

前面提到，清政府实行新政的内容之一就是废科举，建新学。要求在省设立高等学堂，各府、厅设立中学堂，各州、县设立小学堂。1908 年前后，在全国民主革命运动的推动下，陕西革命的学生运动广泛的发展起来。同盟会革命党人在运动学界、联合会党，发动和掌握新军，争取刀客等方面，做了大量工作，把革命运动不断推向高潮，为陕西辛亥革命的胜利打下了良好的基础。

第一节 蒲城教育分会成立

蒲城籍井勿幕 1903 年冬由四川赴日本留学，加入同盟会，1905 年冬他奉孙中山的密令，回到陕西进行革命活动，首先由家乡蒲城发展组织，介绍了一批进步分子加入同盟会，如常铭卿、陈会亭、李桐轩、李天佐等，到 1908 年秋，仅蒲城县加入同盟会者已有 50 人左右。

1907 年(清光绪三十三年)蒲城旅省同乡李少符、王言如等发起组织蒲城教育分会，并办妥备案手续，领得图记，回县举行成立大会。会中公推常铭卿为会长，寇重庆、常瀛为演讲员。教育分会成立后，组织演讲队，借城乡群众集会的机会做时务演讲，李良才(字桐轩，后以字行)还编写了《黑龙江》《一字狱等戏本》，揭发国势危机，外人侵略，政府无能，官吏腐败和民生疾苦真相，以期唤醒群众，促成革命，当时已为官方与劣绅等所不满。常铭卿担任教育分会会长，曾经以办理城乡初等小学不合规章，屡次要求知县李体仁改革；并派会员清查劣绅原烈历年所管的公款账项，以及对省上官府主张借用外债修筑西潼铁路表示反对，力争招股民办等等，更引起李体仁、原烈等的嫉恨和仇视。李体仁曾写信给陕甘总督升允说："中国祸患，将来不在外洋，而在萧墙之内。"

1908年9月，县立高等小学堂管理刘友仁调升沔县(今勉县)教谕，李体仁企图派其心腹苏民章和冉澍川继任管理，暗中监视学堂师生行动，被学生识破阴谋，表示拒绝，以致彼此相持，不能解决。其间，李体仁来到学堂，学生提出自治规则二十条，要求准予自治，大意是暂时不续派管理，有事请由监督(李体仁自任监督)亲临办理，至年终另举妥人。李体仁迫于学生要求，勉强同意，并于学生自治规则上增加"不遇星期，学生不准出外"一条。其用意仍在限制学生活动。从此，李体仁、原烈与学堂师生之间的矛盾，愈益尖锐。

王子端、常铭卿蜡像(蒲城考院旧址)

10月3日晚，教育分会会员雷电，因魏姓厨夫常私自出外，疑有他故，潜侦其所向。至巡警局见他与县署轿班等在一起赌博，雷便集合十几名学生冲散赌场，拿获赌具和赌犯巡兵何问章等四名，移送县府处理。李体仁竟恼羞成怒，一面上禀提学司，谓教育分会常会长越权妄为，要求解散教育分会，一面唆使贡生苏民章、冉澍川等诬禀谓："教习唆使学生自治，以固禄位；学生博欢教习，图积多分。"李体仁在原禀上批云："禀如属实，教习学生均欠文明，着将禀批抄录传示学堂。"教习常铭卿、陈会亭以李体仁有意侮辱，愤而辞职，于10月6日搬出学堂。学生为挽留教习，遂向李体仁具禀辩诬，并请监督(指李体仁)亲临办理,言多顶撞。李体仁阅之大怒,疑禀文出自常铭卿之手,即派差役驱逐学生出堂,倒锁学堂大门,贴以十字封条,并通知各家长领回学生。全体学生不能归校,开会决定,暂住北街关帝庙,严守自治规则,改称"自治公学",推选学生中年纪较大的雷忠诚、李望古、苏炳吉担任教习,继续研读。并推选王之翰、米端蒙、张树仁三人为学生代表,密赴西安控告李体仁摧残教育罪恶行为。同时李体仁亦向提学司诬禀谓:"学生迁出学堂,系教习指使,请准解散另招。"提学使余堃亦不详察真实情况,先后皆信李体仁一面之词,批将教育分会解散,并将学生解散另招。

李体仁蜡像(蒲城考院旧址)

第二节　酷吏滥刑引发"蒲案"

10月16日下午2时,李体仁亲领差役200人,各持武器,先到教育分会逮捕常铭卿、李雅轩、李九标等人。同时原烈到关帝庙角门,叫出学生李坤说:"去省的学生代表王之翰已被解回,看你们闯下这个乱子怎了。"这是怕学生反抗,故造此谣,以馁其气。随后将角门锁住。学生正在开会筹商对策,李体仁已到大门口。李先喊问:"哪个是雷忠诚?哪个是苏炳吉?"差役一一指出,李喝令"绑了",差役应声齐上,学生大哗,即奔后殿拿来木棍尽力抵御，终以众寡不敌，都被缚绑。同时教育分会演讲员常瀛因事来到关帝庙，亦被逮捕。李体仁回署后，立即坐了大堂，连喊："反了！反了!"先将年龄较小的何绍仁叫出来问："你们谁是革命党？搬到关帝庙，是你教习指使吗?"何答："是我们自己的主意，没人指使。"李怒喝令"打!"打毕，拉跪一旁。继叫雷忠诚问："你是自治会会长，学生代表，派人上省告我，一定是革命党。"雷答："我只知办学堂是力行新政，不知道什么是革命党。"李愈怒，乱拍醒木喝令"打嘴"，打一百无招，又令打手，连打三百，手皮尽脱，仍然无招。接着就把苏炳吉、冯士斌、李望古、米峻生、傅翼、赵孟翔、窦荫三、原斯健等30余人，逐一唤出，严刑拷问，要他们招供搬出学堂的指使人及当地革命党活动情况。威吓、诱骗无效，继以毒打。对冯士斌、原斯健二人，打得尤为残酷。原因是他认出冯是在关帝庙中用木棍打落他帽子的人，所以不问口供，只喊"结实地打"。因打得过重，曾绝气数次，用水喷活，前后被杖一千，几致殒命。原斯健因顶撞了原烈，原烈给李递了条子，因而也被几次打得死去活来。这些学生受刑后，虽嘴肿如瘤，臀血淋漓，但都不肯承招。打毕学生，就把常铭卿提出，说他是革命党，常不肯承认。先打嘴二百，然后使人宣读事先拟好的革除常铭卿举人的假文件。读毕，喝令"结实地打"，打了五百手掌，不仅手已见骨，连身子都浮肿起来，但常始终没出声。当时街巷间编出了口歌，说："常铭卿是英雄，挨了五百没吭声。"又叫常瀛，李问："你是演讲员，说政府无能，官僚腐败，必是革命党。"常未及答，李喝令重打，打了五百。又把李亚轩、李九标也都打了三百，分别关押。时已半夜，李始退堂。学生原斯健因受刑过重，后被释回家，不久死去。

"蒲案"发生后，激起了全省各县学生和知识界人士的义愤，各学堂纷纷罢课，知识界人士群起声援。北京、上海等地以及留日的陕籍学生和其他各界人士也立即响应，对清朝地方官吏的暴行作出义正词严的谴责，因而很快就形成了辛亥革命前陕西教育界一次波澜壮阔的反封建压迫运动。

第三节　声援浪潮

"蒲案"发生后，陈会亭兼程赶到西安，向各方报告这一事件的经过，讲述李体仁企图破获革命组织，非法捕押、刑讯教习常铭卿和学生的种种暴行。

省城的师范学堂和高等学堂首先得讯，接着很快地就在陆军学堂、西安附中、健本学堂、师范附小、甘园女校等处传播开来。各学堂学生对李体仁的暴行无不义愤填膺，纷纷推举代表到长安学巷省教育总会集会，由高等学堂总代表马彦翀、师范学堂总代表寇遐主持会议，报告"蒲案"情形。当讲至李体仁毒打举人常铭卿和学生多人，并在毒打常后把他拴在尿桶旁等种种毫无人性的暴行时，与会代表立刻人声鼎沸，有的痛骂，有的切齿挥拳，怒不可遏。登台发言的代表，一个接着一个，一致发出抗议和要求惩办李体仁的正义呼声，群情激昂的程度无法形容。最后会议通过三个重要决议：（1）各学堂一致罢课，声援"蒲案"师生；（2）推举代表向巡抚衙门请愿；（3）要求清政府严惩李体仁，不达目的，誓不罢休。马彦翀、寇遐两代表接受同学委托，星夜起草请愿书，次日上午即到巡抚衙门请愿。衙门官员理屈词穷，只是托词支吾。代表们回去后，分别向本学堂作了传达，大家对清朝封建官吏的专横无理深表愤慨。李仲三等在师范学堂组织了许多同学到校外进行宣传活动。各学堂学生还纷纷向本县学生写信，请求一致声援，商州、凤翔、同州等地中学，三原宏道学堂和其他各县不少高等小学堂很快响应；同时分别致函上海、北京及日本东京的陕籍学生和在京官吏，详尽地陈述了蒲城知县李体仁仇视士类、毒打学生的残酷经过，并附以陈会亭、常铭卿血泪控诉书，呼吁声援和支持。

西安知识界以南院门公益书局为策划支援"蒲案"运动的中心地点。这个书局本来是同盟会在省城的秘密机关之一，经常有同盟会会员和当时知识界知名人士李仲特、李桐轩、焦子静、张拜云、任师竹等以及谘议局副议长郭希仁到此聚会。他们得悉"蒲案"的消息，人人感到无比愤怒，表示深切的关怀和支持，即以谘议局、教育总会名义，向陕西提学使余堃提出警告，要求给李体仁应得的惩处。被李体仁毒打的学生原斯健因伤致命后，西安各界又在卧龙寺召开了300多人参加的追悼大会，与会人士纷纷对李体仁的暴行做了严厉的谴责与声讨，进一步扩大了反封建、反压迫的宣传。

11月8日，知识界人士还利用教育总会举行周年纪念会的机会再次向余堃提出质问。郭希仁在光绪三十四年十月五日的日记中记述此事说："当日开会，出席者约二百人，其中会员约八九十人。余堃到会，演说中未提'蒲案'只字，与会人士深感不平。会员李厚庵、同文臣、贺稚云等多人要求会长周石笙宣布'蒲案'经过情况，群情激奋。李桐轩悲愤难抑，放声大哭。我当场发言指出：'李体仁将蒲城教习、学生三十余人打得血肉横飞，惨无天日。今天开全体会而不提及，我们陕西人该哭。'接着就放声哭起来。余塈责我扰乱秩序，我挺身与之抗辩，余狼狈退出会场。"

陕西学界以同仁的名义，给陕籍留日学生发出了《致夏声杂志社书》，要求伸公理，吐公愤，积极参加声援"蒲案"斗争。

旅沪陕籍学生和知识界人士，得到"蒲案"消息，立即召开了同乡会，研商对策。另由杨叔吉把"蒲案"编拟了新闻稿，交于右任在《舆论报》上发表。同时，还给陕西省有关衙门发电，要求严办酷吏李体仁。

"蒲案"消息传到北京，也引起了陕籍旅京人士的极大关注。李博（约祉，后以字行）、徐鹤年（友松）在回忆录中写道："1908年，蒲城学生渊从极（龙门）、李约祉、李仪祉均在北京京师大学堂肄业。同时蒲城留日学生徐鹤年适从东京回到北京，从蒲城来信中，惊悉'蒲案'经过的情况，并接到惨案照片。当时即由渊从极和李约祉、李仪祉兄弟同去会见蒲城京官周爱谀（政伯）面述'蒲案'情形。徐鹤年去见度支部主事宁述俞，详述'蒲案'真相，宁大感气愤。徐又去见吏部郎中文选司掌印刘华（宝含，韩城人，曾任日本留学生监督），刘闻之亦愤慨不平。刘即访晤度支部左参议晏安澜（海臣，镇安人）。晏、刘二人商妥，即在关中北馆召集陕西在京京官开会。晏在会上指出：'值此国家厉行新政，提倡办学之时，蒲城知县李体仁竟敢封闭学校，擅作威福，违法滥刑，掌责举人，草菅人命，实属目无朝廷法律。'当时在座各京官一致义愤填膺，提议联名上奏，惩办民贼。由晏安澜领衔，签名的有刘华、宁述俞、吉同钧、段维、王步瀛、雷延寿、雷多寿、张立德、景志伊、郭式卿、张又杕、周渔夫等数十人。具呈都察院请代奏，主语是：'为蒲城知县李体仁毁学仇路，滥刑毙命，学司徇私，酿成重案事'。文中列举李体仁种种罪状，结结实实地参了一本，并托军机章京雷延寿从旁设法，提前处理。当时奉到'御批'：'谕都察院代奏陕西京官呈控蒲城县知县李体仁毁学仇路，滥刑毙命，学司徇私，酿成重案一摺，着恩寿按照听呈各节，秉公确查，认真究办，据实具奏，毋稍回护。原呈着抄给阅看'。"①

---

① 《辛亥革命在陕西》，陕西党史资料丛书(三)，陕西人民出版社，1986年，第324页。

当时《夏声》杂志在第九号上同期刊出《蒲案贿赂公行报告书》和《陕西藩、学、臬三司会议分别拟结蒲城县令李体仁毁学一案驳议》两文。文章尽情地揭发了清朝地方官吏和当权劣绅上下勾结、互相包庇、受贿卖法、贪污腐败，以及玩弄欺骗手法，歪曲"蒲案"真相，极力为李体仁、原烈开脱洗刷诸种罪行。在东京的晋、豫、秦、陇四省同乡会也对"蒲案"祸首提出了严正的谴责。

第四节　"蒲案"处理结果

当陕西教育界展开反封建官吏李体仁暴行之始，陕西巡抚恩寿表面上对"蒲案"故作镇静，但当运动深入开展，来自省内外甚至国内外的谴责、讨伐愈来愈多，对当权的封建官吏的压力愈来愈大时，也就迫使他不得不下令藩、臬、学三司遴派人员，会同对"蒲案"进行所谓调查。当然，这种"调查"完全是虚与委蛇，绝谈不到什么公正，也绝不会使人满意的。根据《夏声》杂志《蒲案贿赂公行报告书》中揭发，三司会派议叙知县王猷、代理蒲城县知县周楠二人到县后，多方袒护，极力保全，不特为李体仁开脱无遗，并为原烈洗刷净尽。原因是李体仁在十月初九日晚上，以数千金分贿周、王二人，并托妻寄子，次日天未明，便起身进省，从此之后，周、王对于"蒲案"一味延缓，每日在署内置酒高宴，对控告李体仁的禀帖虽日以数十件计，也是含糊批示，概置不问。关于劣绅原烈的行径，《报告书》中指出："周、王既至蒲，士绅联肩禀明原烈谄媚官长，网害士类，为李体仁作伥附翼种种事实。原闻之，急进署拜谒，以巨金奉上。周、王仅单审原烈两次，并不质对，一惟原之言是听。故会臬时，有'原烈无煽动指使情事'之语；于是原乃得逍遥事外。"[1]由于周、王接受李、原二人的贿赂，因而在复查原禀中，歪曲案情真相，处处为李体仁开脱罪行，把肇事责任推给雷电；把惨案构成转嫁在苏民章、冉澍川两个劣绅身上；把李体仁的暴行说成是由教习、学生激起。对劣绅原烈的罪行，也多方洗刷。藩、臬、学三司根据周、王禀复会拟处理"蒲案"意见时，鉴于事态日趋扩大，情势不妙，为了缓和公愤，不得不在致巡抚恩寿的

---

① 《辛亥革命在陕西》，陕西党史资料丛书（三），陕西人民出版社，1986年，第325页。

详文中建议说："该信竟掩未革斥之举人擅于责押，又将全数学生责打，以致士论哗然，学界忿激。似此任性妄为，不顾大局，……自应予以应得之咎。"①他们责斥李体仁"不顾大局"，又总是千方百计地歪曲事实，推卸罪责，嫁祸于人。如对常铭卿，他们一面说李体仁不该责押举人，但又诬指常越权行事，激愤李体仁，以致事态一发不可收拾，因而认为常也是有罪的。所以建议对常"斥退会长，撤去教习，随时察看，并令嗣后不准干预地方公事，以示薄惩"。对被毒打的学生苏炳吉等，要"仍查明为首之人，交该家族严加管束，不得再入学堂，以示惩戒"。至于对劣绅苏民章、冉澍川和原烈等人，他们却仅给以"永远不准干预地方公事，以彰公道"和撤销现职的处分而已。

陕西巡抚恩寿上奏"蒲案"经过和拟议处理办法时，在奏折中说："该令李体仁褊急操切，擅押滥刑，若非查究迅速，几至酿成重案。仅予褫职，不足蔽辜。请旨即于革职，不准援例捐复。"奏折旋经清政府批准，这一场轰轰烈烈的全陕教育界反清朝封建压迫运动，至此才告结束。②

第五节　高等学堂及其他学校的罢课运动

"蒲案"斗争波及范围之广，坚持时间之长，在陕西学生运动史上是前所未有的。他"大大鼓舞了革命士气，给以后的陕西学生运动开辟了道路"③。"蒲案"发生前后，省高等学堂、农业学堂、陆军小学都曾发生过大规模的罢课斗争。它使陕西人民更加清楚地看清清政府封建统治的腐败无能，沉重打击了清朝摇摇欲坠的反动势力以及嚣张气焰，使资产阶级民主革命更加深入人心。同时，促使许多爱国青年走上了革命道路，对陕西辛亥革命前革命形势的形势发展，起到了很大的促进作用。

西安地区各学堂的罢课斗争起因各异，形式多样。但总的来说，都是因清廷封建统治致使民不聊生，帝国主义势力对中国的掠夺，而激起的反抗浪潮。在陕西则有官府借"西潼铁路"的修建，横征暴敛。陕西学界，最早接受孙中山同盟会革命思想，始终站在一系列同清廷斗争的前列。1908 年 5 月，

---

① 《辛亥革命在陕西》，陕西党史资料丛书(三)，陕西人民出版社，1986 年，第325 页。
② 同上。
③ 《陕西辛亥革命回忆录》，陕西人民出版社，1982 年，第 102 页。

省高等学堂爆发罢课运动，声势浩大，影响面广，带动了其他学堂和三原宏道学堂的罢课运动。

省高等学堂罢课起因是学堂监督周石笙解雇进步教师张子安（张时任地理教习，因未参加谒圣礼而遭侮辱，张提出抗议而被解雇）。五月初五，学生在马彦翀、王雨村、李葆亭、杨仁天的领导下组织集合，商讨罢课事宜，有教员闻知此事，到周石笙宅告之，希望缓和学堂和学生矛盾。周对此不屑一顾，并说："我早有对待之法，公等无忧也。渠辈安敢如此，果尔虽全班开除何惜乎。"①同时还说，我系巡抚恩寿重用的人，我要如何就如

马彦翀 1936 年摄于天津，时年 50 岁

何，"否则与我八百金，用鹦哥绿轿送我回法部（周系法部主事）"②。初十，周石笙从提学司回到高等学堂，即贴出布告："考试在即，无故退学，有心避考，兹限三日内，一体回堂，否则一律开除。"③随后周就去师范学堂教务长恩次元家玩麻将，去文明楼吃花酒。学生义愤填膺，立即组织声势浩大的罢课活动，以示抗议。200 余名学生撤离省高等学堂，分别住在城内的咸阳、商州、醴泉（今礼泉）、蓝田各会馆，以蓝田会馆为总机关，并准备在渭南成立公学。陕西当局为防止事态扩大，撤销了学堂庶务员姚才波和监督周石笙，并由教育总会会长及谘议局议长、副议长多次出面调停，答应了学生所提五项要求，罢课结束。全体同学返校，并未开除一个学生，罢课得到胜利。

三原宏道学堂因学生提出数学教员教授简单，学生听不懂，要求解聘该

---

① 《夏声》1908 年 7 月，第六号。

② 同上。

③ 同上。

教员；同时监督解聘英语教员，而让理化课教员代课为由，丙丁两班学生成立自治会，遭到学堂监督阻挠，也在1907年进行了小规模的罢课活动。

1910年西安的学生运动达到了高潮。[①] 陕西农业学堂的罢课最具代表性。这所学堂1908年设立，学堂监督由陕西高等学堂监督周石笙兼任，西安知府尹昌龄兼任提调。学堂成立后，教员缺乏，课程不全，而负责人多为兼职，不负责任，学生意见很大。1909年招收农、林、蚕及预科的学生，年龄参差不齐，大的三十多岁，小的十五六岁，学生之间经历各异，兴趣、志向不同，随之在同盟会的策动下，发生罢课运动。罢课发生后，学生自发成立了纠察队，推举六名代表向学校交涉，要求学堂增派教员，提高教学质量，加强教学管理。但当局冷漠处之，学生义愤填膺，一致决定离校，由学堂（现西北大学）搬到西大街城隍庙后街的财神庙。学生迁出后事态扩大，引起社会广泛关注。首先西安各校马上派出代表慰问学生，表示声援，"高等学堂马彦翀、师范学堂寇遐、健本学堂胡景翼都代表各校到财神庙看望慰问，教育界最高团体——教育会也表示关心。"[②]罢课学生代表张义安、王盈初也向社会各团体和进步人士呼吁，要求对学堂加强管理，改善条件。为此教育会召开大会，教育会会长、谘议局副议长郭希仁严正陈词，支持学生。张义安则痛哭流涕，以头撞墙，表示出必死的决心，罢课学生纷纷质问，坚持不屈。清廷官吏接受了学生要求，撤换了不学无术的教员。经过罢课活动，该校许多进步学生加入同盟会。其中学生代表张义安就是由胡景翼、宋元恺介绍加入同盟会的，张辛亥革命期间积极参加东西路战役，民国元年后与胡景翼赴日本留学。回国后积极参加讨袁逐陆，护法倒陈斗争。

① 《辛亥革命在陕西》，党史资料丛书（三），陕西人民出版社，1986年，第293页。
② 《辛亥革命在陕西》，党史资料丛书（三），陕西人民出版社，1986年，第293页。

第十一章　辛亥起义前的准备

1908 年 10 月，井勿幕由日本再次回陕，组织革命武装力量，积极响应同盟会在南方领导的革命武装起义。这时，陕西的革命形势已有了较大的发展，同盟会员的人数不断增加，活动范围日益扩大，一些重要的秘密据点已开始建立，并发挥作用；省内的"交农"抗捐、争取矿权、路权，以及"蒲案"斗争正在如火如荼进行，各学堂学生思想认识已发生转变的人数增多，已初步发动起来，纷纷组织罢课活动，吹响了向清政府进军的集结号。在这种革命潮流蓬勃发展的形势下，原先的同盟会陕西支部已经远远不能适应斗争的需要。因此，召开一次同盟会骨干人物的会议，把原先的同盟会陕西支部扩建为同盟会陕西分会，就成为革命形势发展的必然要求。

第一节　扩建同盟会陕西支部

在革命潮流奔腾向前的时候，在一部分同盟会员中，对于必须用暴力手段推翻清王朝封建统治这个重大问题，仍然存在不少糊涂认识，改良主义思想还有一定市场。这种情况的出现是具有历史渊源和现实原因的。"戊戌变法"时期，陕西维新派人物的活动是十分积极的。康有为等人在北京发起的"保国会"的 186 人中，陕籍人士达 33 人。后来梁启超、康有为等人的著作和文章，通过各种渠道传入陕西，在陕西的知识分子中，特别是省城西安的各界人士中有着较大的影响。当历史潮流已经由改良转向革命的时刻，他们仍然坚持改良，无疑对革命带来一定的阻力。因此，井勿幕这次根据新的形势需要，回到西安后，首先着手在同盟会员中清除这种改良主义思想的影响，统一认识。在焦子静等人的协助下，以公益书局运来的有关同盟会与立宪派论战的书报及其他宣传品为主要内容，组织同盟会员传阅、学习。使革命党人逐步明确了同盟会的革命纲领，认清了只有推翻清朝封建专制统治，建立共和制国家，中华民族才有独立富强的希望。

1908 年冬，同盟会员井勿幕、李仲特、景梅九、邹子良、李仲三、焦子静、马彦翀等 20 余人，在开元寺秘密集会，决定把同盟会陕西支部扩建为同盟会陕西分会。推举时任西安高等学堂教习李仲特为会长，由焦子静主持分会内部事务。井勿幕奔走各地，主管与同盟会总部及外省同盟分会的联络工作。会议还决定进一步联络哥老会、刀客和新军，加强与会党和新军的联系、争取工作，这对同盟分会的革命党人来说，是斗争策略上的一个重要转折。因为陕西的哥老会和刀客，尤其是哥老会，其组织遍及全省，在陕西新军中尤为集中。革命党人利用这支力量共同进行反清斗争。

第二节　弹劾王毓江

大雁塔结盟后，新军中大部分士兵站到同盟会革命党人一边，同情或者积极参与革命活动。但是，新军的大权仍然掌握在督练公所总办王毓江手中。王是陕西巡抚恩寿的亲信，曾认恩寿为"义父"，由于恩寿保荐得充任陕西兵备道兼督练公所总办。[①] 他既有实权，又有靠山，是一个极端仇视革命的反动官僚。王毓江，字襟山，安徽宿州人。曾在江苏某县任知县，后调来陕西，任兵备处总办兼新军督练公署总办。其在陕西遭到弹劾后，被罢职。辛亥革命前夕，调任湖南兵备处总办，长沙起义，被乱兵所戕。

王毓江对新军的控制非常严密，"到陕伊始，即将二标标统李大鹏无故撤差，改委其同乡契友周殿奎。"大批任用亲信，"各营管带若张正己、张国溶、王通、王仁沛、陈家浴、王占彪、方桐封均系王道戚族门生。"[②]结果，陕西新军两标六营及马、炮各营队等官佐，二百余人，王的家乡人几乎占五分之三，其党羽尚不计算。新军从上到下，无不充斥着王毓江精心培植的爪牙。革命党人在新军中仅仅担任着队、排的下级军官，权力极小，而且活动处处受到阻碍。因此，不拔掉王毓江这颗毒牙，对革命活动非常不利。王毓江虽然腰壮气粗，有恃无恐，但也有致命的弱点。他和恩寿勾结在一起，狼狈为奸，

---

① 《讨王毓江之檄文》，载《民立报》，1911 年 2 月 15 日。

② 《帝国日报》，1910 年 10 月 21、22 日。

大肆贪污，声名狼藉。在王毓江任陕西粮道时，就因指示部下随意更改各地征收军粮的价格，从中搞鬼，而闹得怨声载道，担任陕西新军督练公所总办后，又卖官受贿，"凡委一统带需贿一千金，委一管带需贿八百金，其余札委队官、排长一切人员，皆有一定之价值"①由于王毓江借新军为恩寿中饱私囊，培植亲信，贿赂成风，军政两界，败坏达极点，陕人无不痛恨。同盟会决定从这一点着手，把王毓江赶出新军，为进一步联络新军创造有利条件，同时借以打击巡抚恩寿在陕的反革命嚣张气焰，为陕西开展革命工作铺平道路。

早在 1909 年冬，领导过"蒲案"斗争的同盟会会员陈会亭就搜集过王毓江的罪行事实材料，计划控告，但只因力量单薄而未行动。1910 年春，陈会亭等人又利用去北京参加考试的机会，在陕西京官中进行活动，请他们出面参劾王毓江。但是，这些京官深知王毓江是巡抚恩寿的亲信爪牙，恩寿又是清廷宠信的大吏，参劾王毓江必然牵连恩寿。因为这一次与参劾"蒲案"中的李体仁不大一样，闹不好会使自己掉乌纱帽乃至身家性命，所以，都不肯出面，致使陈会亭等人的努力又告失败。但同盟会革命党人并未因此泄气，由新军中的同盟会员彭仲翔、张聚庭带头，联合军界进步人士 30 多人，列举王毓江"一乾没款项；二滥用私人；三招收外籍及叛兵；四招纳贿赂；五营规不肃；六私役兵丁，调剂私人；……"等十条罪状②，委托陕西省谘议局出面（陕西省谘议局于 1909 年 10 月 16 日宣布成立，王锡侯被选为议长，同盟会员郭希仁、李桐轩被选为副议长，李元鼎任秘书长，议员共选 36 名。由于同盟会在谘议局的活动，这就为革命党人在谘议局的活动提供了一定条件）禀报巡抚恩寿，要求迅速查办，恩寿置之不理。于是，彭仲翔、陈会亭、马彦若、薛卜五等同盟会员，又亲赴北京，把王毓江的罪状控告陆军部，仍无结果。

1910 年冬，同盟会员郭希仁、李桐轩利用他们所担任的陕西省谘议局副议长身份，借北京谘政院开会议事的机会，以谘议局的名义，把王毓江的罪状以及恩寿与王狼狈为奸，互相包庇的种种劣迹上告谘政院，要求查办。

同时，革命党人紧密配合，利用各种进步报刊进行揭露，公布王毓江及恩寿的种种劣迹大造社会舆论。当时革命党人主要利用《民立报》《帝州报》

---

① 《帝州报》，1910 年 10 月 23 日。
② 《兴平报》，宣统二年 8 月 29 日。

《陕西教育官报》《丽泽随笔》等革命的进步的报刊，纷纷发表文章，揭露王毓江、恩寿的种种罪行，一时舆论哗然。特别在国内外影响较大的《民立报》刊出的《讨王毓江之檄文》，在揭露王毓江种种劣迹后，笔锋一转，直指王的后台恩寿，义正词严的质问道："恩抚之罪何以逃？"①这一招果然奏效，在各方面的压力下，清廷不得不电令恩寿查办王毓江罪行。当时，恩寿见形势不利，为了保住自己，被迫撤去王毓江陕西新军督练公所总办职务，王的亲信党羽也有十余人被撤去军职。继任的新军督练公所总办毛致堂、徐梅生二人，和革命党人比较接近，对新军中的革命党人和进步青年依次提升。日本士官学校毕业的参加过同盟会的张凤翙升任协司令部参军兼二标一营管带；新军中同盟会负责人之一钱鼎，由排长升任队官（副营长）；其他同盟会员党自新、彭仲翔、张钫等人均被提升。张凤翙任协司令部参军后，又查出王毓江及其追随者的多种罪行，再次报请撤去一些追随王的军官。不久，同盟会又通过陕西京官周爱谞上书清廷，参劾王毓江。王毓江虽被撤职，但在恩寿的庇护下，"复敢打伤村民，凌侮学生，又率众乘夜抢劫居民"②等罪行，使王毓江在陕西无法立足，只好悄然离去。恩寿也因王一案被搞得焦头烂额，托病辞职。

这次斗争是继"蒲案"之后，陕西同盟会又一次重大的胜利。从此以后，革命党人进一步加强对新军的控制。辛亥革命时西安起义，首先由新军发难迅速取得胜利，正是同盟会革命党人掌握了新军的结果。

第三节　争取刀客

清朝后期，政治腐败，民不聊生，一部分破产农民和失业者，由于受地主、恶霸的剥削压迫或陷害，走投无路或含冤莫伸，即奋起反抗或仇杀对方，最后铤而走险，于是在陕西关中渭北一带出现了一种名叫"刀客"的武装组织。特别是省东渭南、朝邑、蒲城、华阴、华县、临潼等县，刀客的活动非常活跃。其所以被称为"刀客"，是因为他们为了生存，经常身带一种名叫"关中刀子"的武器而得名。这种刀子长约三尺，宽一寸多，形制特别，十分

---

① 《民立报》，1911 年 2 月 15 日。
② 《宣统政纪》，卷三十，第 2 页。

锋利，即可用来护身自卫，亦可厮杀搏斗，由于它出自临潼县冠山镇的工匠之手，所以称为"关中刀子"。到了光绪、宣统年间，刀客使用的武器不单纯是刀子，还夹杂有少数枪支。刀客或自动成帮结伙，贩运私盐、私茶，或者给长途贩运的商家充当保镖，也有摆赌抽头的。他们把靠上述手段获得的钱财，共同享用，来维持生活。刀客多通拳术，例如光绪末年，华阴县刀客郭秃娃被官府逮捕后，系以百斤巨石押入县狱，半夜竟携巨石逃至城外，砸断铁链，抛弃巨石而逃，官府十分惊惧。他们有抱打不平、打富济贫、冤家械斗、拔刀相助的江湖义气，常给他们认为受冤屈者进行报复，哪怕牺牲性命，亦毫无怨言，也不要什么物质代价补偿，事完只供一席茶饭而已。因此，尽管官府污"刀客"为"莠民"，下令严加"惩办"，但是人民群众却称赞他们是豪侠、游侠，并给予同情和维护。杨虎城早年就是"刀客"出身，后走上了反清革命的道路。

陕西刀客在组织上不固定、不严密，常以某位有威望者为核心，结成大小不等的团体，划地自封，进行活动，若遇官府"追剿"，亦常互相支援。正因为他们在反抗清政府这一点上与同盟会一致，所以，经革命党人联络，也成为辛亥革命中陕西的一支重要力量。

在陕西近代史上，曾经多次爆发过刀客反抗官府的武装斗争。

1846 年，陕西大荔县、朝邑县一带就爆发过刀客李牛儿领导的饥民起义。起义军在当地回汉人民的支持下，声势浩大，"不独兵役避其凶锋，即州县官亦望而却步"①。致使当时担任陕西巡抚的林则徐不得不亲自出谋策划，才把这次起义镇压下去。

道光年间，蒲城贫苦农民出身的刀客首领王改名，精通武术，以打富济贫为己任，每夜率刀客在蒲城县南塬下的土窑中为当地群众判官司，深得好评。当地群众亲切地称此窑为"南县"（县衙），都说："南县"官司好打，又不要钱，又不拖累，而且判断公平，两方俱服。北县则不然，递呈之后，班里要钱，房里要钱，中饱不足，则连年累月，悬不结案，往往讼事未结，两造先行破产，结果或胜或败皆落得后悔，日久遂为官府所妒忌。后来蒲城县知县亲自带兵四处追捕，王改名并不屈服，与官府坚持斗争。有次在追捕中，

---

① 《林文忠公政书》，丙集卷一，陕甘奏稿。

即挺身而出，怒斥这个知县为贪官污吏，并用随身携带的"狗娃炮"（一种土制的炸弹）炸飞知县轿顶，使知县大惊失色，王改名却面不改色，从容受缚。知县抓住他后，用过重刑，关入监牢，岂知数日之后，王改名却越狱而逃。

光绪末年，兴平刀客刘三等人，领导当地人民进行抗捐斗争，清朝政府镇压了这次斗争后，追捕刘三。刘三武艺高强，一手拿刀，一手拿棒，孤身和追捕官兵40余人奋力搏斗，几次杀出重围。最后前有渭河阻挡，后有追兵的情况下，不愿成为清军的俘虏，纵身跳入渭河，壮烈牺牲。

同时期，还有蒲城县兴市镇贫苦农民出身的刀客金祥，对官府横征暴敛、鱼肉人民非常痛恨，每遇差役下乡无理勒索，或恶霸地主欺压贫民，他就挺身而出，抱打不平，替人民群众泄愤。因此官府极端仇视他，曾多次派兵捉拿，均由当地群众掩护而脱逃。后来，官兵追至临潼，才设法将金祥捕获，遂被官府杀害。

这一时期省东有名的刀客，还有朝邑县王振乾。他外号王狮子，曾中过武秀才，后来常为商贾做保镖，因其为人仗义豪侠，不置私产，经常解囊济贫，出资相助，得到各地刀客的拥护，称为陕西东路刀客之首，在大荔、朝邑、澄城、郃阳一带影响很大。他手下有四套马拉大车两辆，船两艘，所运盐、茶等都是清政府禁运之物。他们闯关夺卡，偷漏厘税，和官府经常发生摩擦。有次，他从陕西陆路运货到朝邑，当地税局局丁拦车检查，问车上所载的是什么东西，王振乾的部下答："人皮"，并指着局丁说："把这张也捎上！"一声呼啸，后面的刀客五六十人一拥而上，个个持械露刀，只待王振乾一声令下，就要动武，吓得局丁再也不敢盘问，只好放行。

1909年秋，朝邑官府对王振乾无能为力，知县李焕墀请求省府行文河南、山西两省，共同镇压王振乾。同年12月，王振乾终于被县府捕押狱中。接着，省府以王为"巨奸"令严加惩办，李焕墀遂将王振乾杀害。王死后，清朝政府对朝邑等地刀客进行了残酷的清剿。但是，刀客并没吓倒，王振乾的义子严飞龙，继续组织刀客活动。

刀客和哥老会有着密切的联系，有的刀客是哥老会成员。刀客和哥老会一样，没有明确的政治纲领，只提出一些"打富济贫""为汉人办事"之类的口号，充其量算是一种政治主张。它虽没有哥老会人多，而且区域较小，往往划地自封，互相残杀。但它毕竟是一支值得争取的武装力量。因为：（一）刀客和官府对立，富于斗争的精神；（二）作战不怕牺牲，能拼能杀，富于战斗力；（三）讲义气，对部下约束严格，经常为穷苦百姓办事，同商贾交易也公平合理，有群众基础。

胡景翼　　　　　　　　　　　　　寇遐

为了争取刀客，同盟会员井勿幕、胡景翼、李仲三、寇遐、尚镇圭等做了艰苦细致的工作。刀客王守身就是井勿幕发展的第一批同盟会会员。"蒲案"以后，同盟会员尚镇圭、寇遐到同州中学堂任职，也很重视争取当地刀客的力量。胡景翼更是遍交渭北各县的刀客，向他们阐述同盟会的政治纲领，所以辛亥革命时，他在井勿幕部下任标统，刀客成为该部的主力。

朝邑刀客严飞龙（又名孝全，字子青），幼年家贫，曾给富家做佣工，受尽欺凌，因而对黑暗的社会十分不满。他富有反抗精神，拜著名刀客王振乾为义父。朝邑金水沟一带地形复杂，形势险要。严飞龙遂选作他的根据地，常与清朝官军交战。刀客也常把这里看作是避难的好地方，纷纷前来投奔。因此，势力日渐强大，名声也遐迩皆知。王振乾被杀害后，清政府地方当局到处搜捕严飞龙，同州巡防马队管带屈登甲率部多次围攻金水沟，均遭失败。有一次在激烈战斗中，屈登甲率精锐官兵100多人向金水沟发动猛攻，经过三天三夜的激战，官兵死伤近20人，而严飞龙率领的守寨刀客却无一受伤。消息传开，陕西当局大为震动，遂调兵遣将，决定进一步镇压。严飞龙为了保存实力，离开金水沟，辗转隐匿，流亡他乡。但他的事迹却在同盟会革命党人中引起很大反响，陕西分会中的一部分会员，决定联络严飞龙，争取这股反清力量。1910年夏，同盟会员李仲三、胡景翼、尚武首次去朝邑联络严飞龙。由于清政府追捕甚急，李仲三等未能见到严飞龙，但结识了严的部下、押在监狱中的刀客杨恩贵。李仲三设法营救杨恩贵出狱，通过杨的关系，终于摸清了严飞龙可能出现的地点和时间。1911年3月，李仲三见到严飞龙，但因为没有能使严相信的凭证，被严怀疑为清政府的侦探，打得体无完肤，差点致命，幸好李仲三赴朝邑途径同州时，与同州中学堂任教的尚镇圭、寇遐约定，若十天不返，则有变故。十天后，寇遐不见李仲三返回，知道事情十分紧急，于是亲赴朝邑，把亲笔信交给严飞龙部下。严飞龙接到信后，疑团顿释，于是向李仲三赔礼道歉，并庄严地对李说："我在四川时听说孙文、黄兴快要起事，你们将来起义的时候，黄河两岸交与我，我以两千人响应，包打先锋"①。随后严飞龙积极组织刀客，准备配合同盟会起义。1911年夏末，他被朝邑知县易光尧诱捕，经同盟会员李约祉营救被释。易光尧却被杀害王振乾的原知县李焕墀（时任大荔知县）禀报上司而被撤职，李焕墀再次出任朝邑知县，李到任后，又派兵"进剿"严飞龙，这时严飞龙的势力更加强大，而陕西当局统治却危机四伏，形势远非一年前可比。因此，"进剿"的官军再次被严部打得落花流水，只好收兵。

由于同盟会革命党人的积极活动和努力争取，刀客绝大部分参加了资产阶级革命党人领导的反清斗争。西安起义后，陕西刀客积极响应，纷纷加入起义民军，井勿幕所部的十多营武装，主要是由渭北一带刀客组成的。这支部队军纪严明，作战英勇，转战陕西、山西两省，在战斗中屡败敌军。

---

① 《陕西文史资料选集》，第一辑，第119页。

第十二章　西安起义及其局势控制

1911 年 10 月 10 日（农历辛亥年九月初八），两湖同盟会革命党人首先在武汉发动起义，武汉光复。消息传来，陕西革命党人立即响应，22 日发动了新军和会党起义，经过激战，不到两天时间，就占领了省城西安。接着，省属各府、州、县闻讯响应，全省各地不到半年时间全部光复。如此迅速的胜利，正是由于同盟会陕西分会的领导，革命党人积极的活动，特别是同盟会、新军和哥老会力量的密切配合。

第一节　起义前的准备

1910 年冬，同盟会陕西分会、新军中的革命党负责人和哥老会头目，曾在西安大雁塔再次开会，商讨起义事宜。当时就有人提出于 1911 年 1 月 8 日（腊月初八）起事，因为这天为腊月初八，省城清朝官吏会赴三原参加一年一度的"腊八会"，到时省城空虚，戒备松懈，机会难得。由于条件不够成熟，会议未做决定。1911 年春节过后，同盟会员柏筱余、高又明奉命到南方了解、考察革命形势，途径洛阳时，订购马刀、长矛 1000 多件，来复枪 100 支，以提倡武术为名，分批运回陕西三原县，为起义准备武器。其他骨干人物也都为起义而积极准备、奔走活动。1911 年 4 月 27（三月二十九）日，爆发了著名的广州起义。这次起义虽然很快失败了，但却拉开了辛亥革命的序幕。广州起义前夕，井勿幕

钱鼎

曾协助吴玉章在香港参与广州起义筹划准备工作。后因起义消息被泄露，黄兴等突然提前举行起义，井勿幕、吴玉章等人未能及时赴穗，幸免于难。[①] 得知起义失败的消息后，井勿幕立即返回陕西，召集同盟会陕西分会负责人开会，通报了南方各省情况及广州起义失败的消息，决定在陕西发动起义。在这次会上井勿幕指出："吾党精英，损失殆尽，若不迅图急进，将来更不易举。长江方面已有密报，于夏秋间进行，吾陕亦决定同时发动，冀收南北呼应之效。"[②]会后，同盟会员分头行动，井勿幕赴渭北训练马队，并奔波于西安之间，大小雁塔、谘议局健子堂、公益书局、庙湾牧场、马栏铁矿等都留下他匆忙的身影。[③] 不久，西安哥老会突然决定要立即起义，当时在西安的同盟会革命党人焦子静、马彦翀、张奚若、李仲三，见时机不够成熟，当机立断，一面派人与哥老会联系，帮助其分析形势，劝其在准备不充分的前提下，不能贸然行事；同时将此情况迅速派人赴渭北告知井勿幕等人。哥老会领导人听从了劝阻，放弃了原定起义计划。井勿幕闻讯后急忙赶回西安，又对哥老会进行了说服工作。为了使哥老会今后不再单独行动，井勿幕、宋元恺、胡景翼等又和张云山、万炳南等人在小雁塔秘密集会，商定统一行动计划，组织人力加紧起义的筹划准备工作。会后，井勿幕、胡景翼赴渭北和邹子良联络渭北革命党人；师子敬到兰州联络当地革命党人，促进陕甘合作，配合作战。当时陕西同盟会经费十分困难，为了筹措购买武器经费，井勿幕把自己家中珍藏的字画精选了两箱，交与张奚若带到南方变卖，用于购买武器。派马彦翀、胡鹤汀赴日本向同盟会总部汇报工作并购买手枪、子弹、炸药。同时，据《马彦翀传略》记载，此次受同盟会派遣赴日本，其经费亦由马彦翀从家中索得。胡、马两人行至北京时，武昌起义爆发，未能东渡。接陕西指令，即刻返陕。[④] 张奚若由于早走，到日本后，与同盟会骨干人物吴玉章等人结识，研究之后，均认为购买武器没有问题，只是运回国内非常困难，清政府在上海检查很严，建议回国购买。于是，张奚若赶回上海与陈其美联系，

---

① 熊克武：《广州起义亲历记》，辛亥革命回忆录，第 1 集，文史资料出版社，1981 年，第 131 页。

② 李燕：《井勿幕事略》《革命先烈先进传》，1965 年版第 422 页《井勿幕公墓纪念册》

③ 井晓天：《乱世云烟井——勿幕、井岳秀昆仲历史钩沉》，中国文史出版社，2018 年，第 58 页。

④ 商洛市政协文史资料第十一辑：《商洛文史》《马彦翀传略》，第 27 页。

设法购买、转运武器。张到上海不久，武昌起义爆发，上海同盟会负责人决定各地必须响应，以分散清廷兵力，张又从上海经北京绕道回陕。张奚若到北京后，按井勿幕指示，找到山西同盟会骨干人物景梅九，向他转告陕西正准备起义的情况，以及井勿幕希望"秦晋同时并起"的意见。[1]

这时，省城的革命党人钱鼎、郭希仁、焦子静等，也在积极联络新军和哥老会，紧张地进行起义的筹划和准备工作。由于陕西当局对革命党人的活动已有察觉，采取了防范措施，使革命党人的起义计划不得不一再改变。6月，经革命党人商议，准备7月1日（六月初六）即在西安发动起义，后因清兵戒备甚严，又不给新军发子弹，使新军起义无法进行。于是，同盟会党人决定从陕北、渭北先发动起义，计划郑思诚、崔俊杰等人组织的武装为第一路，在陕北首先发难；然后以渭北各地革命党人的武装为第二路，在邹子良负责的耀县柳林子牧场响应。这次起义计划也因准备工作遇到困难而落空。后又决定，由渭北和西安的革命党人密切配合发动起义。于是又进行了新的部署，派邹子良赴耀县，尚镇圭赴大荔，杨叔吉赴华县，张肇基去陕南，分头组织力量，准备起义。又派王荣镇、陈得贵赴四川、山西联络，以便能够统一行动。同时决定，渭北由井勿幕负责，西安方面由郭希仁负责。决定之后，井勿幕又同杨叔吉等人赴满城察看了清军的布防情况。井勿幕热情地鼓励大家要大胆去干，不要畏惧；同时还亲自给大家表演了瞄准及徒手夺枪的技术要领。使在场的革命党人深受鼓舞。不久，井勿幕从西安赴渭北布置，临行前亲自书写了"墨侠"二字赠交郭希仁，作为以后联络的暗号。不久四川保路风潮发生，井勿幕立即函告郭希仁随时注意动向，寻机发动起义；自己在渭北紧张地奔走联络，发动群众，组织力量，只待西安发难，渭北即将响应。

由于将西安作为起义的发动地，所以西安方面革命党人的活动就更加紧张，钱鼎、张钫、党自新等新军中的革命党人就更加忙碌，连日来在武学研究社给革命党人讲解军事知识，并借以秘密商讨起义事宜。9月下旬，到南方联络的张聚庭回到西安，告知同盟会总部已决定10月6日（八月十五）在全国同时起义。根据这一新情况，陕西革命党人遂决定到时在西安以新军为主

---

[1]　景梅九：《罪案》，载《辛亥革命资料类编》，第84页。

发动起义，渭北亦做好准备，待西安起义爆发，立即举兵行动。正当起义的准备工作紧张进行的时刻，"忽有匿名帖粘于城垣之四门，略谓秦省革命党甚夥，多系陆军军官，及各学堂学生，不日将接连起事云云"①。接着"八月十五杀鞑子"的传说，又遍布西安的大街小巷。西安顿时人心惶惶，清朝官吏更为恐慌，满旗将军文瑞又是加紧练旗兵，又是在满城设防增哨，日夜巡查，戒备十分森严。同时，他又向护理巡抚钱能训（原巡抚恩寿辞职，新任巡抚杨文鼎未到，由钱暂时代理）提出四项要求：（一）发给满城旗兵新式步枪一千支，并配足子弹；（二）令咸宁县令张瑞玑组织人力，在满城和西安各要道修筑防御工事；（三）因新军不可靠，应抽调外县的巡防队回省城驻防应变；

（四）迅速查清新军中的革命党人，予以逮捕。②钱能训当时认为三、四条可以准办。第一条给旗兵发枪弹事关重大，稍一不慎，将会激成事变，应暂缓发给。至于第二条修防御工事，应交张瑞玑办理。而这时张与革命党人已有来往，同情革命，他列举种种理由，推托不办。革命党人得知这些情况后，十分震惊，恐事有泄露，乃决定于10月6日起义。但是，起义的前几天，阴雨连绵。6日更是大风暴雨，给革命党人的联络造成很大困难；加上

张伯英

风声已露，满城旗兵添岗加哨，各城楼均有重兵把守，6日晚，满城旗兵更是严阵以待，通宵达旦。面对这种局势，革命党人只好决定起义"骤然停止"③，把原来准备好的布告、檄文毁掉，以待后命。

鉴于西安戒备森严，同盟会革命党人再次研究决定，先由渭北首义，打

---

① 《辛亥革命》资料丛刊（六），第38页。

② 《辛亥革命在陕西》，陕西党史资料丛书（三），陕西人民出版社，1986年，第361页。

③ 朱新宇：《陕西辛亥起义记事》，载《近代史资料》，1983年第一期，第52页。

响第一枪，这样陕西当局必然要给新军发放弹药，同时派新军前往镇压，待新军领到子弹后，立即哗变，在西安起义，响应渭北。因为当时为了防止新军起义，平时只给发枪而不给子弹，没有子弹就无法取胜。10 月 10 日武昌起义成功，消息传来，给陕西革命党人以极大地鼓舞，大家认为，应该迅速起义，与武昌起义呼应。14 日，钱鼎、张钫以参加满城一个同学的婚礼为名，趁机进一步侦查满城情况。

就在革命党人积极准备起义的同时，陕西反动当局也紧张地策划镇压革命党人的阴谋。特别是湖北革命爆发后，清朝官吏更是恐惧不安，唯恐陕西响应，想在西安逮捕革命党人，但又怕激起新军中革命党人的反抗。遂决定把新军分批调离西安，分驻各县，先分散革命党人的力量，然后再进行分别逮捕。16 日，新军一标一营奉命开往陕南汉中，第二标也得到即将开拔的消息。若新军调离西安，起义就要落空。情况十分紧急。17 日，钱鼎、张钫、张云山、万炳南、贺绂之等，秘密在小雁塔召开紧急会议，认为形势紧迫，不能再等渭北发难，应在西安立即起义。并认为最好把起义时间放在星期天，因为按照常规，这天陆军放假，除各级值日官外，其余均不在军营，起义官兵可以借度假秘密集合，不易被发觉，起义后也不易被镇压。特别是驻守军装局(清军枪支弹药仓库)的巡防队，星期天比其他时间警戒松懈，对于起义军夺取枪炮子弹很有利。所以决定 22 日(星期天)起义。后又觉得时间有点紧迫，来不及向新军中哥老会作周密布置，更来不及与渭北革命党人取得联系，万一准备不周到，起义失败，后果将不堪设想，最后又推迟到 29 日起义。

第二节　起义时间及总指挥的确定

就在同盟会革命党人对起义时间犹豫不决的时候，突然接到有关情报，20 日，陕西当局突然下令，新军所属二标的三个营将从 24 日起，每天派出一个营分别开往宝鸡、凤翔、岐山等县驻扎。并阴谋在第二标离开西安以后，立即逮捕革命党人。形势发展非常紧迫，革命与反革命已经到了决战的关键时刻。当钱鼎、张钫等得知此情报后，认为事不宜迟，必须在新军还未开拔离开西安前起义，遂决定提前于 22 日。但又不便开会商议，怕泄露秘密，遂采取了个别联系的办法，由陈得贵、王荣镇两人担任联络，从中传递意见，主要议题决定起义日期和起义的总指挥。钱鼎、张钫在讨论这些问题时，怕谈话被人偷听泄密，遂"用笔记录要点，达四小时之久，说话不到二十句，笔谈则用一百多张。谈毕将纸烧毁，才相对一笑：'大事定矣。'"①再通过与各方面革命党人商议，认为22日较为合适。为了不易被清朝官吏发觉，又决定在该日晚发难，并和守西城门官兵中的革命党人和哥老会成员商定，起义爆发后，由他们立即打开西门，接应起义军入城，起义时间确定以后，在决定起义指挥人选时，意见颇有分歧。多数革命党人认为，钱鼎在新军中较有才干和威信，富于革命热情，不怕牺牲，又兼同盟会和哥老会双重身份，在双方都有号召力，由他担任总指挥较为合适。但是，钱鼎本人却认为，起义事关重大，自己才干和威望都不够胜任此任务，他向大家推荐张凤翙担任起义总指挥。理由是："一、张是协司令部参谋官，地位较起义诸人都高，任职年余，在操场上、讲台上与全协官兵都有接触，一般人对他有好感。二、兼带二标一营管带，哥老会头目人多在一营，容易取得他们的赞同。三、为人性情恢廓，能应变，有胆识。四、留日士官出身，学历好。"②但是有人担心张凤翙在日本虽然参加过同盟会，但回陕一直未参加过陕西革命党人的各种活动，这时又率部在临潼野操，不在西安，还不知道他是否肯干。万一不允，有泄事的危险。由于时间紧，也就先决定下来，由钱鼎和张钫联系，与张交谈后再作决定。

起义的时间既定，总指挥亦初步推出，就立即行动起来，分头布置。钱鼎、张钫马上派人去临潼，请张凤翙速回西安，共商大计。钱鼎又将起义情况、时间和人选告诉同盟会陕西分会会长郭希仁，郭认为"此等事机会未熟，助之长不可；机会已熟，遏之止不能。今事已至此，可放手令做去，成败听之。且翙初有冷胆，遇事能做出，可不必迟疑矣"③，表示十分赞同。钱鼎、张钫又个别通知新军和同盟会各主要人物。哥老会方面，则由张云山、万炳南等人去布置安排，相互配合，共同举义。

中秋节后，陕西反动当局已经派出侦探四处探听，甚至拆检邮件，用种种手段查探革命党人的活动情况。经过一番活动，果然查出健本学堂、公益

① 全国政协：《辛亥革命回忆录》，第八辑，第168页。
② 全国政协：《辛亥革命回忆录》，第八辑，第168页。
③ 《辛亥革命》资料丛刊(六)，第63页。

书局为革命党人活动的
秘密据点，同时搞到一
些革命党人的名单，满
旗将军文瑞将名册呈报
清廷，清廷于 10 月 21 日
复电按名单逮捕，"就地
正法"①。同时，测绘学
堂的学员赵皖江、陈建
侯，在该校监督霍色哩
（满族）处，突然看到革
命党人名册一份，立即
报告给同盟会负责人，
形势更加紧张。21 日下
午，张凤翙率部回到西
安，在西关和张钫相遇，
约定晚上有要事商议。
晚上，钱鼎和张钫到张
凤翙营中秘密接洽，张

张凤翙

凤翙听了关于起义的布置安排后，表示应允，并慷慨地说："我同意各要点，
即干，义无反顾。如果失败，祸我承担，生死与二君共之。张益谦由我负责
让他干，但事前不必告诉他，到时候我自有办法。"②对于起义时间，张凤翙
指出，既然已经决定起义，就要先发制人，不能等到晚上，以防走漏消息，
使整个计划毁于一旦。于是三人议定，22 日早晨，立即召集主要头目到营房
旁林家坟开会，最后决定起义总指挥及作战的详细步骤。直到深夜二点多，
决定辛亥革命起义命运的秘密商谈才结束。接着，钱鼎、张钫又分别连夜通
知各有关负责人和同盟会的骨干人物，在新军操场秘密接洽，告知他们关于
起义的时间变动的决定，以及林家坟开会需要讨论的问题。接洽完毕已是 22
日早晨，这一夜，西关驻扎的新军"士兵多未就寝"，上上下下都在十分紧张

---

① 《民立报》，1912 年 2 月 9 日。
② 全国政协：《辛亥革命回忆录》，第八辑，第 169 页。

地准备起义事宜。

第三节　西安起义经过

　　1911 年 10 月 22 日(九月初一)天刚亮，同盟会、新军和哥老会主要首领钱鼎、张钫、张凤翙、张仲仁、张云山、万炳南等 30 余人，先后来到林家坟开会。这里柏树成林，枳棘缭绕，坟墓交错，荒草丛生，人迹罕至，所以选此地开会不易暴露。经过大家商议，最后决定张凤翙为总指挥，钱鼎为副总指挥领导这次起义。但在决定起义是白天还是晚上时，意见颇不一致，多数人主张放在晚上举义把握较大。钱鼎认为白天起义更有利，他指出"先发制人，后发为人制。今满人戒严，入城四门紧闭，军械局在城内，倘不能斩关夺取，明天大事去矣。且今日非星期乎，若有汉奸走漏风声，万难幸免"[①]。张凤翙、张钫也分别解释了白天发动的有利条件。于是决定当天中午 12 点开始起义。接着，张凤翙向大家宣布说："大家叫我干，我就担当起来干罢。我对大家只有一个要求，就是必须听我的话。无论同志哥弟都是一家人，干的是一件事，要同心协力，不分彼此，今天听到'午炮'(当时每天 12 点钟放一声炮)就行动起来，第一步先占领军装局。大家回去快做准备，此地不宜久待，我们就解散吧。"[②]这次会议具体安排是：首先发动新军行动，但是新军多是有枪无弹，夺取枪和弹药最关紧要，所以首先集中力量攻占军装局，由新军中的革命党人党自新、张钫、朱叙五、余永宽、陈得贵、郭锦镛等各带骑、步兵十数名，赴军装局汇集；钱鼎和张仲仁带队由西门入城，转赴陆军中学堂抢枪支和攻占藩库；张凤翙和刘伯明由西城门入城，经西大街直赴军装局作接应；张聚庭带数十人，改换便衣，暗带枪支，散布各城门附近，以为迎接。会议不到半个钟头就结束，大家立即回营准备行动。早饭后，震撼陕西全省的辛亥革命终于在省城西安爆发了。

　　10 月 22 日是星期天，又适逢农历九月初一，是新军发饷之日。早晨领过饷之后，各军营除留少数值日官兵外，其余人均离营外出。护理陕西巡抚钱能训和各司道官员、清将军文瑞等，此时正在省谘议局开会。当天又恰巧有

---

① 《辛亥革命》资料丛刊(六)，第 102 页。
② 《陕西辛亥革命回忆录》，陕西人民出版社，1982 年，第 35 页。

日食，人们都忙着观看，并未注意新军的行动。由于保守机密，决定起义的时间又非常紧迫，连住在城内的许多革命党人都不知道。早饭后，张钫、朱叙五率领新军以去灞桥洗马为名，先后进西城门按原计划顺利到达军装局。党自新也率队由城南门进城，然后分两路向军装局进发。当各路新军陆续开到之前，军装局周围已三五成群的聚集了数百名徒手兵和哥老会哥弟。自农历八月十五以后，由于省城遍传革命党人将起义的消息，清朝当局十分紧张，一些官吏深恐原来军装局的巡防队兵力不足，遂由军事参议官毛继成出面，呈请护理巡抚钱能训批准，"令一标三营派两排兵前往守卫"①。张钫早已与他们事先联系就绪。上午 10 点多钟，张钫一到军装局，考虑到如不能抢到武器弹药和按时鸣枪为号，将使整个起义计划毁于一旦，乃当机立断，下令冲入局内抢枪，并命令抢到枪弹后，立即"枪上刺刀，子弹上膛，非新军官兵不准入内"②。接着，起义新军把军帽掷向天空，大声喊杀，冲进军装局，争先恐后地爬上放枪弹的库楼，砸开库门，从楼上把枪捆、弹箱扔到院中。占领军装局后，起义军又先后打开设在城内的咸宁县和长安县监狱，放出关押的囚犯。

此时，张凤翙率领的起义士兵，由西城门进城，沿途并未遇到抵抗，也迅速赶到军装局。张凤翙一面组织兵力，设岗布防，以备清军来攻；一面通知各路起义官兵，设临时指挥部于军装局，以便联络，使起义做到有组织有计划地进行。

其他各路起义士兵，亦迅速按计划占领了各据点。由钱鼎、张仲仁率领的另一路起义士兵，由西城门进城后，先到陆军中学堂。该学堂共有师生五百余人，其中教官马晋三、学生王一山、刘文辉、牛策勋等，早已加入同盟会，经常参加革命活动，在学堂积极宣传革命思想。起义爆发后，立即动员师生响应，协助义军，打开学堂库门，取出枪弹，发给起义师生，并把大家组织起来，由马晋三任司令，王一山、牛策勋任副司令，随起义军出发，攻占藩台衙门。钱鼎令学生驻扎此地，严加防守，使藩库 70 多万两存银没有受到损失，对后来军政府的军费开支起到了重要作用。然后，钱鼎又占领了城内制高点——鼓楼。张仲仁率部占领了护理陕西巡抚钱能训的衙门——南院。

---

① 《近代史资料》，1983 年第一期，第 52 页。
② 全国政协：《陕西辛亥革命回忆录》，第八辑，第 171 页。

万炳南占领了军事参议官衙门。井岳秀，李仲三等闻讯，即率敢死队由谘议局奔北校场，夺取军马，解咸宁狱，占军装局，以缴枪械，[1] 其他各衙署和军事据点，亦迅速被起义军所占领。全城回汉居民及工商绅界，一时沸腾起来，热烈欢呼。有的给起义军送吃送喝，有的在门口摆桌放茶，慰劳起义民军。有的剪掉长辫，臂缠白布，参加起义，西安近郊农民，纷纷进城送粮食，或做成馒头送城内劳军。当时城内回族群众，由于多数是以小商贩为生的劳动人民，其中有金启恒、白玉麟、海占彪等不少人都参加了同盟会组织。张云山曾在大学习巷一家回民磨坊当过雇工，和回民来往甚密。满城中回民开的茶馆，新军、会党经常借喝茶为名，在此进行联络，侦悉满城情报，回民常给以方便。辛亥起义前夕，张云山、马玉贵分别委托回民哥老会头目金启恒、白玉麟等暗中组织回民军，准备起义。由于早有准备，起义当天，他们接到张云山、马玉贵的通知后，立即响应。回民中当时有在商州任过管带的马文英，召集回民五百多人，由西大街经木头市到达军装局，领取了部分枪械子弹，然后奉命回到回民区维持秩序。第二天，又积极参加围攻满城的战斗。由于广大人民群众的积极支援，起义军的英勇作战，仅半天工夫，除满城外，城内大部分地区基本上已被民军所控制。

第四节　攻克满城

"满城"，原是西安城内明朝历代秦王的宫城，清军入陕后，成为八旗军驻防之地，并加以扩大，专供满族群众居住的一个内城，位于西安城墙内东北部，占西安全城约四分之一，既以现在的钟楼为界，向东、向北延伸至东门、北门的区域。共住旗军及家属万余人，清将军文瑞，在得到起义的消息后，立即从省谘议局逃回满城，紧关城门，利用数千名旗兵，顽抗死守，与民军对峙。当晚，张凤翔连夜召集各首领在军装局商议，决定采取如下措施：

（一）设立临时司令部于军装局，称"秦陇复汉军"，刻"秦陇复汉军总司令图记"木质印章，借以统一政令，统一指挥，协同作战。

（二）为了安定人心，动员群众，第二天当即布告安民。文曰："各省皆

---

① 井晓天：《乱世云烟——井勿幕、井岳秀昆仲历史钩沉》，中国文史出版社，2018年，第61页。

变，排除满人，上徵天意，下见人心。宗旨正大，第一保民，第二保商，三保外人。回、汉人等，一视同仁。特此晓谕，其各放心。"①

（三）在攻满城作战方面的决定是：以钟楼为标记，向北沿北大街为一地段，由钱鼎、万炳南、张云山等负责，组织指挥这一地区民军和临时参加起义的群众，由西边进攻满城；城内回民马文英、白云鹤、金启恒等率回民数百人，归张云山指挥。从钟楼东南角沿东大街，经端履门、大差市至东城墙根，由张凤翙亲自组织指挥这一地区的民军和起义群众，从南面进攻满城。

（四）住在南校场的三营巡防队，新军起义时，持观望态度，虽未向新军进攻，但却是个威胁。鉴于其中哥老会弟兄居多，遂决定通过哥老会张云山、万炳南去进行联络，促其起义。

经哥老会联络，该营当天就纷纷离营加入到各自头目所属的军队中去，巡防队迅速瓦解，解除了起义军的后顾之忧。

23日拂晓，民军开始向满城发起总攻，当时驻屯满城的旗兵共1200名，其中马队600名，步兵600名，全城上下，分段防御，殊死抵抗。上午9时左右，清旗兵百余人，由北面上城，沿城墙冲来，企图占领东城城楼，但一连冲袭三次，均被民军用炮火击溃，几乎全被消灭，战斗极为激烈。到下午3时，起义军还未攻下一个城门。正在双方相持对战的时候，民军侦察到大、小差市之间，有一段城墙早已坍塌，在原地修建居民住宅，仅隔一墙之厚。于是，哥老会刘世杰、马玉贵带队由此挖开城墙，乘清军无防，冲了进去。与此同行，西面民军猛冲猛攻，已经把新西门（后宰门）攻下，接着向北城门清军火药库集中火力射击，引起火药库爆炸，清军伤亡甚大，四散溃逃。当起义军从南、西两面攻入满城后，天色已晚，为了避免误伤，遂令各部民军就提休息待命。

24日黎明，各部民军分别在满城逐巷搜索，进行巷战，歼灭残敌。民军节节进逼，清军完全丧失抵抗能力，纷纷逃命，一时混乱不堪，满城陷落后，忽又有旗兵及群众千余人，自地窖突然冲出，奋死向民军进攻，企图夺取军装局，很快被民军歼灭。双方整整激战一日，满城才被民军全部占领。由于清朝统治者实行民族歧视政策，致使此日杀戮颇多。第二天，临时司令部传

---

① 《辛亥革命》资料丛刊（六），第46页。

出军令，严禁杀戮，省城战事暂告结束。清将军文瑞在满城失守后，跳井自杀。住在省城内的清朝官吏，多隐居民间，民军恐其暗中煽惑，立即派兵侦缉。在群众的大力协助下，护理巡抚钱能训自杀未死被民军捕获。提法司锡桐被搜捕后，捐银万两以助军饷，交张云山看管，后遣送出陕，巡警道张藻，到军政府自首，得到宽大处理。提学司余坤，亦受到优待处理。唯有前陕甘总督升允，当晚在城北30多里的草滩别墅未回，闻西安新军起义，连夜渡过渭河，逃亡甘肃省。[1] 至此，仅两天多时间，省城及满城全部光复。

西安起义的迅速成功，摧毁了陕西封建统治的中枢，动摇了清朝在西北统治的基石，为全省的迅速光复，奠定了基础。而且对当时全国革命形势的发展，有重要的意义。因此，武昌起义的爆发，吹响了革命党人全面进攻的号角，敲响了清廷王朝灭亡的丧钟，沉重打击了清朝政府在长江流域的统治。但北方各省却依然在清廷王朝统治之下，这就使清廷可以抽出大量兵力去对付南方义军。陕西革命的爆发，则为北方各省树立了榜样，特别是进攻满城时的拼死血战，大大震撼了各地旗兵，挫败了他们殊死抵抗的勇气。从地理上看，陕西为西北门户，兴安、汉中与蜀地毗连；商州、山阳同鄂境接壤；潼关一隅近连晋豫，且至陕北沿黄十三县与晋省隔黄河相望；宝鸡至陕北多地与陇东毗邻。位置十分重要。从经济、军事、文化上看，陕西在西北各省中举足轻重。所以，陕西辛亥革命的胜利，对全国的革命形势有重要的影响。

第五节　军政府的成立及战时措施

西安起义成功后，秦陇复汉军司令部为了光复全省，恢复社会正常秩序，巩固革命成果，在政治、军事、经济各个方面，采取了一系列的措施。

第一，整顿省城社会秩序，安定民心

西安起义以后的两天内，由于战斗异常激烈，民军还没来得及整顿社会治安。一些游兵散勇及社会上的地痞流氓，乘机抢掠银号、票庄、当铺、商

---

① 一说西安起义时升允在西安，在混乱中逃到草滩，过渭河西窜甘肃。此说见张钫（张钫）：《忆陕西辛亥革命》及李文治：《乾州战守纪文》，均载《辛亥革命回忆录》（八）第175、179页。本文所取系据1912年1月13日《民立报》记载及辛亥革命亲历者朱叙五、党自新等的回忆。

号，仅大清银行被抢的纸币就有"二十余万两之多"①。一时间，"家家惊慌，受累不堪"②。起义军司令部于 22 日攻下满城后，即于 24 日贴出整饬社会秩序的告示，明令宣布："谕而商民，各安本分。若有土匪，抢劫奸淫，派队巡缉，立斩不容。"③同时起义总指挥张凤翙下令，由郭希仁负责赶制"保护旗"1000 面，遍插各商号之门口，以资保护。派朱叙五组织稽查处，选用一些前陆军军官充任各级稽查官，又以前炮营的士兵组成稽查队，日夜在大街小巷巡查，若遇有不法之徒，其情节严重者，即就地正法，以示震惊。另外还有陆军中学堂学生屈荃（商州人，哥老会成员）所募集的民军一营，作为巡缉队，查捕匪徒。哥老会大头目人物，这时都有了自己成立的队伍，他们也经常带队四处寻查，如张云山在盐店街、粉巷口等处，搭台设点，专门查处匪徒，当场处决了一些坏人。军政府又根据大清银行经理提供的被抢纸币均已签字编号的情况，下令大清银行的纸币停止兑换，而另设军用银号，发行军用钱票。对现行钱票，亦进行管理。由于起义时民军与清军均有大批人员伤亡，军政府遂命孟逸民、康毅如等人创设红十字会，"掩埋骴骨，拯救死伤。闻者莫不钦佩"④。接着，又贴出布告，令初等、高等小学一律于五日内开学。还下令豁免咸宁、长安两县当年需交纳的钱粮，以争取广大群众对军政府的支持。

经过一番努力和一系列具体措施的实施，城内商店开门营业，学校恢复上课，社会秩序逐渐恢复正常。

西安起义后，电报通讯全被破坏，与外地联络十分困难。所以当省城大局略定，军政府即派甘聘莘、张静斋等人赴武汉及沪宁一带联络，侦查实情。派王一山赴山西接洽革命党人，并侦查北路情况。派专使赴河南联合大侠王天纵，"劝其兴兵陕州，直攻洛阳"⑤。派在陕的四川籍知名人士王人文、刘声元赴蜀联络。以便联通使省内外消息，与各邻省协同作战，互相配合，互相支援。同时军政府又传檄各府、厅、州、县，申明起义宗旨，宣布政府法

---

① 《民立报》，1911 年 12 月 19 日。
② 《近代史资料》，1983 年第一期，第 57 页。
③ 《辛亥革命》资料丛刊（六），第 47 页。
④ 《民立报》，1911 年 12 月 24 日。
⑤ 《近代史资料》，1983 年第一期，第 62 页。

令。并派省城各高等学堂学生，携带檄文、告示，迅速返回各州、县，申讨清朝政府，宣传革命思想，协同地方官绅和开明人士发动群众，赶办团练，响应省城起义，尽快光复地方。凡光复州县，应保护仓库钱粮、衙署局所、学堂、教堂等。使其财产不得损毁，对其乘机抢掠私占者，定要严办，绝不宽恕。传檄各地方后，各州县纷纷响应，仅数月工夫，全省大部分府县宣告光复。

第二，建立政府领导机构，组织核心

起义军占领省城，一切都还处在混乱中，客观形势要求有一个统一的领导机构，作为革命的领导核心，以代替临时的秦陇复汉军司令部，恢复正常的行政秩序，处理繁杂的革命工作。10月24日，在军装局临时司令部开会，讨论新政府组织机构及成员人选等问题。会议期间，在大统领、副统领以及其他主要人选问题上，争论纷纷，意见相左。原来新军中的哥老会头目，一转瞬间，都变成拥有一定军权的实力人物。如西关营地的步枪3000支由军装局取出的各种枪械约2000支，收缴陆军中学堂的枪七百枝，巡防营的约五六百枝，以及陆军炮营18门山炮，马、炮两营的马匹等，几乎都被哥老会头目占有。他们同时在省城各街公立码头，召集军队，西安城大有变成哥老会的天下。当时，同盟会革命党人提出由张凤翙担任大统领，而哥老会方面另有提名，双方争执不休，初次会议不欢而散。

25日，双方派人继续协商，哥老会万炳南坚持要当大统领，他的部下也威胁说，我们只知有万大统领，不知有什么张大统领。还有人提出让马玉贵担任兵马大元帅等等。众说纷纭，商谈一天仍无结果。本来同盟会革命党人考虑到当前革命尚在紧张进行，如果让万炳南担任副统领，对张云山、马玉贵等哥老会头目能做适当安排，问题也就解决了。但是，由于同盟会有些革命党人，对哥老会带有传统的政治"偏见"，寸步不让，致使双方几乎破裂。这时，驻在旧高等审判庭的张云山和驻在旧督练公所的万炳南，亦不顾大局，插起"洪汉"大旗，俨然与临时秦陇复汉军司令部成对峙局面。这样一来，新政府一时陷于难产之中，结果谣言四起，人心惶惶。如果双方破裂，其后果不堪设想，处理好这一分歧，对革命形势的发展，是非常重要的。于是，参与临时军政府工作的郭希仁和张瑞玑等人，挺身而出，积极斡旋，多方调停，努力劝说，晓以大义，转机出现。他们分别对万炳南、张云山、马玉贵、陈殿卿等哥老会主要头目人物，进行了恳切的劝解说服工作，并用太平天国内部互相残杀的历史教训，来开导大家。经过一番努力，不少哥老会首领深受启发，思想转变，表示要与革命党人和衷共济，维持艰局。

10月26日，双方重新开会，进行协商，决定了陕西革命政府的行政机构和人事安排。并由哥老会首领吴世昌、马玉贵等，去见万炳南，告知并祝贺他被推为副统领，经过这一系列工作，大家一致拥护张凤翙任大统领，钱鼎和万炳南为副统领。万炳南、马玉贵也表示支持张凤翙，愿与张同心协力，互相团结，维持时局，继续革命。

27日，会议移到高等学堂。是日新成立的军政府办公地址也迁到这里。经过一天商议，由张凤翙宣布："秦陇复汉军政府"正式成立。同时还宣布了副大统领和六都督名单，副大统领钱鼎、万炳南；兵马大都督张云山、副都督吴世昌；粮饷大都督马玉贵、副都督马福祥；军令大都督刘世杰、副都督郭胜清。到此大家再无异议，会议顺利结束。

六都督全是哥老会头目，而政府机构的负责人和办事人员，多是同盟会革命党人。六都督职务如兵马、军令、粮饷三者是互相牵制，互不从属的，实际上谁也管不了谁，只能自己管自己，行政上也没有相应的机构办理军政、粮饷、行政等具体事务，所以六都督完全是因人而设官的权宜之计。这样的安排在搞好团结，息事解纷方面起了一定作用。它既保证了同盟会的领导地位，保证了军政府日常工作的正常开展，巩固了新生政权；又照顾了哥老会的要求，增强了革命阵营

茹欲立

的团结统一。以后，随着革命形势的发展，又陆续增设了有关行政机关，至

此，辛亥革命后，陕西省第一个新生的资产阶级民主政权就正式诞生了。其
具体组织机构及人事安排如下：

秦陇复汉军大统领　　张凤翙

　　　副大统领　　钱　鼎　　万炳南

革命军政府高等顾问　　郭希仁

　　　　秘书长　　茹卓亭（字欲立，后以字行）

　　　　秘　书　　常铭卿　李元鼎

　　　　参谋长　　彭仲翔

　　　军政部长　　党自新

　　　军需部长　　惠春波

　　　粮饷部长　　张聚庭

　　　民政部长　　杨开甲

　　兵马大都督　　张云山

　　　　副都督　　吴世昌

　　粮饷大都督　　马玉贵

　　　　副都督　　马福祥

　　军令大都督　　刘世杰

　　　　副都督　　郭胜青

东路征讨大都督　　张　钫

　　　　副都督　　郭锦镛

西路征讨右翼大都督　　万炳南

　西路安抚招讨使　　曹位康　　张正鹄

　　东路节度使　　陈树藩

北路安抚招讨使　　井勿幕

南路安抚招讨使　　张仲仁　　刘锡五

　　敢死军统领　　曹印侯

南山安抚招讨使　　樊寿山

赴湖北联络专使　　曹俊修

　　军政府的成立，对巩固新生的革命政权，促进全省光复，以及后来抗击
东路、西路清军进犯等方面，起了积极的作用。但是，辛亥革命胜利初期，

由于各省多系独立起义，在军政府组织机构方面都是根据自己实际情况而建立的，极不统一，陕西也一样，机构和人事制度，设撤常有变更。随着革命形势的发展，事务日益增多，军政府为了适应新的情况，不久对机构进行了一次新的调整，设总务府总揽一切军政大权，下设8个部，分理各项事务工作。其新改组的军政府，把军、政分开。其具体组织机构和人选如下：

秦陇复汉军大统领　张凤翙

　　副大统领　钱　鼎　万炳南

总务府：参政处　郭希仁　彭仲翔　茹欲立

　　参议处　张益谦　陈树藩　周绪福

　　秘书厅　李元鼎　常铭卿　高幼尼

　　铨叙局　张瑞玑　王锡侯

　军政部部长　党自新

　　副部长　马瑞堂　陈雨亭

财政部部长　张益谦

　　副部长　康寄遥　郗朝俊

民政部部长　杨鼎臣

外交部部长　宋元恺

教育部部长　曹雨亭

　　副部长　张西轩

事业部部长　张聚庭

　　副部长　王藻泉

司法部部长　党积龄

　　副部长　钱陶之

交通部部长　南兆丰

　　副部长　樊灵山①

新的军政府机构调整后，工作进展较为顺利。但是，在军事机构方面，虽然军政部成立，原先的六都督的名称仍然保留着，这就在具体业务上不可避免地发生一些矛盾。接着东路、西路战事发生，军政府负担日益加重，这

① 《西北革命史征稿》上卷，第42—46页。

些矛盾对保卫陕西革命成果非常不利，经多方协商，由哥老会方面又推举马福祥、陈树发担任军政部副部长，才加强了各方合作，使军政部的各项工作得以比较顺利的开展。11月22日（十月初二），军政府接到南京临时政府颁发的新印信，称："中华民国政府秦省都督印"，改大统领为"都督"，将八部改为"八司"，其他部门照旧存在。同时决定，停止设立"码头"，哥老会原有码头停止活动，消去码头字样改归民团，由各县节制。

第三，强化军事措施，扩军备战

陕西起义后，甘肃、河南还未光复。陕西光复将影响到京师，军政府当时预计清军可能从东、西两路夹击陕西，必须做好充分的战斗准备。起义初，新军、哥老会和临时参加战斗的群众，未经整训，仓促组编成民军，因此各自为军，政令极不统一。民军无论是从质量上还是数量上，都远远不能适应可能发生的战争需要。所以，最紧迫的是尽快整编和扩建民军，加强军事训练，把分散和装备差的民军扩编成一支有纪律，战斗能力强的正规部队，以适应新的战斗的需要。军政府成立后，即进行了民军的整编工作，将起义民军统一编为6个标，每标3个营，每营500人左右。以后随着东、西两路战事的需要，很快扩编到30多个标，另外又成立了19个独立营，并有炸弹队、敢死队，还有由豫西招抚来的绿林豪侠王天纵、丁同声等数千人。使陕西民军人数由起义时的5000多人，迅速扩编到七八万人。

为了加强军纪，军政府颁布了军纪八条：私行招兵者斩；兵不归营在外招摇者斩；冒穿军衣假充兵丁招摇撞骗者斩；捏造谣言煽惑人心者斩；兵丁擅入人家扰害居民者斩；私藏军火者监禁；步兵骑马者拿究；深夜游行街道嘈杂喧哗者拿究。这八条由大统领核定，并出示晓谕军民一体遵照毋为。除此而外，还颁布了《禁止私自招募兵丁告示》《严禁军人虐商布告》等。规定"不准任意招募，如违定予重罚"，不得手持钞票及官银票，"向非兑换商铺勒换银钱"。① 这些措施，进一步加强了军纪，提高了民军在群众心目中的信誉。通过军政府整编扩编民军，在随后东、西两路战役中，与数万进犯陕西的清军进行了激烈顽强的作战，保证了新生的资产阶级民主政权，为促进全国辛亥革命形势的发展起到了重要的作用。

---

① 《辛亥革命在陕西》，陕西党史资料丛书（三），陕西人民出版社，1982年，第587—589页。

第四，实行经济管控，开源节流

从 10 月 25 日开始，军政府命令在西安城内粉巷设立粮食平粜处，将接收的清朝政府存粮几十万石，开仓平粜。同时，规定每市斗大米售制钱一串200 文，小米、小麦每斗售 500 文。因为省城民军起义初期，一时农民进城卖粮者减少，商贩亦停业观望，粮食相当紧张，粮价上涨。开仓平粜，避免和打击了奸商囤积居奇，乱抬粮价；活跃市场，防止粮价飞涨，群众吃饭问题得以解决，安定了人民生活。所以，这一措施，深得民心，使军政府受到拥护和支持，对巩固革命政权起了一定作用。

当时军政府本身也面临着严重的经济困难。起义初，军政开支全靠接收的藩库银七十万两，借以维持，这笔存银约维持军政府近两个月的开支，对革命的巩固及发展，起了很大的作用。但随着革命力量的发展和壮大，民军数量的增加迅速，东、西两路战役的耗费巨大，而各州、县的局势还不稳定，无银解省，使财政日益困难。为了解决民军的吃饭问题，在凡驻军地，均设立粮台，驻军日用伙食等项，皆由当地粮台核实供应，不得多用。粮台主要从当地公仓及富家大户屯粮中征用，暂不向民众征取，以稳定军心民心。军政府为了节省开支，一方面，每个政府官员，不论职务大小，每人每月一律发给生活费银五六两，以维持艰局，[①] 政府一切开支尽量压缩。另一方面，采取了一些筹款的临时措施，以扩大财源。首先，没收了全省各地当铺的"皇本"银 60 多万两。第二是整顿全省的厘金和税收，各州、县认真清理，开始征收粮、赋，并要如数解交军政府，此项每月计可收入银三四万两。第三是劝捐助饷，即向一些富户劝捐，这项结果成效不大，后来恐人心背离，加之南京临时政府陆军部有令禁止，很快宣告停止。第四是发行公债，以济军需。每张五两，发行了一次约 20 万张，且多在省城，外地因地方秩序未定，认销者甚少，不久亦停止发行。

军政府当时采取以上四点措施，虽然不能满足政府的财政支出，但总算支持了一段时间，特别是基本上满足了东、西两路军需的要求，这对于打败清军的进犯，巩固陕西新生的民主政权，起到了积极的作用。

---

① 《近代史资料》，1983 年第一期，第 61 页。

第十三章 各府、州、县光复

西安起义的消息传到各府、州、县，革命就像火山一样喷发。"一时泉涌起，如铜山西崩，洛钟东应，关中四十余县，数日之间，莫不义旗高揭矣"。[①]各地同盟会革命党人和哥老会领导当地群众纷纷起义，和当地清朝反动势力展开斗争。几个月时间内，全省各府州县相继光复，现根据已有史料，分述如下。

第一节 西安府光复

明太祖洪武二年（1369），改奉元路为西安府，取义"安定西北"，西安之名由此而来。清末，其辖区东界同州（大荔）府及商州直隶州，西连凤翔府、汉中府、邠州（彬县）直隶州、乾州直隶州，南邻兴安府（安康），北与鄜州（富县）直隶州接壤。辖15县，一个散州，一个散厅。其中县为：长安县、咸宁县、临潼县、高陵县、蓝田县、鄠县（鄠县）、盩厔（周至）县、咸阳县、兴平县、泾阳县、三原县、富平县、醴泉（礼泉）县、渭南县、同官（铜川）县、耀州、孝义厅（今柞水县）、宁陕（今宁陕县）厅。

耀州光复：西安起义成功，同盟会革命党人胡景翼在药王山插起了"兴汉灭满、光复中华"的大旗召集附近各路人马，兴兵举义。10月25日进耀州城，几乎没有遇到什么抵抗，全城宣告光复。原耀州巡警局长胡宝珍、绅士胡翰臣等，由于早与同盟会有联系，积极投奔革命。不久，胡景翼离开耀州，由宋建基、胡宝珍、胡翰臣等负责，成立了"城防局"维持地方秩序。胡定伯、井勿幕也先后来到药王山，他们商定光复渭北各县，配合西安起义的计

划，把聚集在药王山的 300 多人编成了三个营，命王守身、马正德、胡彦海分别任营长，挥师南下，一举攻克渭北重镇三原城，并在三原成立渭北起义军总部，积极练兵，准备应付清军的反扑。[①] 耀州柳林子牧羊场的马天闲也带队前来。

富平县光复：10 月 24 日，军政府派遣回县的学生高培文和革命党人胡景翼，联络当地哥老会首领李全义，聚集哥弟和群众数百人，攻占县衙，先劫狱救出哥老会头目向紫山，捉拿了知县刘林立，光复了县城。知县刘林立愿交出县印，由向紫山接管县事。后来井勿幕、焦子静、李仲三等民军来县，动员向紫山带队投奔张云山，支援西路战事。从此，民军驻扎富平县，一切恢复正常。

醴泉（礼泉）县光复：10 月 22 日省城起义，醴泉县城人心惶惶。知县姚文尉上任才三天，召集官绅、商民商议，加强城防。不久，返乡学生董向善等六人，携带军政府命令和起义檄文来县城，宣传革命宗旨并与官绅共同协商，宣布光复，人心始定。[②]

咸阳县光复：省城起义的消息传到咸阳，引起震动。10 月 24 日，西安陆军中学堂学生、同盟会会员董毓秀和王士骧，奉军政府命令，返回咸阳。联络本县一些开明官绅，于 10 月 26 日占据县城，知县周佩琛逃匿，未做抵抗，咸阳即宣布光复。光复后，立即成立了"咸阳县商团"，由各商号店员组成。日夜巡逻，维持城内社会秩序，商号照常营业。又招募群众，成立了"咸字营"军队，负责保卫县城。省上又派魏立为咸阳知县，地方人心始定。

盩厔（周至）县光复：在省城光复的第四天，哥老会首领辛宗元等人，发动哥老会哥弟百余人，开赴县城，这时城内同盟会员积极响应，外呼内应，县城顺利光复。但是，由于知县左一芬顽固不化，仇视革命，煽动城内官绅、商民，组织反攻，哥老会没有准备，迅速败逃。接着，有从省城返乡学生，携带军政府命令来县，与左一芬协商，在大势所趋的情况下，左表示拥护革命。遂由返乡学生支持，让左一芬继续主持县事，维护地方秩序。[③]

---

① 井晓天：《乱世云烟——井勿幕、井岳秀昆仲史事钩沉》，中国文史出版社，2018 年，第 63 页。

② 《续修醴泉县志》，1944 年修，卷 16，兵事，第 17 页。

③ 《重修周至县志》，1925 年修，卷八，第 15 页，卷五，第 19 页。

同官（铜川）县光复：10 月 27 日，当地哥老会成员白喜，联络当地刀客游侠和哥老会成员百余人，并与城内哥老会成员常生启、乔喜等商定里应外合，攻打县城。白喜平日为人疏财仗义，好打富济贫，在群众中有一定号召力。当起义军攻入县城后，群众纷纷响应，城内绿营兵立即归附，未做抵抗，惟管带王日栋闻声逃跑，知县避匿。白喜立即打开狱门，放出犯人数十名，并将群众最愤恨的管带王日栋、知县以及富商益新成的部分财产没收，分给群众，其他人的财产一概保护。第二天，县城秩序混乱，白喜与绅商协议，仍把原知县召回，令其继续维持政事，宣布光复，直到 1912 年 3 月，军政府派胡定伯为同官知县，地方一切秩序恢复正常。①

临潼县光复：临潼为省城至省东要道，西安起义的当天下午消息传到，知县培成（绎如）恐惧不安，召集官绅商议，主张封闭城东西两门，仅留南门准许出入，并派城守营把守，企图防止爆发革命。但是 10 月 24 日，当地哥老会头目焦林率领几十名哥弟由东门闯入，索取武器后，占领县城，开狱放囚，捕绑知县培成于南门外柳树上，劝其投降，培成坚决不允。下午，曹印侯从渭北率百余人赶到县城，即与焦林一起召集绅商、群众开会，宣传革命宗旨，并布告安民，将知县培成押送省城，宣布临潼县光复，由曹印侯主持县政。不久，曹印侯部被编为敢死军，奉命开赴岐山、凤翔一带抗击清军，军政府遂委派吴继祖接任县知事。②

兴平县光复：10 月 27 日，被军政府任命为西路民团团长的西安实业学堂学生符瑞亭、穆仰文等 8 人，身着军装，荷枪背刀回到兴平。知县陈宏珂带官吏、役丁在县衙门前俯首跪迎，缴枪交印。团长符瑞亭鸣枪宣告起义成功，县城光复。遂组建 200 余人的"复汉军"，编为一营四哨，驻东街城隍庙，维持城乡社会秩序。

泾阳县光复：西安起义的消息传来，县城人心惶惶，不几天，由西安返乡学生周鸿浍、骆宴堂、薛应庚等人，携带安民告示和檄文，到处张贴，人心略定。约 10 月底，县哥老会首领张悦德，召集其成员百余人，头勒黑包巾，臂缠白布条，手持刀、矛、土枪等武器，从县城西门进城。县内巡警衙役多系哥老会人，未做抵抗，县署官吏相率逃匿。起义群众从大街通过，边

---

① 《同官县志》，1944 年修，卷 17，第二页。
② 《辛亥革命在陕西》，陕西党史资料丛书（三），陕西人民出版社，1987 年，第 646 页。

走边喊"公买公卖，概不惊动"，直奔县署，半日后，移住县味经书院。县城光复后，张悦德掌管县政，他不听返乡学生劝告，在县城设立"码头"和"山堂"，广招哥弟，用哥老会条规处理行政事宜，地方混乱。数月后，省城民军来县，张悦德率众他去，地方始定。

西安府属蓝田、高陵等县及孝义、宁陕两厅，多系民军直接光复的或当陕西局势稳定后自己宣布归顺的。

第二节 同州府光复

清雍正十三年（1735）升同州为同州府。府治大荔。辖：大荔、朝邑（县治在今大荔县朝邑镇）、郃阳（合阳）、澄城、韩城、白水、蒲城、华阴、潼关等9县；华厅（华县后改为华州）散厅。

华州：10月27日晚，由当地哥老会占领了州城，知县杨宜瀚自杀。第二天，由县绅士乔裕亭、杨松轩等出面与哥老会协商，议定每日筹制钱二百缗给哥老会，以资军需。并由双方成立"保卫公所"，共推袁佐卿、顾熠山、赵舜臣等负责，以维护地方政事，不久，东征民军赴州城，地方秩序恢复正常。

白水县：10月29日，同盟会会员曹世英得到西安起义成功的消息后，率领群众迅速攻占县城，杀知县，占衙署，布告安民，宣布白水县光复。

潼关县：西安光复后，人心浮动。时潼关有绿营兵300余人，清潼关道道台瑞清，又从华阴调来巡防营管带胡明贵部百余人，由胡担任潼关清军统领，以便加强防守，企图顽抗。10月31日，潼关哥老会首领马耀群和徐国桢等，率领哥弟和群众围攻县城。胡明贵因倾向革命遂与马耀群等联络，双方内外配合，第二天顺利占领县城。协台桂和先避匿，后被捕获。道台瑞清改装剃须，窜出县城，逃往河南，请求援军。不数日，河南

郭希仁

清军至，围攻潼关，起义军子弹不济，最后战败，胡明贵英勇牺牲，潼关复

被清军占领。[①]

朝邑县(今属大荔):西安起义后,朝邑籍的徐绍南、高致堂、邓林盛等人,由省城回乡,与当地刀客宋牛儿、温寿娃、杨恩贵等人秘密联络,于11月12日晚举行起义,攻占县衙、巡警局等重要机关,知县李焕墀被抓住关押,击毙县吏、县警数人,驻守清军纷纷逃散,起义后又打开狱门,放出囚犯。第二天,即布告安民,宣布光复。

韩城县:西安起义的消息传到韩城,知县赵介之恐惧不安。县衙内班房差役中一些哥老会成员,以愿为知县效劳为名,组织保赵团体,名义上保知县安全,实则是暗中准备起义。不料被赵介之发觉,乘其不防之际,逮捕了刑房王秀之、班房吴胜以及薛晋元、段占彪等六七人,先后予以杀害,并悬首城门示众,哥老会势力大受摧残。11月上旬,省城民军开来韩城,才得光复。将赵介之带回西安惩处,由绅士和开明人士共同组成"自治会",维持地方秩序。直到1912年春,军政府任命文纶卿为韩城知县,自治会才取消。

同州(今大荔县):省城新军起义的消息传到同州,人心浮动,惶惶不安。知府孔繁朴潜逃,由知县孙玉堂维持政事和城内秩序。到11月中旬,张钫率领东路民军由潼关派数十骑兵来城驻扎,正式宣布同州光复。接着陈得贵至同州,任命肖西臣为知县,孙玉堂解职回四川原籍。随后即设兵站于同州,这里成了东路民军一个重要粮饷供应地。

澄城县:西安起义后,长润镇朱某聚集炭场苦工约300余人,光复了县城。11月6日被当地官绅组织的反动民团打败,县城复又照旧,第二年重新被民军光复。[②]

同州府所属郃阳(合阳县)、华阴、蒲城等县,在东征民军的协助下,陆续光复。

第三节 凤翔府光复

清朝凤翔府治在今凤翔县,辖区东界乾州直隶州及西安府,西及北连甘肃省平凉府,南邻汉中府,东北与邠州(彬县)直隶州接壤。下辖:凤翔、岐

---

① 《潼关新志》,1940年修,人物志,第18页。
② 《澄城县附志》,1926年修,卷11,第7页。

山、扶风、郿县(眉县)、麟游、汧阳(千阳)、宝鸡等7县;陇州(陇县)一个散州。

凤翔县:10月27日,由省军政府派回的学生杨会桢、刘志等,携带军政府命令和檄文,并亲自作歌曰:"我们是革命党,不刀又不枪,一心杀官吏,为民除祸殃,但恨力量薄,大家来帮忙。"到处张贴和宣传,同时联络哥老会当地首领马秉乾(回族)、杨凤德等,共图起义,很快组织了一千余人的起义军,光复了凤翔。占领了县城后,双方经过协商,共同组成"同志会",以主持地方政治、军事事务。并发布安民告示:"省城来文,保教安民,告我同胞,万勿心惊。"①告示一出,商号开门正常营业,社会秩序恢复如故,人心安定。西路战役开始后,万炳南带民军2500余人来凤翔驻守,省城又委派赵乃普署理凤翔府事,胡树人署理凤翔县事,地方一切恢复正常。凤翔的光复,在西路民军抗击清军进犯的战斗中,起了重要作用。

岐山县:凤翔光复后,岐山哥老会立即响应。10月29日,哥老会聚众数百人,以白巾蒙头,围攻县城。时县城由清巡防兵管带雷振亭驻守,城内官绅在城工局开会,议定以银二千两买通雷振亭,让其守城顽抗。但巡防兵内哥老会成员居多,闻起义军到,即开城相迎,内外配合,县城光复。②

宝鸡县(今宝鸡市):西安、凤翔光复的消息传到宝鸡,哥老会首领王清明、周瑞林等,立即积极筹谋起义的响应。10月30日,他们聚集哥老会成员300余人,臂缠白布,手执武器,号称"洪汉军",包围了宝鸡县城。知县雷天裕极为恐慌,派其部下弓明海带队守城,不料,弓也是哥老会成员,与王清明等已有联系,此时,双方里应外合,县城顺利光复。知县雷天裕逃走,王、周二人主持政事,未设立码头和开堂招徒,地方秩序很好。11月2日,马云山、白福顺率部由凤翔进驻宝鸡,接管县政,不久,秦陇复汉军第三十五标标统赵皖江来宝鸡驻扎,并收编了王清明、马云山、白福顺的洪汉军。③

汧阳(千阳)县:约10月30日左右,陇县清军巡防营的一部分,开往凤翔镇压起义军,路过汧阳,闻起义军人多声势浩大,中途又返回,来往中对汧阳有所骚扰,地方大乱,人心恐惧,知县杨世禄逃避。哥老会首领赵祥、

---

① 《辛亥革命在陕西》,陕西党史资料丛书(三),陕西人民出版社,1987年,第660页。
② 《重修岐山县志》,1946年修,卷十,灾祥,第3页。
③ 《辛亥革命在陕西》,陕西党史资料丛书(三),陕西人民出版社,1987年,第655页。

王之汉等，即召集哥老会成员和群众，举行起义，攻占了县城，宣布光复。并和地方绅士苏树猷、蒲轮秀等商议，成立了"城防局"，协同哥老会所设的码头，维持地方政事。后来，又把原知县杨世禄寻找回来，继任知县，继续主持地方政事。

陇州(陇县)：10月29日晚，哥老会首领王生义，召集其会众数十人，头缠白布条，手执武器，围攻县城。知州孙传倚及劣绅秦润泉，守城顽抗。起义军未克陇城，自动撤退。接着，孙传倚组织反动民团，一面坚守陇城，一面残酷镇压起义群众。王生义起义军很快被瓦解。30日晚，又有南塬一带哥老会和群众五六百人，围攻县城，也未克而撤离。31日晚，又有农民王家驹率众数百人围攻陇城，至西关被民团包围，王家驹等数十人被捕。陇州反动官绅，还把惨遭杀害的起义者头颅悬四城门示众。直到11月7日，民军西路节度使吴澄宗所率七标三营、七营共1000余人，开来陇州，当到达沙岗子一带时，知州孙传倚才不得不脱去官服，出城到沙岗子迎降，陇州遂正式宣告光复。①

麟游县：省城光复后，由军政府派遣返乡学生刘尚谦、刘汉江等，携军令和檄文来到县城，万炳南派民军一排随行协助，入城捕押知县杨廷辅，杨顽固不化，不愿归顺而自杀，县城即告光复。不久，军政府派李翰廷接任麟游县知事，地方秩序恢复正常。

凤翔府所属扶风、郿县，亦在西征民军的直接援助下，先后得以光复。

第四节　兴安府光复

1782年，兴安州改设兴安府，并汉阴县地设安康县为府治，领安康、平利、洵阳、白河、紫阳、石泉等6县、汉阴、砖坪(岚皋)二个散厅。

安康：西安起义的消息传到安康后，安康镇总兵傅殿魁心里惶惶不安，一方面命令绿营兵、巡防兵严加防备；另一方面又怕士兵像省城新军一样进行兵变，所以给士兵不发子弹，有的连枪也没有，企图用此手段来阻止士兵起义。但是，他没有料到，就在其部下任千总的高庆云就是当地哥老会首领。

---

① 《辛亥革命在陕西》，陕西党史资料丛书(三)，陕西人民出版社，1987年，第664页。

高庆云得到西安举义的消息后，利用职务之便，积极联络，鼓动各哨(安康巡防队共四哨)士兵，同时发动哥老会成员，密谋共同起义。由于傅殿魁平日贪财如命，经常克扣饷银，欺压群众，知县林扬光，亦与傅殿魁系一丘之貉，既贪财又无能，群众把他叫"糊涂浆子"，人民对这些贪官污吏无不恨之入骨。所以，11 月 4 日午夜，高庆云首先领导巡防队起义时，群众闻讯纷纷响应。起义者以白布条缠头为号，口令是"天保得胜"，集于新城，并发誓愿，不灭清朝，纵死不甘。当地安康分新城、旧城两城，傅殿魁住新城、知县林扬光住旧城。起义军首先攻占新城，夺取军装局，获毛瑟枪五百多支和子弹几万发，武装了起义士兵和群众，接着搜捕到傅殿魁，"群众积愤难遏当场将傅枭首示众"，其他官员"有的起义归顺，有的潜逃无踪"。①第二天，起义军开始进攻旧城，城内哥老会头目胡云山，闻讯内应，使起义军顺利占领旧城，林扬光被捕。安康全城光复后，11 月 28 日，民军张仲仁来安康，他请省军政府分别任命高、胡为兴安府正、副防御使，同时协助其将民军编为三营，共2000 余人，并分遣所属各县，以光复地方。

砖坪厅(今岚皋县)：安康光复后，砖坪哥老会首领胡某，聚众数百人，攻占县城，夺文武官印，成立新政权，下设民事、兵事、财政三机构。由程子青为知事，兼理民事，杨桂荣代理兵事，祝嘉林、娄映奎管财政。不久，安康高庆云任命李英绮代替程子青任知事，后又任命赵应举代李为知事，同时任命胡占奎代杨桂荣理兵事，并带 400 余人驻县城，地方始安。②

紫阳县：本县哥老会头目李长儒，蒿坪河人。得到安康光复的消息，于11 月 8 日夜，召集哥弟及群众 200 余人，攻占了县城。知县薛祥信逾城逃匿，被起义军寻获后交出银数万两以资军需。李长儒管县事，设"码头"开"山堂"，仿哥老会"条规"来治理行政民事，因不符时宜，地方秩序较为混乱，1912 年 7 月，民军陈树发部至紫阳杀李长儒等多人，恢复县政，地方稍定。③

兴安府属石泉、汉阴、洵阳(今旬阳)、白河、平利等厅县，在安康起义军的直接帮助下，亦先后得以光复。

---

① 《陕西辛亥革命回忆录》，陕西人民出版社，1981 年，第 161 页。
② 《砖坪厅志》，民国修，卷二，等 23—24 页。
③ 《紫阳县志》，1925 年修，卷五，寇患，第 3 页。

第五节　榆林府光复

清雍正九年（1731）设榆林府，府治榆林。辖：榆林、神木、府谷、怀远（横山）共4县；葭州（佳县）一个散州。

怀远县：西安起义的消息传到怀远，知县秦骏声，自以为偏僻小邑，何虑革命。不料11月9日夜，本县哥老会首领李敬枝，组织哥弟80余人，称"洪汉军"，分为两队，自任大队长，攻占了县城。知县秦骏声逃匿民家，巡警闻讯逃散。第二天早晨，哥老会出安民告示，劝绅商居民，均勿惊惧。又将原知县秦骏声寻获，拉出来继续支持县政。秦骏声为人机敏，会玩政治手腕，他一方面照旧执行行政事务；另一方面筹银300两，以供洪汉军粮饷。自己又请求加入哥老会，宣告怀远县光复。不久，秦假意说服李敬枝赴省城投奔张凤翙都督，参加东、西路战役，效力革命，李同意。秦为李欢宴三日，古乐喧天，为其送行。当李率部行至县南殿吉市西沟时，突然遭秦骏声事先埋伏的"民团"的袭击，激战半天，李敬枝及部下死伤70余人，秦骏声及反动民团又复占县城。至1912年8月，省城派李世英为怀远第一任知事，地方安定。

榆林：榆林城清末驻有清军巡防队两营，对外称十五、十六两队，士兵中哥老会成员居多。西安起义的消息传到榆林后，人心惶惶，一日数惊。镇台贾鸿增已探知哥老会要发动新军起义，恐惧不安，欲以先发制人的手段进行镇压，要求道台杨卓林捕杀为首者，以便防患于未然。杨卓林即召集文武官员商议，可是摄于哥老会的威力，谁也不敢动手。11月20日晚，杨昆山召集哥老会各头目20余人在水圪坨上巷张承五家开紧急会议，认为事在眉睫，不能延缓，遂决定22日晚起义。具体部署是：把巡防两营分为四个队，一分队由王忠率领，二分队由高汉臣率领，三分队由陈奎元率领，四分队由王新成率领，分头同时行动，先占领军装局再攻占府、县衙门，并规定起义士兵左膀缠白布为号，口令是"一切功成"。部署既定，立即散归，分头准备。到了22日晚11时左右，一声枪响，起义开始，几乎没有遇到什么反抗，顺利占领了军装局和府、县衙门及各重要机关。特别是占领军装局，获得快枪200支，来复枪800余支，五子炮120杆，五节雷60余门，铜炮两门及若干土枪。这些武器武装了民军，增强了战斗力。由于起义神速，又未进行激烈战斗，所以到天明，人们才知道革命了。榆林光复后，开会成立了新的政府机关，同时议定称"秦陇复汉军榆林分统"，公推杨昆山为分统。杨昆山原名杨厚德，起义成功后，其他哥老会哥弟建议杨用"昆山"名，遂改名杨昆山，以表示榆林光复主要是哥老会的力量。分统下面又设文案、财政两机构，分理政务事宜。为了恢复社会正常秩序，唤各商号开门营业，派队稽查，维持治安。同时发布告示："谕我军民人等，各安生理，切勿惊忧。尚有不法之徒，不论在城在乡，乘机为乱者，一经查出，定按军法从事，绝不姑宽。"[①]告示一出，民心稍安定，商号照常营业，秩序正常，地方稳定。随着革命形势发展的需要，又将起义军扩编为三个营，每营五百余人，一共 1500 余名官兵。随后，派队分别赴所属府谷、神木、葭州（今佳县）等州县，与地方哥老会联络，令其光复地方，维持秩序。

神木县：12 月 3 日，陈奎元、王忠等人奉杨昆山命令到神木，知县李廷钰、参将杨芳交出官印。李廷钰旋即逃走，陈、王派人处死县吏徐聘三、郭凤山等人，宣告神木光复。

府谷县：12 月 26 日，杨昆山派陈天才，携印信来府谷，与当地哥老会首领孙占彪、阮玉秀等合作，动员哥弟数十名，称"洪汉军"光复了县城，哥老会夺取县政权后，设立"码头"，招收哥弟，搞得地方政事混乱，人心惶惶。1912 年春，神木人裴廷藩（尼臣）被陕西军政府委任为河套安抚使，驻榆林，此时率部来府谷，镇压哥老会势力，杀孙占彪、阮玉秀等多人。不久，阎俊臣来府谷任县知事，地方始定。

第六节　延安府光复

顺治年间，延安府领三州（鄜州、绥德州、葭州）十六县（肤施、安塞、甘泉、安定、保安、宜川、延川、延长、清涧、洛川、中部、宜君、米脂、吴堡、神木、府谷）。雍正年间，三州归省直隶，延安府领八县（肤施、安塞、甘泉、安定、保安、宜川、延川、延长）。乾隆年间，又增领定边、靖边二县。

---

① 全国政协：《辛亥革命回忆录》，第五辑，第 79 页。

宜川县：11月1日，宜川哥老会首领秦陇飞、穆柯才等，与县驻军哨官王大旗，秘密在城内关帝庙文昌阁关押了知县肖镇东，布告安民，宣布宜川光复。接着，双方起义人员合编为"洪汉军"，举朱雨候为司令。1912年1月3日，当地反动官绅，组织民团，偷袭县城，杀哥老会秦陇飞、王大旗等头目及会众70余人，夺取县城，拥戴原清知县肖镇东主持宜川县政，一切恢复。[①]

延安府属肤施（延安）、安塞、甘泉、保安（今志丹）、安定（今子长县）、延长、延川、定边、靖边、安边（今属定边）等县的起义，均被反动民团所镇压。其他各县多数是在军政府派的北路招讨安抚副使田畴臣，以及后委派的河套安抚使裴廷藩赴榆林途中光复的。有的是在1912年夏，南北议和，陕局已定，才宣布将龙旗落下。

第七节　几个直隶州光复

一、商州光复：商州在清雍正三年（1725）升为直隶州，属陕西潼商道。州治商县。辖：镇安、雒南（洛南）、山阳、商南等4县。另有龙驹寨（丹凤）州同衙门。

商县：由西安返乡学生程景范、姚万顺等，奉军政府命令，携带檄文和"秦陇复汉军"白旗一面与当地哥老会首领姚兴、牛际云等联络，令其发动起义，响应省城。姚兴立即召集城内巡防营中哥老头目开会，约同时行动，10月25日行动开始，大家用白布包头，冲入城内，知州胡启虞未做抵抗，即交出印信，向起义军投降，几乎没有发生战斗，全城即宣告光复。接着召开了庆祝大会，参加者千余人。由姚兴、牛际云总管州政，下设民政、军政、财政三机构，分别管理各军政事务，不久，军政府派牛长治接管州事，同时刘刚才率民军驻扎商县，地方一切恢复正常。[②]

雒南县：西安起义的消息传到雒南，人心浮动。不久，省城返乡学生黄宪之、杨伯厚等回县，积极宣传革命宗旨，同时联络当地哥老会首领杨光杰、洪先章等，共同起义，响应省。于是，杨、洪等便在距离县城10多里的峰

---

①　《宜川县志》，1944年修，卷十五，军警志，第8页。

②　《辛亥革命在陕西》，陕西党史资料丛书（三），陕西人民出版社，1987年，第699页。

陵山，召集哥弟和群众500余人，于10月28日发动起义，起义者以白布为标志，扛上武器，向县城进发。城内衙役中的哥老会成员起而响应，开城相迎，知县韦国祯被捕。杨光杰主持县政，他设"山堂"，招收"哥弟"，一切公务、刑事诉讼，都在山堂内办理。而且要喊"条子"（哥老会法规），例如，若有人要进堂接见时，先喊"条子"说"牵梁稳住马匹鞍，不知大哥到此间，十里长亭少接见，愚弟素手来问安"。若要执法办案时则喊："江湖贵重本无价，不论生死守王法，晁盖曾把李逵打，正直武松不卖法。"用"山堂"代替国家行政，用"条子"代替法制，有人不会念，上堂前还得教背，落后愚昧，出了不少笑话。他们多不识字，缺乏新思想，不知道资产阶级共和为何物，结果闹得地方秩序混乱，人民无所依从。不久刘刚才带民军来雒南，帮助地方设立临时"三政"，即军事、民政、司法，管理全县行政事务，纠正了以会党代替行政的错误做法，地方秩序恢复正常。

山阳县：当商州光复后，山阳哥老会立即响应，于10月29日，组织哥老会成员和群众，攻占了县城，局势一直不稳。不久，民军刘刚才部罗俊山带队伍来山阳，地方秩序才得以恢复正常。[①]

龙驹寨（丹凤县）：由于地处水旱码头，财政收入较好，特设直隶州州同衙门。时当地哥老会首领姚彦正，是个龙头大爷，其会众甚多。11月3日，他接到西安和商州光复的消息后，率领哥弟和群众，以身缠白布为号，打着"秦陇复汉军"旗帜，开进城内（当时有石头城墙）。城内没有驻兵，所以没有费一刀一枪就光复了。占领城池，群众不知道发生了什么事，人心惶惶，姚彦正和其哥弟束手无策，不知下步该干何事。于是又把旧州同夏耕雨拉出来继任，哥老会进城后驻"平浪宫"（花庙），设堂招徒，州同夏耕雨和一些绅商人士为了安全，也纷纷"入谱"（加入哥老会）。城内秩序混乱异常，不久民军王松亭带马队百余人来县驻扎，地方始定。

商南县：商州、龙驹寨光复后，消息传到商南，商南的富水关当时驻有清军一哨30多人，几乎都是哥老会成员，他们立即由其首领孟太红率领，开赴县城。知县刘庚年闻讯，派巡防队前去镇压，不料派去的巡防兵也多是哥老会成员，正好双方联合，加上群众，共计四五百人，于11月5日占领了县

---

① 《山阳县志》，兵志，第87页。

城，宣布光复，刘庚年逃避山乡，孟太红自己当了知县，由于不识字，无法工作，立即派人到处搜寻刘庚年，最后从山沟里找到，请回县署，改旗换号，继任知县。不久，民军刘刚才部来县，正式给刘庚年发了中华民国的委任状，继续主持县政。①

镇安县：当西安、商州光复后，本县哥老会首领朱义炳、乐进会等，召集"哥弟"，光复了县城。②

二、邠州光复：邠州地处陕西西部，清雍正三年（1725），升为直隶州。州治邠县（彬县）。辖：三水（旬邑）、淳化、长武3县。

邠县：11月2日晚，当地哥老会首领赵得禄，组织哥老会成员和群众300余人，称"秦陇复汉军"，光复了县城。复汉军不久为西征民军所收编。

三水县：11月2日，当地哥老会首领张洪镇，率领哥弟和群众200余人，光复了县城，张洪镇主持县政后，设立"码头"开堂招徒。称"洪汉军"，一时地方混乱。不久西征民军来县，收编了洪汉军，地方始定。

彬州所辖的长武县是民军石德胜进驻后光复，后为甘肃清军所占据。淳化县系1912年春，民军陈殿卿、胡景翼率部阻击甘肃清军过程中光复的。

三、鄜（富）州光复：清雍正三年（1725）升直隶州，隶陕西西乾鄜道。州治鄜县（富县）。辖：洛川、中部（黄陵）、宜君等4县。

中部县：这个县是革命党人秘密活动据点之一，革命思想早有传播。当西安起义后，当地同盟会员罗成仁、彭天寿、王仲山等立即响应，于10月27日组织了一支160多人的民团，开赴县城。城内驻防清军巡防兵一哨，由于早受革命思想影响，未做抵抗，开城相迎，县城顺利光复。③

洛川县：当宜川县光复后，被关在宜川的哥老会头目胡南庭出狱，即返回洛川组织哥弟于11月29日，率众光复了县城。后被省城派来的民军收编，开赴榆林，至延安为反动民团所阻，即返回。时新任知县李开瑞主持县政，组织民团，全歼胡南庭部。地方秩序始定。洛川光复后，鄜州所属宜君即光复。④

---

① 《商南县志》，1919年修，卷十，兵事，第12页。
② 《重修镇安县县志》，1926年修，卷十，第5页。
③ 《中部县志》，1944年修，军警志，第1页。
④ 《洛川县志》，1943年修，卷十五，第6页。

其他还有乾州和绥德州。乾州所属乾县、武功、永寿等县都是在西路战役中，由民军光复的。绥德州所属绥德、米脂、清涧、吴堡等县，多系北路民军光复的。

第八节 汉中府的情形

清末汉中府辖 8 县 1 散州 3 散厅：南郑、城固、洋县、西乡、沔县（勉县）、略阳、凤县、褒城（今属勉县）、宁羌州（宁强）、留坝厅、佛坪厅、定远（镇巴）厅。

汉中府所属各县，在清汉中镇台江朝宗和陕南兵备道黄浩的顽抗下，效忠清廷，对抗革命，残酷镇压所属各县革命起义，直到南北议和，清帝退位，才狼狈逃走，地方使得光复。

西安光复后由于紧接着就是殊死拼杀的东、西两路战役，军政府无暇南顾，曾令已得到宽大处理的前陕西巡警道张藻，致书汉中黄浩和知府吴廷锡，劝其反正。但他们不听规劝，一方面继续扩大反动武装，以"保境安民"为幌子，欺骗群众，残酷镇压所属各县起义；另一方面，暗中向清廷报"功"求援，清政府"努力保全汉属，毋少松懈"[1]。江朝宗为了扩大其反动武装，除加强巡防队并将其扩编为标外，又将新军李光辉一营扩编为一标，将洋县反动民团团总李岱岳提升为汉中府民团团总，人数扩至数千人。他们利用这些反动武装，控制了汉中地区，使革命党人难以发动起义，即是一些起义的地方如西乡、南郑、略阳等县，由于革命党人和哥老会本身的软弱性，缺乏高度的革命警惕性，缺乏对掌握政权必要性的认识，所以被狡诈的敌人残酷地镇压了。

西乡县：当西安起义的消息传到西乡时，同盟会会员王举之，当时在县高等小学堂教书，为人正派，在群众中有一定威信。他积极联络当地哥老会头目黄九常等，共谋起义。他们很快组织了"保民团"，众推两河口防营哨官熊遇春、五里坝县丞潘昭曙为正、副团长，王举之、周雅言为参谋。下设三个分队，每队千余人，分别由聂镇江、吴朝奎、黄九常任分队长。他们誓师

---

① 《辛亥革命》资料丛刊（六），第 119、121 页。

动员，决心光复西乡，11月22日，浩浩荡荡开进西乡县城。占领县城后，王举之和哥老会商议，叫西乡县绅士黄朝镛暂时执行知县职务，自己放弃了领导权。黄朝镛是一个及其阴险反动的家伙，是清朝封建统治者的忠实臣民，他一面对保民团筹办粮钱，伪装殷勤；而另一方面却暗派密探，监视保民团的活动，同时密请汉中府江朝宗派兵来镇压。江立即命令洋县反动民团头子李岱岳，带民团几千人秘密开来西乡，与黄朝镛里应外合，乘保民团无防，突然进行围剿，保民团毫无准备，仓促应战，很快溃散。被杀害者千余人，王举之被捕后，被用肉钩钩在脊椎骨上，吊起来杀死，周雅言被乱刀剁死，其状甚惨。①

南郑县：西安起义后汉中镇台江朝宗，怕南郑爆发革命，控制甚严，下令城关十三坊和商会举办团练，组织反动民团，推苟炳南为十三坊团总，而江朝宗万没想到苟就是这一带哥老会首领。在这种情况下，高等小学堂教员吴作霖，曾加入过兴中会，富于革命热情，主动和苟炳南联络，密谋起义，响应省城。苟当时家住城内比较僻静的地方，加之他是团总，没人注意，大家决定以他家为联络地点。1912年1月下旬的一个晚上，大家就在苟家秘密开会商议起事，到会有吴作霖、哥老会头目王玉林、王子鉴等多人，他们分析了形势，认为巡防兵纪律松弛，战斗力很差；李光辉的新军有一定战斗力，但其中哥老会成员居多，与其联络即可响应；且城内"哥弟"们已早有准备，所以，可以立即发动起义。过了两天，苟炳南再次召集哥老会头目在他家开会，决定起义日期。这次到会人较多，新军、巡防队中哥老会头目都来参加，当时决定元月22日晚三更举义，具体部署是由新军中的哥弟先捕捉标统李光辉，其他人做好准备，听到新军枪响，立即围攻江朝宗的镇台衙门。不幸事泄失败，第二天，江朝宗、李光辉到处搜捕，结果10余人被杀害。这是继西乡革命起义被镇压之后，又一次反革命的屠杀事件。②

略阳县：西安起义后，由省城派的返乡学生康炳熙、张谔（士如）等与本县同盟会员张俊彦、刘筱枫等联络，分别发动群众，组织民团。1912年2月9日（正月初二），刘筱枫和刘利川所率民团，首先进驻县城附近近的横现河、

---

① 《陕西文史资料选集》，第一辑，第131页。西乡被反动统治重新复辟，后来直到清帝退位，南北议和，才二次光复。

② 《续修南郑县志》，1921年修，卷六，事略，第39—40页。

南坝一带，接着其他各路民团亦陆续赶到，人数达三千以上。他们兵临城下，却不攻城，而派代表康炳熙、张谔去和知县桂超进行谈判。桂超看到民团人数众多，不敢公开对抗。双方经过几次周旋，桂超才假意交出县印，并约定25日插白旗开城迎降。24日，桂超以民团第二日进城方便为辞，请民团进驻县城东关嘉陵书院，而却在背地里收拢反动武装。第二天拂晓，民团还未起床，就遭突袭，仓促应战，很快溃散。阵亡者有康炳熙和团丁30余人，张俊彦、刘筱枫、张谔被俘。桂超用最残酷的刑具之一站笼，把张俊彦活活站死。张在临死前，还大声说："我今日之事是为了百姓，不是为了我自己。"①表现出毫不畏惧的战斗精神。两天后，四川援陕民军赶到，桂超等反动官绅，在义军压境的形势下，才主动交印投降，并释放了刘筱枫、张谔等。3月1日，略阳正式宣告光复。

清政府编练的新军

这时全国和陕西革命形势的变化，南北议和，陕西东、西两路战役结束，大势所趋，无法抗拒。江朝宗、黄浩才乘黑夜逃匿城固天主教堂，在教堂的庇护下又逃窜北京。江、黄走后，四川民军刘荫西来汉中，消灭了李光辉的新军。刘荫西占领汉中后，联合地方绅士与汉中原清知府吴廷锡商议，于4

① 《陕西文史资料选集》第一辑，第135页。

月成立了"临时汉中自治公所",宣告独立,并通知所属各州、厅、县。接着,汉中府所属宁羌州、佛坪、定远(镇巴)、留坝等厅,南郑、褒城(勉县)、城固、洋县、西乡等县,亦挂起了民国大旗。

至此,陕西七府、五州共属91个州、厅、县全部光复。从省城西安以及县的迅速光复过程中,可以清楚地看到,有些州县是由同盟会革命党人领导光复的,有的州县是由哥老会起义光复的,也有的州县是由同盟会和哥老会联合光复的。而新军和哥老会是光复陕西的重要力量,特别是哥老会的活动十分活跃。同盟会是辛亥革命的组织者和领导者,对联络、发动陕西新军和哥老会起义,起着决定性的作用。但是,陕西同盟会革命党人对把革命政权掌握在自己手中认识是不够的,对于封建势力的斗争也是极不彻底的。如有在起义后,把政权交给封建的旧官僚或绅士,这些人满脑子封建礼教,有的效忠清廷,对革命进行反扑;有的把旧知县拉出来主持新政,如商南、雒南一些县,这些人摇身一变成了新知县,只是把龙旗换成了青天白日旗,根本不知道"共和"是何物;有的地方如汉中府各县,最后是由革命派与反革命派妥协,联合宣布独立的,换旗改印,实质未变。这样一来,许多封建的旧官僚、绅士和投机分子混进革命队伍,造成革命队伍内部鱼龙混杂,成分复杂,矛盾重重。这些潜在的矛盾,给陕西辛亥革命的发展,带来严重的损害。

第十四章　辛亥战事之东路战役

陕西辛亥革命的爆发，犹如从肋下捅了清王朝一刀，清廷清楚地看到，"陕西为西北门户，兴汉与蜀地毗连，商洛与鄂境接壤，潼关一隅，近连晋豫，稍有不慎，则串合纠结不可收拾。"①清政府为了进行垂死挣扎，采取了"先靖西路之乱，以固根本"②，然后再图东南的对策。于是，迅速调集大军，由豫、甘分东、西两路向陕西发动猛烈进攻。面对强敌，陕西民军与其开展了血战，保卫了新生的革命政权，同时有力地支持了湖北、湖南、山西、甘肃(宁夏)、河南等省人民的反清革命斗争，在辛亥革命史上写下了可歌可泣光辉篇章。

第一节　钱鼎出师未捷身先死

陕西起义后，清朝政府即下令直隶提督姜桂题速派"得力将领"迅速率部开赴河南，对陕西民军"认真防堵迎剿，毋稍延误"。③陕西军政府刚成立的几天内，事务繁杂，职位之争都搞得大统领张凤翙等人焦头烂额，疲于应付，因而对东西两路如何布置，防范清军的反击，并未予以足够的重视。副大统领钱鼎根据当时的国内形势认为清军很可能由河南向陕西进攻，而潼关系陕西的东门户，若不重兵据守，清军将会长驱直入，"此大可虑也"④。于是他主动请缨带兵东征，张凤翙准其所请，并把复汉军第一标所辖 3 个营拨归指挥，定于 10 月 29 日(九月初七)下午出发。本来一标所辖的军队多系钱鼎旧

---

① 《辛亥革命》资料丛刊(六)，第 104 页。
② 《宣统政纪》，辛亥，卷六十三，第 3 页。
③ 同上，卷六十四，第 50 页。
④ 《辛亥革命》资料丛刊(六)，第 102 页。

部，关系平时也处的比较好，由钱鼎率领东征是合适的。但是，这时有些人却"以功成而傲，掠财而富，十之八九，皆不听调遣"[①]。标统刘刚才一心想回自己家乡商州去开辟局面，称据一方。所以，借故推诿，请钱鼎带他不好指挥的一、二营先东开，自己则佯称带第三营由秦岭一带取南路东进，到潼关会齐。实际上，一、二营亦不听调遣，迟迟不随钱鼎东开。钱鼎在无奈之下，只好托郭希仁、朱新宇赶印空白肩章 1500 个，打算东行沿途招兵。到了约定出发之日，一、二营张建有、李长胜部都未按时东开，钱鼎心急如火，遂带陆军中学堂的学生及护兵共二三十人，弹药辎重 5 车，按时先行，30 日到达临潼县，受到曹印侯接待。驻临潼后，一方面等待后面军队，一方面先派陆军中学堂学生张世瑗等数人，至渭南打探消息。渭南当时还未光复，知县杨调元听到省城起义的消息后，令本县武进士韩映坤赶办团练，企图抗拒革命。韩又收揽渭北"刀客"严纪鹏，驻守县城。当张世瑗等到渭南时，杨调元迎张进城，假装同情革命，拥护军政府，并愿拿出地丁银 9000 两，支援军需，当即就拿出 3000 两。张世瑗等上当受骗，信以为真，即速带银返回临潼，报告钱鼎渭南愿意归顺，请速前往，面对杨的阴谋竟毫无察觉。

11 月 1 日早晨，后续部队并未赶到。钱鼎遂带原先的人马东行，下午到达渭南，韩映坤、严纪鹏等假装恭顺，亲自迎接，知县杨调元热情接待把县署整理得干干净净，让钱鼎及所带学生兵居住。年轻的革命者，对敌人假降的阴谋并未识破，确信而无疑，好像到了自己家里一样，泰然安居，毫无警戒。第二天，韩映坤和严纪鹏冲入县署，向钱部突然袭击。钱鼎等遂进行英勇顽强的抵抗，终因寡不敌众，大部分学生相继战死。张世瑗竟被破腹挖心，钱鼎越墙逃出，但因筋疲力尽，扑地不起，被敌追至用乱刀砍死，辎重、弹药和银两全部被劫。数十名学生惨遭杀害，仅有钱鼎族弟钱国宝等少数人幸存逃回西安。

噩耗传到西安，义愤之声遍及全城。当晚军政府即开紧急会议，大家对此残暴行为，无不愤怒。遂派军政部副部长张钫为东路征讨都督，率部东征。张钫吸取钱鼎失败的教训，首先力争三标标统郭锦镛与自己同行。因为郭锦镛与张钫均系河南人，有同乡之谊，平时关系较好，便于配合。郭的部下兵

---

① 《近代史资料》，1983 年第一期，第 63 页。

士有不少人又是新军时张钫的老部下。再加上郭又是哥老会首领，对东征军中的哥老会成员便于指挥。于是，军政府根据张钫请求，又任命郭锦镛为东路征讨副都督，与张共同指挥东征军。东征军出发前即发布军律五条：（一）未经官长许可，不准随意离队；（二）不准擅入民宅，亦不准擅用民物；（三）驻扎地点，须听官长指挥，不准自寻住处，扰害百姓；（四）任侦察者，须力尽其责，不准借端偷闲，贻误全军；（五）遇敌来袭时，须沉着听从长官指挥，不可惊慌失措，扰乱众心，与敌接近时须派前卫队、侧队掩护。^①　就在军政府紧张地再组东征军的时候，潼关却发生了当地起义军与清军的血战。原来西安起义的消息传到潼关后，人心浮动，清朝潼关道瑞清和潼关协台桂和，恐惧革命，向豫、晋清军求援，准备顽抗。由于太原新军起义，晋军中途折回，惟河南清军单独西进。11 月 1 日，驻潼关巡防营胡明贵举义，光复了潼关，不料第二天，河南清军赶到，进攻潼关，而省城东征军尚未到达，胡明贵率众英勇迎击，终因孤军无援，敌我力量相差悬殊，胡明贵壮烈牺牲，潼关失守。清军占领潼关后，"皂白不分，杀掠抢劫，无所不至"，使"全城为之一空"。^②所抢财物，骡马外运，拍卖者亦不计其数。遭劫受辱的妇女达数百人之多，有的竟被清军"日夜轮奸"，"惨不忍闻"。清军所到之处，鸡犬不宁，人心恐惧。

第二节　张钫临危受命

11 月 4 日，张钫率步兵两营，炮兵一队（连），离省城东开^③。5 日，军至临潼，刀客严纪鹏来投，亲自要求惩处。张钫鉴于当地革命形势的需要，又看到严有所觉悟，确已认罪，除严加申戒外，准其所请，将严部编为民军第八标，令速召集其众，随张钫东征，立功赎罪。随后在临潼与郭锦镛率领的三标及一标二营李长胜部汇合，顿时，声势大振。6 日，兵至渭南，将谋杀钱鼎的韩映坤等罪犯，逮捕枪毙，又收编地方团练千余人。同时探得潼关清

---

① 《河南文史资料选辑》，第一辑，第 48 页。
② 《民立报》，1911 年 12 月 5 日。
③ 关于张钫东开所带军队，说法不一，有说两标。此处取张钫《辛亥西安举义东征日记》所载。

军布防情况，立即筹谋作战计划，并发布《招降豫军书》，以瓦解敌军。9日进驻华阴，立即在全店一带布防。同时设递马哨于沿途各州县，以联通与省城的军事信息。派骑兵数十名赴大荔光复了同州，并设兵站于此地，招兵筹饷，再沿渭河水路运往前线，以保证军粮和枪械弹药的供应。接着，东征军下令，准备向潼关清军发起进攻。清军原在潼关驻兵八营，在民军东进时，又从开封调来新军一个混成协（旅），以急行军速度，6日到达潼关。

　　11月10日，陕西民军分三路向潼关之敌发起进攻。一路由华阴山根前进，经金盆进攻潼关，为南路；一路由大路先取吊桥，然后再攻潼关，为中路；又调沿河商民各家的船齐集三河口待命，作为北路；其余炮队、机关炮队，分给南、中路各半；马队专门负责侦察敌情。[①] 各路民军按计划奋勇前进，10日占领西塬，居高临下，炮火俯射潼关城内，清军伤亡惨重。11日严纪鹏带刀客1500余人陆续开到，又有民人杨彦彪带民兵600人来援助，民军闻知援兵已到，精神百倍，立即发起总攻。民军三面围攻，斗志昂扬，漫山遍野，冒死冲杀。加上民军管带李长胜不幸阵亡，"士兵愈愤，纷纷持白刃奋勇先登，先后登城三千余人。"[②] 清军见陕西民军来势凶猛，惊慌失措，很快溃不成军，12点钟开始溃退，丢弃弹药辎重，向东逃跑。民军追至十里铺返回，进占县城，潼关第一次收复。按当时双方力量对比，敌军虽然败退，但其实力几乎几倍于民军，且武器精良，供给充足。陕西民军本应固守潼关拒敌，防敌深入陕境危及省城西安。但是，当时考虑河南还未光复，革命党人正酝酿起义，清军又与武汉民军激战，若陕西民军能乘胜东进，进军河南，既可以助豫起义，又声援鄂军。遂在民军收复潼关后，立即出榜安民，帮助群众查找失散亲属子女与财物，与清军所作所为对比之下，"潼关人民无不感颂"[③]。同时，休整军队，积极筹备东征。当时陕西民军精选一标一营、二标二营、亲兵马队一营、炮队一营，火速东进，25日到达河南阌乡。27日直逼灵宝。灵宝原驻清军巡防队十营据守，与败退清军合股，使灵宝守军力量大增，接着增援毅军又到。在强敌面前，民军英勇作战，奋力进攻，双方激战数日，不分胜负，相持于灵宝。时有河南革命党人杨勉斋、刘镇华等从南山

① 《河南文史资料选辑》，第六辑，第50页。
② 《民立报》1912年1月1日。
③ 《民立报》1912年1月1日。

转道来至陕军中，密报清政府从北京调派毅军计马步炮兵共 18 个营，由赵倜率领来援，已进驻陕县。张钫得此情报，遂决定在大敌当前，众寡不敌的情况下，暂避其锋，诱敌深入，分段歼灭。

11 月 30 日晚，民军即主动移营西退，坚守潼关。清军探知民军西退，跟踪追来，但节节受到民军的英勇阻击，不敢贸然行动，只得搜索前进，经过数天战斗才逼近潼关。12 月 6 日，民军重整旗鼓，决定给来追之敌以迎头痛击。此时豫西的地方起义武装丁同声、王天纵等部相继前来，支援陕西民军。张钫为了更好地与这些军队合作，共同对敌，将陕西东路民军改名为"秦陇豫复汉军"①。进攻时，令九标一营及侦察队为前卫，以丁同声为前卫队长，向阌乡进发；二标二营曾绍魁及七标合作向盘豆镇进发；屈金马队沿南山根前进；炮队随二标前进。12 月 9 日，民军与清军大战于盘豆镇，民军失利，退至阌底镇，乘夜又退回潼关。清军乘胜追至，并用山炮数十门，向潼关城内连发不停，民军由于多系新招群众，缺乏严格的军事训练和作战经验，一时慌乱。有些士兵认为"既得潼关即可高枕无忧"，缺乏应有的警惕。再加上张钫在处理与清军谈判及给民军赏金等事宜上，考虑不周，造成一些误会。致使一些官兵"半狐疑，半怨望"，影响了民军的内部团结。② 鉴于上述原因，在清军猛攻潼关时，城外城内民军，行动不统一，一时乱阵，纷纷后退。12 月 10 日，民军退至华阴、华州一带，潼关二次失守。

第三节　东路战事胶着

潼关失守后，战报传到省城，军政府万分着急。大都督张凤翙急忙率队东援，到前线后，立即召集军事会议，解决民军中的矛盾。张钫承担了"调度无方的责任"，亦批评了部下"不服调遣"的错误，并当场表示，只要大家齐心协力，"以我现有之众，挡毅军现有之兵，可决必胜。"数日后，民军王荣镇、陈殿卿、刘俊生、陈树藩等相继开来前线。临潼曹印侯，不仅筹军粮三千石支援东路民军，而且亲自招募渭北一带刀客游侠数千人，编成"敢死军"，参加东路战役。12 月 18 日，张凤翙召集各路兵马于华阴县东城门外，

① 《河南文史资料选辑》，第六辑，第48页。
② 《近代史资料》，1983年第一期，第74页。

并与张钫等一起检阅部队，演讲誓师，"言吾省存亡，在此一举，当同心勠力，以摧强敌"。①演说慷慨激昂，语甚悲壮，将士听了大受感动，军威为之大振。誓师后，便分兵五路向敌进攻。一路由张凤翙亲自督师，由大道正面进攻；一路由张钫督师，带队绕道东南塬包抄敌后路；一队由王荣镇带队，绕道南塬从十二连城进攻；一路由陈树藩率队，由东南塬向敌直接进攻，插入敌阵；一路由宋兴汉带队，防守渭河岸。②

在此期间，袁世凯与武昌革命军曾达成停战15天（12月9—24日）的协议，因陕电报不通，停战令由清方转达，但清军在未占据潼关之前，却压而不转，待其占领潼关后才于16日来约停战。这时民军因潼关失守处于不利地位，随时都有被清军进犯之危机；同时民军为了挽救被动局面，正好已经誓师东进，布置既定，已开始行动。加上从前张钫与清军议和，屡受其诈，第一次张钫阵前与清军代表谈话，清军竟向民军突然袭击，击死民军多人，以致将士怀疑张与豫军暗通，不服调遣。若此时再与清军谈判讲和，必然瓦解军心。因此决定处死清军来使，决心东讨清军，以定军心。第一次议和未成。

19日，民军开始进攻，虽然中路军受挫折，退回华阴一带，但东南塬各路民军，已分别到达预定地点，并开始向清军围攻。陈树藩部已插入敌阵，在各路民军猛攻之下，迫使清军开始向潼关城内紧缩。20日（十一月初一），适逢大雪，雪深达二三尺，民军不怕严寒，冒雪发起全面总攻，士兵们猛扑猛攻，迅速冲入敌阵，这时清军大炮失去威力，短兵相接，民军个个奋杀，勇气倍增，清军伤亡甚大，很快溃不成军，遂抛弃尸体和辎重，乘雪夜撤出潼关，向东退逃。21日，民军占领潼关城，潼关第二次收复。

这时，山西民军自娘子关失利后，副都督温寿泉率领所部退至蒲州，来潼关商谈收复晋南事，加之河南王天纵率部开来潼关，三家汇合，军力增强，经过研究，议定分三路东进，追击逃敌。一路为左翼，以山西民军和陕西陈树藩部约五千人，由井勿幕率领，从大庆关过黄河，协助晋军收复晋南各县。一路为右翼，以民间武装为主，编成游击队，向豫西嵩县、永宁（今洛宁县）一带进攻。中路由张钫亲自指挥，由步兵十个标、骑兵一个标、炮兵一个营为这次东征主力，主要从正面跟踪追击东逃清军。另外，由刘粹轩、刘镇华

---

① 《辛亥革命》资料丛刊(六)，第80页。
② 邱权证等编：《辛亥革命史料选辑》，下册，第222页。

等五十余人担任政治宣传工作，并组成政治工作队，下带学生队五队，每队百余人随中路军前行。12月29日，各路民军陆续出发，向河南、山西挺进。张钫所率主力追逃敌，进展顺利，1912年1月1日追至灵宝，与清军展开了激烈的交锋战，连战四昼夜，民军获胜。4日，民军占领灵宝，城内绅民，古乐欢迎。第二天民军乘胜东进，英勇追击，一路势如破竹，第三天攻占陕州。清军继续溃退，民军紧跟追击，经张茅、观音堂直追至渑池。时井勿幕率领的左翼已迅速占山西运城，与黄河南岸中路军成掎角之势。而清军来不及食宿，失地四百余里，直逃到洛阳才停下来。一时洛阳告急，中原震动。这时袁世凯立即命令第二镇统制王占元，火速开往陕州接应；又增调毅军10个营，令赵倜为前敌司令，气势汹汹向陕西民军反扑过来。此时清军已近3万人，超过民军数倍。加上民军由于东征顺利，相当的官兵产生了轻敌和麻痹思想，所以在强敌反攻时，双方相遇，未战多久，很快失利。1912年1月10日（十一月十八），民军首先与清军骑兵相遇于渑池，双方交锋激战一天，民军不支，开始后退。接着，双方又激战于英壕、观音堂之间。民军战败退至陕州，兵守峡石、乾壕一带。时雪天冻地，人无热食，马无宿草，人啼呼食宿之声不绝，又无援兵，张钫只好下令撤退至张茅。次晨3时，王天纵部最后撤退，有清军伪装民军带民军臂章，跟随其后，竟被王天纵认为是友军，至天明到张茅，始发现是敌军，遂发生战斗。驻张茅民军由于一夜行军正在休息，忽闻枪声才从梦中惊醒，仓促参战，混战半日，民军死伤八百余人，损失惨重，纷纷败退。下午敌军又追至兴镇，由于严飞龙部英勇截击，清军始停止，民军才脱离追击，稍做休息，继续后撤。各路民军相继从张茅、陕州一带退至函谷关，在此，又与三千骑兵相遇，激战半日。当晚退回潼关。17日，清军追至，同时开始围攻潼关，并利用其炮火优势，集中向城内轰击，民军损失严重，坚守到19日，由于弹药耗尽，始主动撤退出城，潼关第三次失守。

民军撤出潼关后，退守华阴、华州一带。在清军占领潼关前，清军曾数次来函议和，张钫也屡派代表前往，也知清军"执行袁世凯密令，假为议和，暗中集中兵力"[①]。扬言不占领潼关，绝不言和，气焰十分嚣张，随后即猛攻

---

① 《河南文史资料选辑》，第六辑，第66页。

潼关。张钫因守潼关兵力不足，战事危急，曾一再向军政府求援，当时西路战事亦正处于最紧张的时期，省城兵力均赴西路，无兵东援。这时，又接湖北数次来电，言上海议和可成，军政府遂令张钫立即与清军议和停战。张钫在失利的情况下，接到省城议和来函，气愤异常，遂复函军政府，揭露清军多次以"议和"为幌子，欺骗进攻民军。12月11日，在"议和"停战声中，夺取潼关，第三次进攻潼关时，背后又谈"议和"，却突然杀害陕西民军议和代表刘粹轩等人，攻占潼关。盛怒之下，他痛斥张凤翙等人关于议和的信是"持秦桧之议，误我陕民"[①]，并告知军政府自己病重，而潼关又危在旦夕，请省城速派兵援救潼关。省城接信后，大为震惊。又闻张钫已败走南山，陈树藩退驻高陵收集败兵去了，其他各部多退离前线，东路空虚无兵把守，清兵压境，更为惊愕。

在此情况下，省城西安陷入混乱状态，军政府内部意见纷纭。当时竟有人主张放弃西安，迁退南山商州龙驹寨一带，然后联合湖北民军再图恢复。军政府立即召开紧急会议磋商，张凤翙、郭希仁等人，对守西安信心不足，认为东路无兵把守，西路清军已临咸阳，西安朝夕难保。王锡侯、高幼尼、彭仲翔等人则坚决主张坚守西安，认为舍弃西安，无异于"自取灭亡"。[②] 高幼尼认为，如军政府离开西安，流亡南山，清军将会赶到南山消灭民军，如果省城丢失，则革命军"大势去矣"。他分析了当前形势，认为民军士气比敌军强盛，只是后方财政太困难。他认为只要"充实银行，通货币"，借典当的金银以充军饷急用，暂可解决。他满怀信心地说："如此而忧守之不顾，吾弗信也。"[③]经过商讨，张凤翙为首的军政府一班人亦坚定了固守西安的决心。会后，张凤翙一方面急电南京临时政府，言"清军万分凶悍"，陕军"遵约停战"，敌军背约进犯，现"潼关失守，残兵退散，升贼西方之兵，正在猖獗。东西交困，奔命不暇。陕西危亡，近在目前。望速筹大计，合力破贼，万勿漠视"。[④] 另一方面，张凤翙急令西安留守的人马五百余人，由兵马副都督吴世昌率领，星夜赶赴东路救援督战，防敌乘虚西犯。又命令东路各县民团，

---

① 《河南文史资料选辑》，第三辑，第68页。
② 《鄠县志》卷五，第24页。
③ 《革命人物志》，第四集，第119页。
④ 《陕西辛亥革命资料》，1961年第1号(总25号)，第80页。

积极参加作战，并且要多设旗鼓以为疑兵，使敌不敢轻易冒进。命令陈树藩迅速整顿军队，火速开回东路前线。接着西路援军也回省增援，24日出发东进，26日到达华州。各路民军，根据命令，先后进驻华州、华阴一带，并挖长沟数条，已备防守。张钫自华州败退南山后，在洛南、商州招募新兵数千人，这时也迅速开回二华前线。一时民军云集，很快兵力达到万人以上，军力大增。郭希仁又用行军关防"严催各州县接济粮饷，十余日而得五六万金"，① 解决了军饷急需。从而士气大振，民心得以安定。此后，民军坚守二华一带，加强防卫，进行整训，待机反攻，力图收复潼关。清军见民军增强了兵力，且防备森严，也不敢贸然进犯。

这时南北议和谈判正在进行，在谈判中，袁世凯在陕东、西路战役中，玩弄了种种花招。在停战期间，清军根据他的命令，由河南多次向陕西发动猛烈进攻，企图扑灭陕西革命。却又贼喊捉贼地函电南方议和代表，反污陕西民军"屡于停战期内，违约"进攻清军，并以此为据，"不认西军（指陕西民军——引者）为民军"。② 清军第三次占领潼关后，袁世凯下令停止西进，采取了和占领汉口时一样的手段，迫使清廷与南方革命政府都按自己的要求行事。对于袁氏的险恶用心，孙中山明确表示："虽有此议，我们绝不承认，宁可和议决裂，不能不承认山（山西）、陕（陕西）的革命同志。"③ 有些革命党人对袁世凯也进行了抨击和揭露，如于右任明确指出"袁世凯居心险诈"，这些伎俩不过是其"妄冀破坏民国"；同时指出，陕军殊死拼杀，已到了"兵弹械绌，饷复不继"的地步，若陕西丢失，大河流域将为满清所有，南军北上必难着手。因此，他期望南京政府"从速派兵，会师河洛，直捣幽燕"，"万勿中奸人诡计，致大局破坏，不可收拾"。④

第四节 南方请援

陕西民军第二次收复潼关后，乘胜追击，毅军落荒而逃。袁世凯调第二

---

① 《辛亥革命》资料丛刊（六），第93页。

② 《民立报》，1912年1月21日。

③ 全国政协：《辛亥革命回忆录》，第五辑，第152页。

④ 《民立报》，1912年1月19日。

镇统治王占元，前来支援，向潼关反扑，清军总数已近3万人。双方交战，陕军兵败，1月19日潼关第三次失守。因无援兵可派，西路战役更是难解难分，省城西安陷入混乱状态，军政府内部意见纷纭。这期间军政府先后派出多路人马赴南京、湖北、四川请援。

陕西军政府派同盟会员尚镇圭，"只身逾秦岭，行冰雪中，七日出陕，至武昌。"亲自向副总统黎元洪报告陕西战况，筹划制敌之策。[①] 当时，由于南方临时政府政治上的软弱，加之兵力匮乏，武昌一带尚自顾无暇，因而在陕西战事上未能采取得力的措施，终于使袁世凯如愿以偿。

"陕督张凤翙派李桐轩、甘锡泽数起人士，先后到南京请援，旅京同乡开会，上书孙大总统，提请迅电鄂都黎元洪派兵驰援，并公推甘锡泽、王凤文、马彦翀三人为赴鄂请援代表。他们到鄂见黎后，黎允派刘公一军由鄂西驻军中抽调劲旅西进，以由汉江西上，水路不易，着马彦翀由陆路兼程谒刘，相偕援军西上，及偕军行至荆紫关，已系2月中旬，而清室已于2月12日宣布退位，共和告成，陕战亦中止，陕督电报指示援军停进，着速回省。"[②]

在这种局势下，潼关一带的双方军队处于相持状态，未发生大的战斗。2月12日（腊月二十五），南北议和成功，清帝退位。孙中山一再电催袁世凯即速在陕停战撤军，同时电令陕西军政府与袁军接洽和谈。加之山西、四川都已光复，甘肃新军已经起义，河南革命也正在积极进行，大势所趋，人心所向，清军也实难再战。陕西军政府首先派代表彭仲翔"持电与清军接洽"，双方开始在全店谈判。15日达成协议，和谈成功。18日，民军以张钫为代表，北洋军以赵倜、周符麟为代表，双方在潼关会面，并在协议书上签了字。当天清军（亦开始称北洋军）开始撤退，陕西民军陆续进驻潼关。袁世凯给孙中山回电说："现潼关周统领符麟等已与西军接洽，并于2月18日双方将领全体在潼关欢会，连城一家矣。"[③]东路战事从此结束。时西路战事因升允顽固不化，拒绝停战，醴泉失守。东路民军除留太峪军队驻扎潼关外，其余奉命火速西开，增援西路。

① 居正：《第一届国会议员尚镇圭先生传》。
② 《马彦翀先生纪念文集》，丹凤县政协文史资料第十六辑，第210页。
③ 《辛亥革命资料》，1961年，第1号（总25号），第199页。

第十五章 辛亥战事之西路战役

东路战事打得如火如荼，难分难解之时，陕西西路战祸又起。而且其数量、规模不亚于东路。其兵力从甘肃东部的天水、平凉两地分两路进入陕西，大有东进、西突进逼西安之势，妄图扼杀陕西反清革命。

第一节 甘军犯陕

西安起义时，因为反对清廷"预备立宪"主张而被解职的前陕甘总督升允，只身逃往甘肃平凉。他电告陕甘总督长庚，声言"勤王"，表示誓死效命清廷，遂由长庚举荐，令署理陕西巡抚，督办军务，镇压陕西民军起义。升允任职后，日夜兼程，赶赴兰州，与长庚勾结一起，共谋犯陕，企图扑灭陕西革命火焰。升允未到甘肃前，长庚已经知道陕西起义消息，惊慌失措之中，"以甘肃饷械两绌，攻守尚待犹豫"。①而升允到兰州后，大大增加了长庚镇压陕西革命的决心。他们起用停职在籍的回族将领马安良，改任甘肃提法使彭英甲为陕西布政使兼营务处总理。并将甘肃陆军混成协改编为若干营，互不相属，以分散新军力量，对可疑军官，予以清除，企图防止甘肃新军起义。然后，集中兵力东进犯陕，命马安良招募回兵十四个营，加上其他总共集中兵力40余营，气势汹汹地向陕西猛扑过来。由于升允十分顽固反动，一心效忠清廷，所以，西路战争比起东路来说，更为激烈，更为艰苦。

甘肃清军由升允统领，分南、北两路：北路由升允亲自指挥，率领马安良、陆洪涛、马国仁等共二十三个营，由甘肃泾川东进，直扑陕西长武；南路，由陕甘提督张行志指挥，崔正午任副将，由陇南出发，进犯陇州。与此

---

① 《甘肃文史资料选辑》，第十一辑，第56页。

同时，升允又电告袁世凯，表白其"世受国恩，自当督率将士勤王"。袁迅即回电升允，嘉勉其"迫切陈词，足见忠荩"，令其"认真防御，幸勿轻离"。①升允得电，更加气焰嚣张。

1911年11月中旬，升允亲自指挥侵陕西路军，令马国仁为前锋，开始向长武进犯。时陕西军政府已估计到甘肃清军必将来犯，就先命令第五标统邓占云率部去长武一带防守。其所属第一营石得胜部，于11月3日（九月十三）由省城出发，进驻长武布防。但第二营杨树堂部，于7日由省城出发，中途却跑到凤翔、岐山一带去剿匪，未按计划去长武。第三营苟占彪部随统领邓占云援助潼关未归。清军马国仁部于11月21日夜进攻长武。长武驻军仅石得胜一营兵力，石又"因娶妻宴会疏于防范"，②长武被清军突袭占领，石得胜这个新郎不幸被俘遇害。接着，清军继续前进，进攻邠州（彬县），守城巡防队百余人，闻长武失守，未做抵抗即开门迎降，邠州亦被清军不费刀枪顺利占领。

南路，清军由平凉出发，取道陇州，向陕西进犯。军政府在布防西线北路战事时，已经料到清军从长武向陕西进犯的同时，必然要从南路陇州进攻。即决定由副大统领万炳南出守凤翔，又任命赵乃普为凤翔府知府，胡树人为凤翔县知县，并协助万炳南共同抗御来犯之敌。万炳南率民军十余营西开，于1911年11月29日（十月初九）到达凤翔。时凤翔已经光复，万将民团收编为5个民团营，每营200余人，共千余人，分别驻防固关、陇州、千阳一带，修筑工事，积极备战，防敌进犯。

12月17日（十月二十七），甘肃清军南路副将崔正午率其所谓"骁锐军"五个营乘黑夜偷袭甘肃华亭县与陇州交界处的固关，民军无备，突遭偷袭，仓促应战，不利，退守陇州。23日，当晚大雪，民军组织力量，想乘雪夜劫袭敌营，夺回固关。由杨春华率部前往，以当地哥老会杨录做向导，行至平头塬，由于冰天雪地迷失了方向，又与敌军遭遇，双方交战，民军失利。固关不仅未夺回，反被清军追至陇州城下，城内民军准备不及，仓促应战，抵抗不住，陇州被清军占领。崔正午攻占陇州后，未做停留，乘胜东进，又占

---

① 《甘肃文史资料选辑》第十一辑，第206页。
② 全国政协：《辛亥革命回忆录》，第五辑，第88页。

领了千阳县城，前锋到达凤翔以西的柳林镇。与此同时，陕甘提督张行志率所谓"壮凯军"7个营，自灵台南下，经天堂进驻城北水沟太相寺，其前锋已到达北沙凹堡一带。城西的崔正午部和城北的张行志部成掎角之势，两军共约4000余人，包围了凤翔城，城内民军仅2000余人，且武器远不如清军，凤翔危在旦夕。万炳南由于兵力单薄，急向省城求援，军政府令王荣镇、杨汝林、王振海等各率兵一营，迅速增援。又令曹印侯率其敢死军1200余人，星夜赶往凤翔增援。敢死军是同盟会员曹印侯在东路战事危急时组织起了的一支民间武装，其武器奇缺，相当多数的士兵以铡刀为武器，所以也称"铡刀队"。尽管这支武装仓促创建，武器亦不先进，但由于曹印侯治军有方，特别注意以身作则，"自食粗粮，与士兵同甘苦"[①]，因而这支武装斗志十分旺盛，他们常以土枪、刀、矛，冲驰于快枪飞弹之间，无一人畏死怯退，战斗力很强。各路援军陆续到达凤翔，万炳南见民军力量大增，积极整顿，开始组织和部署，决定主动向敌进行反攻，夺回失地，以鼓舞士气。

第二节　张云山出征据守乾州

军政府接到长武、邠州失守的消息后，急令由东路回省城的苟占彪营火速开往邠、长前线堵防，但苟路过乾州时，竟因与地方发生冲突，纵兵抢掠，不仅贻误战机，而且激起民愤。鉴于西路各军难于调遣的情况，张凤翙与众将领商议，请兵马大都督张云山率部西征，张云山慨然应允。11月25日，领参谋邹子良、马开臣等，率卫队200余人和邱彦彪的四标一营由省城出发，亲

张云山

---

① 《辛亥革命在陕西》，陕西党史资料丛书(三)，陕西人民出版社，1987年，第931页。

自西征。行前有富平哥老会首领向紫山率千余人来投，张云山从中挑选 800 余人编为向字营，亦随张云山西征。沿途有耀县哥老会首领张南辉带 300 余人来投，加上高陵哥老会首领王占云的游击队 500 余人，西路征讨军很快扩充到 2000 余人。28 日进驻乾州城，张云山到乾州后，布告安民，整顿城务，对苟营骚扰乾城，军纪涣散极为愤慨，只因清军压境，暂时容忍，仅杀其部下罪大者 8 人，以严军律，安定民心。命令邓占云率杨、苟两营，即速西开，收复邠、长失地，立功赎罪。当时宁夏革命爆发，清军后院起火，升允为了保证后方安全，不得不回去镇压，因此对长武、邠州暂时采取守而不攻策略。12 月 4 日，邓占云以苟营为前锋，攻取邠州，清军企图顽守，在民军猛烈围攻下，伤亡 60 人，遂弃城西逃，邠州收复。民军稍做休整，于 6 日向长武进军，行至距长武城约 20 里的冉店桥，突然遭到清军伏击。这是一条长约 10 里，深约 10 丈的土沟，民军毫无察觉，冷不防受到围攻，仓促应战，激战至深夜，民军大败。时张云山已进驻邠州，闻讯即派向紫山率部增援，协助邓占云残部，向敌军发动进攻，经过两天激战，清军不支，败退长武，民军又夺回亭口、冉店桥两处重镇。这时，在甘肃宁州起义失败的哥老会首领彭泗海率部千余人来投，陕西民军力量又得以增加。冉店桥收复后，向紫山和邓占云两部，因分战利品不均发生争执。向字营要强借邓营枪 200 支，邓不答应，几乎因此动武。虽然经过各方劝解而停止，但邓占云恐怕张云山再次责难，竟不顾大局，违抗军令，私自率部千余人离开邠、长前线，绕道凤翔、宝鸡入汉中。邓部一走，西路民军力量大减，剩下守邠、长民军总共不足 3000 人，而且仅有快枪 700 支，大部分士兵还是以旧式刀、矛为武器。12 月 10 日，潼关二次失守，东路告急，大统领张凤翙亲自率队赶往东路前线督战。省城一时空虚，人心惶惶。张云山见西路夺回冉店桥后，战争尚平定，遂带部分人马星夜赶回省城坐镇，西路战事交邹子良负责指挥。14 日，清军陆洪涛部乘虚向冉店桥和亭口镇民军阵地突然发动进攻，双方激战两日，不分胜负。16 日，清军马安良率部增援陆洪涛，敌军力量大增，且武器精良，双方展开了激烈的肉搏战，虽然民军坚守阵地，作殊死抵抗，但终因军力单薄，武器陈旧，又无援兵，向字营全军覆没。清军获胜，竟把陕西民军的尸骸填入壕沟而过。后来，当地群众称冉店桥为"人垫桥"，足见当时民军损失之惨重。清军乘胜东进，剩余民军，溃不成军，节节退逃，邹子良在邠州截不住。时邠州民军也慌乱一团，邹子良想稳住阵脚，组织抵抗，由于政令不一，各营多不服调遣，所以，毫无办法，敌军又追至，民军即放弃邠州，一直退到永寿。到永寿还未来得及布防，敌军又至，民军不支，继续后退，最后退到乾州才停下来。至19日，邠州、永寿相继失守，民军退到乾州，稍做整饬，设防固守乾州。

向字营覆没和邠州、永寿失守的消息传到省城，无不震惊，军政府令张云山火速返回西路前线防堵。20日，张云山率二标一营，六标一营，草滩屯军一营，邱彦彪的第四标，又带山炮四尊，在咸阳集结后，迅速西开进驻乾州。时升允也率部进驻邠州，所部陆洪涛已进驻永寿。两军一驻乾州，一据邠州、永寿，此时西路北路战事基本上处于相持阶段，展开了较长时间的拉锯战。

29日，张云山命令邱彦彪率领各标营5000余人，由永寿监军镇向北挺近，出击清军，两军相遇于豪店一带，战斗半日，民军不支，撤回监军镇，敌军乘胜追击，民军全线溃败，监军镇很快失守。邱彦彪战败退回乾州，恐怕张云山斥责，遂私自率领残部直逃到省南一带。张云山素来执法甚严，下级军官多怕其威，上次邓占云出走陕南，这次邱彦彪战败又走省南，不能说与此无关。邱部出走，张云山即速收容散兵，关闭州城四门，尽力防守，再无进攻之力。张云山命令城墙上夜间多设灯火，白天多设旗鼓，并不断吹奏军号，以迷惑敌人，使清军不知内情，不敢轻易冒进。但是，毕竟城内兵力不足，饷械不足，敌军兵临城下，乾城危在旦夕。张云山将此情况派人火速报告省城，要求军政府迅速设法增兵运粮，救助乾州。时东路潼关已二次收复，战事稍缓。张凤翙接到西路飞书告急，亲自率领东路回省城各军，由西安出发进驻醴泉（礼泉）。又调粮饷都督马玉贵率部急速西开，北路招讨使井勿幕，闻西路战事紧急，也派胡景翼率兵两营，由泾阳渡河开进，增援乾州。民军调集和部署已定，立即组织反攻。

1911年1月1日（十一月十三日），张凤翙便派人与张云山取得联系，决定将乾、醴民军分三路，约期同时向敌反攻。决定：张云山从乾州出城为西路，马玉贵从醴泉西进为东路，张凤翙率部由醴泉出发督战为中路。2日开始向清军反攻，东路马玉贵仅以数百人深入敌阵，被包围，官兵奋战，杀出重围，退回醴泉。张云山西路军，因未联络好而未出兵。第二天再次会攻，又由于联系不周步调不一，各自为战，很快败退。7 日，突然接到情报，言清军 1000 余人占领了三水（旬邑）县城，并向淳化一带窜扰。张凤翙认为敌人此举系企图插入民军后方进行骚扰，即命令陈殿卿、胡景翼率部 2000 余人，前去阻击，与敌转战于三水、淳化一带。11 日清军败退，逃回甘肃境内，民军收复三水。14 日，陈、胡率部又向张洪镇驻敌发起进攻，激战半日，至下午民军猛冲猛打，敌军不支，纷纷逃退，一直跑回邠州本营。20 日，潼关第三次失守，东路复告急，张凤翙把醴泉防守事务交马玉贵主持，星夜赶回省城。不几天，邱彦彪由省南率部来醴泉，马玉贵又将防务交邱负责，布防就绪，也返回省城。乾州仍在张云山坚守之下，虽然清军屡次围攻，皆被击退，把清军紧紧钳制在乾、醴一带，不敢贸然东犯。

甘军乾州攻城战

2 月 18 日（正月初一），清帝已经退位，南北议和成功，东路潼关议和停战，而西路升允，愚顽不化，明知清帝退位，但不听袁世凯和议之命，还要垂死挣扎，顽抗到底。一方面命令马安良继续围攻乾州，另一方面指示陆洪涛绕道进犯醴泉。守醴泉邱彦彪部，以数千之众，前有乾州张云山，后无后顾之忧，完全可以坚守御敌。但是，令人愤慨的是，前次临阵南逃，违抗军令；这次守醴泉，他又违犯军纪，不积极备战，却以为前有乾州挡敌，竟安然无备。除夕晚上，全体官兵吃酒赌钱，通宵达旦，毫无警惕。正当邱彦彪部除夕狂欢之际，不料清军连夜急行军，迅速包围醴泉县城。拂晓突然偷袭，邱军来不及联合抵抗，慌乱一团，清军迅速攻入城内喊杀之声响满城池，邱部溃不成军，邱彦彪带残部仓皇退逃咸阳，醴泉失守。

西安英华医院内的革命军伤员

此后，清军直逼咸阳，西安告急，民军完全处于防御阶段。特别使乾州处于被敌人四面包围之中，孤立无援，处境更加艰难。但是，张云山力守危城，毫不气馁，他团结部下，互相鼓励；同时严整军纪，不论官长士兵，一律不准进驻民房，不准官兵随意离队，坚守阵地。加上这一年乾州一带粮食丰收，城内粮食比较充足，张云山又比较体恤民情，对城内缺粮食的居民及时解决困难。因此，军民齐心协力，与清军展开斗争。清军曾利用北塬高地，用山炮轰城，致使"北城门月城垛堞，全被开花轰倒，直成缺口，城上不能立人。近城门两面垛堞数十丈，无处无弹痕，其密处几不能辨砖型"[1]，但仍围攻不下。清军又强拉民夫挖掘地道数处，改用坑道攻城，均被截破。清军还准备所谓"敢死队"，几次冲至城下，架起三丈多高云梯数十个，强行登城，皆被民军打倒。攻城未成，反而死伤严重。后来又派一支官兵，跪在城下诈

---

① 《辛亥革命》资料丛刊(六)，第99页。

降，企图骗开城门攻入，也被民军识破，未能得逞。[1]清军马安良部攻不下乾州城，竟穷凶极恶地"每日纵兵在城外杀害群众以泄愤"。当地人民不堪扰害，四处逃亡，城周围竟"数十里望无人烟"。清军的凶残不仅没有动摇守城民军的意志，反而更加坚定了他们死守危城的决心。城内军民十分清楚，城破则只有死路一条，城在则有一线求生的希望。所以无不英勇作战，如在反清军炮击时，民军炮营营长王克明冒着敌军猛烈的炮火，用民军大炮与敌人对射，有一发炮弹射入敌军炮口内爆炸，敌军大惊，王克明被民军誉为"神炮手"[2]。北路民军，在极端艰苦的条件下，坚守乾州，牵制了大量清军，不仅在整个西路战役中起了重要作用，而且"使省城不致动摇"。因此，被称为"秦军西面长城"。

第三节　万炳南凤翔御顽敌

再说西路南线战役，万炳南西征后据守凤翔。1912年1月9日（十一月二十一），万炳南和众将领商议，决定将民军分为西、北、中三路向敌进攻。西路，由王荣镇指挥；北路，由朱汉庭指挥；中路由王振海指挥。三路同时出击，结果西、北两路均或胜利，惟中路民军中途触敌地雷，炸死炸伤多人，一时大乱，纷纷后退，指挥王振海奋力督战，又不幸中弹倒地，被俘遇害，民军遂即撤回凤翔。第二天，民军以主力出西门直攻柳林镇之敌，当民军到达该镇时，正值中午，清军正在各村抢掠，未发现民军踪迹。民军出其不意，以迅雷不及掩耳之势直插敌军营，清军集合不及，仓促应战，顿时大乱，崔正午亲自出马督战，忽中弹倒地，被部下抢走，群敌无首，纷纷溃逃。虽然张行志率队来援，但已天黑，遂退入山中。崔正午受伤后，率部退千阳固守，柳林镇被民军占领。

15日，民军又集中兵力，由凤翔北门出发，向水沟张行志围攻，清军紧闭城门死守，不出城应战。民军集中火力向东城门猛冲猛攻，很快就冲进城内，敌军见城陷，即从西面逃跑，水沟村城即被民军收复。凤翔之围暂时缓解，民军亦得到休整的机会。

---

① 《甘肃文史资料选辑》，第十一辑，第93页。
② 《西北革命史征稿》，中卷，第89—90页。

10 多天后，崔正午由千阳率部分三路来攻凤翔，首先占领了柳林镇，大军直逼凤翔城下。民军曹印侯率敢死队出城迎战，对敌分路截击，战至午后，清军力疲，开始节节撤退，民军稍加追击即退回城。第二天黎明，敌千余人又来偷袭，民军早有防备，敢死队 200 余人，手持铡刀，由城墙突然跳下，冲入敌阵中，挥铡刀乱砍乱杀，清军惊惧，四散逃命。城内民军见敌营大乱，从西门冲出，乘胜追击，清军大乱，死伤百余人，丢弃辎重尸体，慌乱西逃，民军获胜，夺枪百余支。

2 月 14 日，清军二次来围攻凤翔，民军探得信息，即组织铡刀队 500 余人，化妆成敌军隐伏于路边沟道中。清军蜂拥而至，误认为友军，双方相遇时方知中计，民军手持铡刀冲入敌阵，砍杀不停，清军措手不及，慌乱一团，立即溃逃。民军见敌军远逃，也未多追。这次战斗，共杀敌 200 多人，夺获枪支数十支，这一次战斗后，已到阴历年。除夕，万炳南一再告诫官兵，强敌当前，要吸取北路军惨败醴泉的教训，万勿麻痹大意，严禁吃喝赌钱，严防敌人偷袭。到了正月十五日，民军乘敌正欢度元宵节无备之机，当晚向柳林镇驻敌偷袭，清军猝不及防，溃败而逃，民军再次收复了柳林镇。

民军收复柳林镇后，清军寻机报复。接着张行志于 3 月 7 日（正月十八）夜晚，绕过凤翔偷袭岐山县城，清军不走大道，绕小道悄悄向岐山进发，第二天天未明就到达城外。此时城内因知县李谦吉正在举行婚礼，守城官兵吃喜酒狂欢，一夜无人守城查岗，毫无戒备。清军侦悉城内无备，立即开始攻城，用云梯很快登上城墙，居高临下，向城内猛烈轰击。驻城民军 2000 余人，从梦中惊醒，不知发生了什么事，仓皇失措，乱不成军，无力抵抗，很快城东、西门被攻开，清军蜂拥而入，到处是喊杀声，民军纷纷逃匿，死伤过半，全城很快陷落，知县李谦吉做了俘虏，被绑送张行志营杀死，清军占领岐山县城后，大肆抢劫屠杀，群众被枪毙、刀杀、烧死近千人，"大街上尸体堆积，鲜血满地，残酷的景况无法形容"①。岐山失守后，不仅是民军遭受惨重的损失，而且把凤翔城孤立，处境更加困难，整个战役处于被动状况。

省城得到岐山失守的消息后，不得不派兵西援。清军在城内盘踞八天，闻民军援军将至，将岐山城内搜掠一空，弃城西逃。

---

① 《陕西文史资料选辑》，第一辑，第 142 页。

第四节　清军近逼咸阳

在南路民军与清军激战的同时，北路清军向民军发动了更猛烈地进攻。升允因屡攻乾州未能得逞，即令陆洪涛绕道攻占醴泉，接着继续东攻咸阳。升允占领了咸阳以西的大片地方后，出于对清帝退位、南北议和的不满，以百倍的仇恨进行报复，在其占领区，犯下了种种罪行。抓住百姓中的男人，强迫其"空手做前驱，以挡枪弹，呼曰'肉屏'"。抓住妇女，轮奸之后，还将她们"裸体丢诸沟中，视其辗转以博一剧"。一般居民惨遭杀戮者不可胜数。又据《民立报》揭露当时升允军罪行时说："见男则刳肠剖腹，遇女则轮奸、割舌、刖足"[1]。其穷凶极恶，丧心病狂，达到了极点。

咸阳为西安西北门户，若被敌军占领，西安将不堪设想。在这种形势下，军政府一面急电南京临时政府，明确指出："甘军升允野蛮行为，乘南北军接洽之际"，于2月8、12、13、14、15等日，"两路进攻乾、凤城池，幸而我军拼命死守，尚未失陷。升房声称阴历元月（指农历1912年正月）非克乾、凤两城，军官正法，克则重赏。似此强悍野心，无法与之接洽。"[2]同时研究决定，立即进行抵抗，以保卫省城安全。当时具体的军事部署是：派兵马副都督吴世昌主持咸阳军务；派粮饷都督马玉贵把守泾阳渭河渡口，防敌渡河扰害泾阳、三原一带；派驻同州的东路节度使陈树藩，率所部严飞龙星夜赴醴泉一带，由临津渡河，为攻醴泉的主力军，并勿幕部与陈部协助作战；调东路驻华阴的大统领卫队指挥官朱彝铭，迅速率大炮队由新丰过渭河，协助陈树藩部攻取醴泉。正当民军调集之时，清军乘民军集结未定，东路占据了咸阳塬一带高地，咸阳形势十分紧迫。当时城内民军原驻部队2个营，从醴泉败退咸阳的邱彦彪部2个营，新调吴世昌部2个营。2月23日黎明，清军下塬攻城，吴世昌出城迎击，敢死队奋勇异常，手持铡刀冲入敌阵，敌人快枪一时失去威力，双方展开了肉搏战，敌军死伤严重，纷纷逃窜。吴趁机追击，不幸中弹坠马，被救回城，一时民军无首，即速退回城内。是日午夜，又有援兵数营到达，由军令都督刘世杰亲自督战，士气倍增。24日黎明，民军组

---

① 《民立报》，1912年3月25日。
② 《辛亥革命资料》，1961年1号（总25号），第159页。

织力量分北路、东路、西北路，从三方面同时出击，围攻北塬敌营。由于北塬敌人居高临下，易于防守，而民军仰攻困难较大，加之部队多系刚刚调来，互不相属，各自为战，行动涣散，指挥极不统一，又遇天气变化，雨雪降落，道路泥泞，士气因之大受影响。所以，与清军坚持战斗到傍晚，雨愈下愈大，民军纷纷后退。三路总指挥吴善卿高声喊道："兄弟们，不要走，敌人败啦，赶快追击，不要错过机会。"①喊得声嘶力竭，仍制止不住民军后退。吴愤而领自己的部队追击敌人，不料被围，幸有刘世杰马队接应，才突围回城。以后数日，民军又陆续有增援部队来到，升允深恐醴泉被围，遂撤兵据守醴泉。

2月27日，民军从咸阳组织兵力，追击敌人，跟踪进驻双兆、张店一带宿营。同时陈树藩部严飞龙和胡景翼已从临津渡河，进驻醴泉境内。民军立即组织反攻，以陈树藩部为主力，由北向南进攻醴泉，胡景翼担任右翼助攻，马玉贵担任左翼助攻；又派王一山炸弹队和陈树发一营，绕到醴泉西南薛禄镇一带潜伏，乘机扰敌后方。28日进攻，两军相遇，战斗非常激烈，战至午后4时左右，不分胜负，双方各自收兵回营。

3月2日，朱彝铭率领的大炮队，用12门野炮由醴泉城北向城内轰击，炸毁北门和升允行营所在地县署大堂，并与企图包围民军的清军在城外发生战斗。双方激战约两个小时，敌军不支退回城内。此时刀客出身的标统严飞龙，亲眼看到部下连日激战死伤甚重，又闻之升允部下活捉陕西民军后，不是用炸弹绑挂胸前炸死，就是用布缠身后浸油活活烧死，遂决心于当夜攻进醴泉城去活捉升允，为兄弟们报仇。不幸在侦察地形时被城上敌军射中头部身亡。严飞龙是同盟会员李仲三等人联络引导下，接受了同盟会的领导，在陕西辛亥革命中屡建战功，直到气绝前仍一再叮嘱部下："一定要杀进城去"。全军战士为他的牺牲，无不"悲痛失声"。② 进攻醴泉的另一支民军准备潜敌后方，未出发前，侦悉清军粮草和弹药库设在薛禄镇以北刘村南边的高原上，遂计划先偷袭敌军仓库。第二天民军至仓库附近，不幸与敌军搜索队遭遇，立即开始战斗，当民军弹药将用尽时，奋勇冲入敌阵，双方展开白刃战，民军杀死敌骑兵50余人，步兵百余人，而民军仅阵亡20余人。这时民

---

① 《陕西文史资料选辑》，第二辑，第159页。
② 《辛亥革命》资料丛刊(六)，第120页。

军见偷袭敌仓库已不可能，遂坚持战斗到天黑，即撤回兴平县城。此后，双方势均力敌，呈休战状态。

南北议和期间，西路民军，根据全国形势的发展，曾做过种种努力，希望通过谈判，和平解决西路战事。但是，清军统帅升允却非常顽固，他对所部官兵封锁南北和谈消息，同时不断向陕西民军进攻，使西路和议无法进展。张云山曾派行营执行官雷恒焱（昆山）为全权代表，赴醴泉十八里铺，告知升允南北议和，望双方停战罢兵。升允不但不听，反而把雷割耳割鼻挖心，然后弃尸于枯井中，时邱彦彪派曾任过升允戈什（卫士）的民军先锋总队长朱长春（正宜），前往升允处劝其休战和谈，亦被升允绑钉在醴泉东城门示众。其手段之凶残，令人发指。尽管升允千方百计阻挠和破坏与陕西民军的和谈，但和谈大势所趋，升允的负隅顽抗只能引起部下的不满。陕西民军马玉贵与清军马安良同是回族，他劝马安良认清形势，不要再跟升允继续顽抗，北京的回族亦有人来电劝马安良息兵。马安良又得知河南毅军赵倜赴陕助民军，更使他觉得顽抗没有出路。彭英甲混迹官场多年，惯于看风使舵，看到清朝统治已经垮台，袁世凯当国已成定局，也产生了和马安良相同的想法。经与马安良等人会商，遂同意"以陕甘军务处总理及马安良名义，与乾州张云山签订协议，停止战事"①。在双方协商谈判时，马安良力请张云山把升允眷属送还，张云山同意办理。马安良即由乾州退兵。彭英甲亦按照袁世凯电令，通知陆洪涛及进攻陕西的南路张行志部撤兵退回甘肃。

升允看到彭、马不与他商量，已与陕西民军议和成功，不仅昔日自己的狂妄计划已成泡影，还落得众叛亲离，处境孤立，十分狼狈。陕西民军大都督张凤翙，为了给升允下台的机会，于3月7日（正月十九），以陕西军政府名义派牛梦周、张晓山等乡绅名士，前往醴泉与升允直接谈判。升允答复："我念皇上退位，我已无君可事，唯有一死以报圣恩。至于议和的条约已由彭、马二公主持，我不过问。"②3月8日，张云山与彭、马正式签订了停战协定，陕西战事宣告结束。晚于清帝退位24天，晚于东路议和签字10天。随后，马安良首先把驻乾州周围的部队撤到邠、长一带，到了月底全部撤回甘肃。升允于3月10日撤离醴泉，但撤到平凉后，又节外生枝地于3月20日

---

① 《甘肃文史资料选辑》，第十一辑，第141页。
② 《陕西文史资料选辑》，第二辑，第161页。

致电袁世凯，要求"撤去张都督凤翙，以升允为陕西都督，候明白宣布后，升自行辞职，否则宁死不就范。"①又大发牢骚，指责袁世凯"从前饬升允攻凤翙，今又令凤翙攻升允"。还要求袁世凯发现银200万两，以补偿升允及部下"所损失之家资"。这只能是升允垂死前的嗥叫罢了，而袁世凯心中自晓，是根本不会理睬的。

陕西东、西两路的战役结束了，但不能忘记陕西人民在保卫革命成果的拼死搏斗中的巨大贡献和牺牲精神。他们踊跃参军参战，奋勇杀敌；在军政府财政困难的时候，不少人还积极捐款捐物，以解决军需，出现了许多动人的事迹。三原刘子廉之嫂把家中400万两银子"尽出佐军"。戊戌维新运动中极力支持康有为、梁启超变法的宋伯鲁，时任张云山的参谋长，他的妻子连头上戴的首饰都解下来，"以资捐助"。②裁缝刘雨堂，"慨将操业所积银百两，捐交军政府以资捐助"。③最令人感动的是，以"针工度日"的贫苦妇女王氏，亦把自己含辛茹苦积攒的3000文钱，"慨送军府"，她的正义行动，使"受之者为之泪下"。没有广大人民群众的全力支持，就不会有陕西保卫战的胜利。

另外，陕西战事的最后解决，与当时国内的整个历史局势有密切的关系。当时全国是议和告成，清帝退位。升允的倒行逆施，只能猖獗一时，且东路战事已经结束，民军可以集中力量对付升允的西路犯陕清军。加之，省外各界的声援，特别是对西路升允的谴责，都有力地促进了陕西战事的结束。孙中山接到陕西电报后，立即电告袁世凯，明确指出："升允闻清帝退位，仍反对共和，已破醴泉，现攻咸阳，省府危急万分，请电尊处速求援。查升允实为民国共敌。前已承段军允借饷械助战，惟虑不足应急，更求速设法为援"。④云南都督蔡锷发出通电，明确表示，云南已派援蜀的滇军旅长李鸿祥，"率所部起援，期与秦蜀两军联合，早平丑虏。"⑤于右任亦以豫晋秦陇协会负责人的身份致电袁世凯，痛斥升允"涂炭西北人民，扰乱五族之和平"，

① 《甘肃文史资料选辑》第十一辑，第209页。
② 《民立报》，1912年3月17日。
③ 《民国新闻》，1912年1月25日。
④ 《民国汇报》，第545页。
⑤ 《民立报》，1912年3月10日。

要求袁世凯"一、已允接济者，从速运陕。二、恳请再拨机关枪、野炮各数尊，使张督奏破虏之全功。"[1]袁世凯在逼清帝退位，攫取临时大总统的目的均已达到的情况下，也清楚地知道升允"以武力逞能"，对自己政治野心的实现已成为障碍。于是，电令赵倜率毅军5000人及晋军两营入陕助战。这些军队到陕虽未直接与升允开战，在客观上还是起了加速议和的作用。陕西东、西两路战役是正义的战争，是资产阶级民主革命反对腐朽封建专制的斗争，它在全陕人民热情的支援下，又得到了全国人民的声援和支持，终于取得了最后的胜利，使新生的陕西民主政权得以存在和维持。4月3日，军政府在省城西安召开群众大会，表彰那些立功和坚持抗敌的英雄人物。同时追悼在战斗中英勇献身的阵亡烈士，张凤翙还发表了悼念阵亡将士文，隆重庆祝东、西两路战役的胜利结束。

第五节　援晋作战

山西与陕西两省毗邻，自古以来交往颇多。在清末留日学生中，两省学生曾联合豫、陇学生，组成豫陇晋秦四省协会，联络感情，特别是两省的同盟会员，关系更为融洽。在日本山西同盟会员成立同盟会较早，当时陕西还没有成立分会，陕西同盟会员赵世钰就曾参加山西同盟会的活动。1906年秋，陕西同盟分会在东京成立时，开会的地方没有着落，山西同盟会员景梅九更大力相助，和同屋友人一起，把居住的房子"明明社"借给陕西同盟会员召开成立大会。《夏声》杂志创刊时，景梅九还在创

景梅九

刊号上发表了祝贺词，祝词中写道："晋之于秦，唇之于齿，愿赋同仇，长城

---

① 《辛亥革命资料类编》，第71页。

共倚"。① 后来，陕西同盟分会骨干人物井勿幕还接受了景梅九的邀请，亲赴山西考察，准备为以后的反清斗争组织"晋秦联军"。景梅九本人也参加过陕西同盟会员的活动，为陕西革命做了许多有益的工作。

西安起义前，陕西革命党人曾派陈得贵赴山西联络，军政府成立后，又派王一山为联络员，再次赴晋联络，共商反清大计。太原新军起义后，山西军政府也极力想与陕西革命军联系起来，互为后援。于是，刚被山西革命军解救出狱的前省谘议局常驻议员张士秀，于12月上旬与李秀人赴陕联络，到陕西后，即和井勿幕、井岳秀、陈树藩、李仲三、严飞龙等人取得联系，请陕西民军渡过黄河，支援山西。井勿幕、陈树藩认为，一方面秦晋素有唇齿之称，山西革命失败，陕西也难成功，所以不能见危不救。另一方面，西安起义以后，军饷发生很大困难，而山西运城盛产食盐，税收颇多，若攻下这一带，亦可为陕西革命解决一些财政上的缺口，因而决定渡黄河援晋。

就在这个时候，袁世凯派北洋军进攻山西娘子关，致使娘子关失守，山西门户洞开，形势紧张，都督阎锡山逃出太原，留下主张坚守太原的副都督温寿泉督师，后因形势继续恶化，遂退出太原。在洪洞县与陕西军政府派去联络的王一山相遇。同至河津后，于12月下旬召开会议，决定温寿泉和王一山赴西安，与陕西军政府面商借武器事；景梅九赴陕西朝邑与井勿幕等联络，商议出兵援晋事。

陕西民军根据山西革命党人的要求，赠送温寿泉"步枪二百支，子弹五万发"②。同时决定出兵，协助山西民军光复晋南各县。在未渡黄河前，决定赴晋军总司令由井勿幕担任，但陈树藩出于个人野心，不断地搞小动作，争兵争权。加上他毕业于保定军官学校，李仲三等认为井勿幕系文人，对于军事是外行，于是提议由陈树藩担任总司令。井勿幕虽心不赞成，但又不好直言。结果，陈树藩为"过河总司令"③。井勿幕虽然以北路招讨使位居陈树藩之上，但实际军权已由陈所控制，使陈的野心得以实现。总司令职既定，即以严飞龙和陈树发率领的部队为先锋，井勿幕、陈树藩部为中军，李仲三部驻扎黄

---

① 《辛亥革命资料类编》，第71页。
② 《山西文史资料选辑》，第十九辑，第33页。
③ 李仲三：《辛亥革命之简要》，陕西省博物馆存稿。

河岸一带以为后援。严飞龙、陈树发部到山西境内后，与山西民军配合，分兵两路进军，一路由严部绕袭运城侧面，一路由陈部直趋运城。陕西民军以数千兵马围攻运城，而清军驻运城一带的兵力仅一营多，大军已临城下，清军不仅不降，反而分兵两部进行顽抗。一部分企图死守运城，一部分出城与陕西民军作战。12 月 29 日，出城清军与严飞龙部接火，很快被击退，其营长也被击毙。陈树发部攻至城下，"身先士卒，搭云梯爬墙登城而入，盐捕营守城官兵惊慌四散，残杀革命党的清吏监擎府陆叙钊被杀死，河东兵备盐法道余棻潜逃，运城至始光复。"①井勿幕、陈树藩亦随后进入运城，运城光复。遂后民军又先后光复了芮城、永济等晋南一些县城。

井勿幕在运城期间，温寿泉亦由陕西回到晋南，根据南京临时政府的命令，双方协商成立了河东军政分府。山西的革命党人还拟联合豫、陕的革命军，"组织豫晋秦陇联军，以策应两省出境作战"②。但是，由于陕西东、西路战役正在激烈进行，潼关第三次失守后，陕局危急，根据军政府的命令，井勿幕、陈树藩率部归陕。运城交由山西革命党人驻守。山西和陕西革命党人的合作共事，以及陕西民军援晋，无论是对推进山西革命还是对支援陕西东路战役及革命政权的巩固，都起了重要作用。

---

① 全国政协：《辛亥革命回忆录》，第五辑，第 175 页。
② 全国政协：《辛亥革命回忆录》，第五辑，第 175 页。

第十六章　辛亥革命后的摇摆期

　　辛亥革命推翻了两千年的封建统治，建立了资产阶级民主政权。但是，由于资产阶级的软弱性和妥协性，很快又丧失了用鲜血换来的政权，其教训是十分沉痛的。陕西政局的演变过程和全国整个形势的变化，有密切的关系。

　　其软弱性主要有以下三个方面：一是不敢触及列强，只喊推翻封建统治，而没有喊打倒帝国主义。二是对绅商地主阶级较仁慈。三是没放手发动群众，没有壮大人民的力量。其妥协性主要有以下三个方面：一是临时大总统孙中山主动辞去职务，让位于袁世凯。二是南方革命党的军队人数远远超过北洋军队，但是成分复杂各自为政。三是缺乏统筹领导经验。

第一节　陕西军政府向北洋政府妥协

　　辛亥革命前，陕西同盟会革命党人开展革命活动的范围仅仅局限在动员一些上层人士和革命学生，后来才联络新军和哥老会，而中国是个农业国，但恰恰不大注意发动农民，未与高涨的农民运动广泛结合和直接联系。这就不能不使革命运动缺乏更加广泛的群众基础。从区域上看，其活动又主要集中在渭北各县和省城西安。而陕南、陕北受交通、信息等诸多因素影响，革命运动没有形成规模。从组织方面看，作为革命的领导者同盟会来说，内部始终没有形成一个统一的、坚强的领导核心，权力掌握在投降北洋、迎合袁世凯的少数人手里。

　　西安起义爆发时，由于事前革命党人决定首先在渭北发难，井勿幕遂赶赴耀县一带准备。岂知省城情况骤变，驻省城新军中的革命党人当机立断，决定立即发动起义。因时间太紧，在决定起义大计时，井勿幕不可能赶回西安，钱鼎、张钫就自然成了主要负责人。在决定起义总指挥时，多数人认为应举钱鼎担任，无论他在同盟会陕西分会中的地位和革命精神来讲，还是他在哥老会中的威望和影响来看，应该说是总指挥较为合适的人选。但是，钱鼎、张钫、张仲仁等人却从张凤翙在新军中的地位和才干方面考虑得多，而忽视了革命性这一本质问题。这不能不说是一个战略性的失误，给陕西辛亥革命后，革命党人向何处去？走什么样的路？埋下了失败的种子。

正像许多复杂的历史人物一样，张凤翙也是一个具有多面性的人物。张在辛亥起义爆发的关键时刻，挺身而出，坚决果断，把生死置之度外，敢于挑起总指挥的重担，并对新军中同盟会骨干人物钱鼎、张钫表示："如果失败，祸我承担，生死与二君共之。"在保卫新生革命政权的战斗中，东拼西杀，累得"偶下马倒地休息即齁齁睡去"①。又接连二次遇刺，均险些丧命，张凤翙与清王朝的斗争始终没有停止，这些功绩都是应该充分予以肯定的。

早在日本留学时，根据黄兴对中国留日士官生中同盟会员的指示，他在日本曾参加过同盟会，填写了入盟证书，但从多方面因素考虑，入会不久就烧掉了。为了便于隐蔽，在日本留学期间很少参加革命活动，这则是对黄兴指示的曲解。同时，他又经常收集日本侵华方面的有关资料和情报，交留日学生监督李士锐，再由他转陆军部和陕西军部，想以此换取清政府的信任。但没有料到李士锐却把每次写的材料都换成他儿子的名字上报，结果其儿子回国后被陆军部重用，而张凤翙却落个徒劳。当张知道此事后，极为愤慨，前去质问，话不投机并打了李士锐两个耳光。李当时虽未发作，后来却暗中报复。当张凤翙从日本士官学校第六期学习期满后，回到陕西被处以推迟一年任用的处分。张凤翙虽因为受处分对清朝当局不满，到新军任职后，也同情革命，和张钫等革命党人也常谈论革命事，但仍没有直接参与陕西同盟分会的革命活动，致使别人"怀疑他不是革命党，没有参加过同盟会"②。西安起义前夕，张凤翙和顶头上司的矛盾很尖锐，"与周（殿奎）标统的感情已成水火，又同刘（鸿恩）协统在部里打官司，刘协统也以他不太安分，目无长官，对他很不满意"③，这些原因促使张凤翙同意参加起义，并担任起义总指挥。西安起义的迅速成功，又一下把张凤翙推到了十分重要的位置，西安首

①《辛亥革命》资料丛刊（六），第81页。
② 全国政协：《辛亥革命回忆录》，第五辑，第59页。
③《陕西辛亥革命回忆录》，第34页。

义成功，东西路战役胜利，也证明张凤翔具有指挥才能和领导才干。历史潮流使他一跃而成为陕西资产阶级民主革命的首脑人物。

然而，尽管革命党人"仓促推张凤翔摄军事"，却"阴拥戴井勿幕为大都督"。[①] 井勿幕当时考虑到张凤翔职位已既成事实，不好更替，闹不好对革命不利，遂一再劝阻革命党人，不要拥他自己当大都督，明确指出，不要"亟易主帅，徒自扰也"[②]，担任了北路安抚招讨使（后又与茹卓亭对调职务，任渭北安抚使），迅速组织军队，开赴战场；陕西停战后，又自请解兵，完全失去了军权。副统领钱鼎的境遇则更加悲惨，起义成功后，由于环境发生了很大的变化，竟然连举他为副大统领"同列多不悦，其后屡次会议争执，因有取消之说。钱鼎本非争名者，然以此事参差，遂有难留省城之势"[③]。结果，搞得钱鼎在省城处境十分困难，同时他又考虑到潼关为陕东门户，河南、山西尚未光复，清廷必出兵进攻陕西，乃亲自督师东出守御。张凤翔虽然同意所请，但只拨给一标军队，其统帅刘刚才，不听调遣，擅自行动，因左右无可靠队伍，致使钱鼎只好带着新招的数十名学生兵，押解着大批军装和枪械东行。结果，三天后就在渭南县被当地反动武装杀害，给革命造成了重大损失。以上事实不难看出，井勿幕、钱鼎等人推让革命领导权的后果使人十分痛心，也反映了资产阶级革命党人在政治上的幼稚和软弱。

1912 年 2 月，袁世凯成功猎取中华民国大总统后，积极扩编北洋军，处心积虑地准备以武力消灭革命力量。全国的革命形势从革命派内部开始分化，孙中山领导真正坚持三民主义纲领的革命党人，举起了"反袁"护国的旗帜；而另一些人则抛弃革命宗旨，投靠袁世凯。陕西起义的首领张凤翔，即在袁世凯的压力下，背离了资产阶级民主革命的宗旨。1912 年 5 月，由于袁世凯派人来陕，逼迫民党表明态度，于是张凤翔派遣张钫赴北京谒见袁世凯，并表示"一切服从中央（指袁政府）"[④]。8 月，北洋军政府即任命张凤翔为陕西都督，张在陕西地位得到袁氏认可以后，更加积极地接近袁世凯，打击排挤那些反对袁世凯的革命派人士。

---

① 《西北革命史征稿》，下卷，第 185 页。
② 同上。
③ 《辛亥革命》资料丛刊（六），第 70 页。
④ 全国政协：《文史资料选辑》，第四十八辑，第 69 页。

1913 年 7 月 12 日，李烈钧在江西举起反袁义旗，广东、上海、福建、湖南、四川等省纷纷响应，"二次革命"爆发。各省通电响应，陕西亦在其中。但是，张凤翙不仅下令严密封锁消息，拒绝讨袁；而且以"假维持地方秩序为名，施其高压手段，又与北洋实力派联合一气，领衔通电讨孙、黄"①。8 月 4日，熊克武在重庆宣布独立，起兵讨袁，袁世凯命令张钫率部迅速入川镇压，张钫接到命令率部离开潼关，取道商州、安康、镇平，过巴山鸡心岭入川，进驻四川夔州。而革命党人邹子良、马开臣、吴希真等四处奔走，密谋反袁。驻凤翔的陕西军第一师团长王生岐首先于 8 月 28 日起兵反袁。张凤翙奉袁命令，镇压王生岐义军，迫使王军无法在陕西立足，遂逃离陕西参加了白朗起义军。"二次革命"失败后，张凤翙又秉承袁氏旨意，在西安杀害了邹子良、马开臣等，迫使吴希真逃亡日本。所以在"二次革命"中，陕西未能发生大规模反袁斗争，显然与张凤翙等一些人的态度和行动有密切关系。陕西革命党人对此十分不满，但由于自己一无政权，二无军权，对现实无力挽回。虽然以张凤翙为首的一些同盟会员，昔日曾以满腔热情参加了辛亥革命，但由于他们在袁世凯的压力下，一再妥协退让，结果葬送了革命事业，自己也没有得到所追求的效果，这个教训是十分深刻的。

第二节　镇压哥老会

从陕西的起义光复过程中，可以清楚地看出哥老会是一支重要的革命力量，其作用是非常显著的。西安光复时，夺取军装局、抚署、南院巡抚衙门都有哥老会参加，其他大小衙门和一些重要据点，基本上都是由哥老会攻占的。但值得注意的是，当起义爆发后，新军中没有参加起义的官兵都亦隐匿，即使起义的官兵，其中哥老会成员，多半按自己原先的会党组织系统纷纷归队，致使原来新军处于瓦解状态。同盟会直接领导的新军为数极少，又来不及也不可能迅速招募更多的军队，立即组织起一支自己的基干武装。而哥老会却有着自己严密的组织系统，只要一武装起来就可以自成为军，当时省城西安到处都是哥老会的队伍。

① 《西北革命史征稿》，上卷，第 76—77 页。

陕西辛亥革命的迅速获胜，其战斗力主要是新军、哥老会和广大人民群众，特别是哥老会的势力。这就引起领导这次起义的同盟会革命党人的疑惧。他们一方面确实看到哥老会是一支较强的反清力量，并想利用这股力量夺取政权；另一方面，又害怕这支力量以后无法控制，侵占自身利益。加上哥老会无论是组织形式，还是思想意识，都是比较落后的，这又与资产阶级革命的新思想格格不入。所以，同盟会和哥老会之间控制与反控制的矛盾斗争，随着革命形势的发展，愈来愈尖锐。当然，从哥老会本身来看，它毕竟是一个秘密的民间组织，带有落后的封建迷信色彩。它具有强烈的反帝反封建要求，有一定的革命性；又有其愚昧落后的一面。西安光复后，在成立军政府的过程中，以万炳南为代表的一些哥老会头目，公开争大统领职位，张云山虽然未像万炳南那样喧嚣吵闹，但也竖起"洪汉"的旗帜。由于人事安排的争执，哥老会据南院与张凤翙唱对台戏，到处增设"码头"开"山堂"，广收哥弟，扩充实力，外县更甚。以致形成日常行公文时，仅盖上秦陇复汉军大统领张凤翙的"关防"不行，还必须加盖"洪汉公议"的小章才有效。例如，军政府及同盟会主要领导人张凤翙、井勿幕派军政府参议张奚若赴湖北联络，张奚若已经持有张凤翙发给的护照，守城士兵却因没有张云山发的护照不许出城。后来张凤翙又请张云山另发了个护照，方才离城。又如军政府职员李树江，奉命持军政府发的"路证"到城外给某部送枪和子弹，因无哥老会发的护照。结果人和物都被守城士兵扣押，李还受到守城士兵的讥笑。另外全省"码头"林立，用"码头""山堂"代替了行政机构，用哥老会的"条规"来约束群众。有的地方处理行政事务、诉讼也要喊"条子"。如张云山在南院门搭上戏台，放上铜铡，学着包公的样子，念着"条规"，判案执法，罪恶严重者立即当众用铜铡铡死，结果搞出不少笑话来。

毛泽东在《中国社会各阶级的分析》一文中指出："这一批人很勇敢奋斗，但有破坏性，如引导得法，可以变成一种革命力量。"[1]由于资产阶级的历史局限性，只知道利用力量，而不会也不可能提出改造会党并引导他们走向正确道路的良策。就连井勿幕这样的资产阶级革命派代表人物，起义后也不再像起以前那样认真地去做哥老会的工作，进一步加强引导和改造，而是站到

---

① 《毛泽东选集》合订本，第9页。

他们的对立面,甚至主张对哥老会用武力加以取缔和镇压。当张奚若离陕去湖北时,并勿幕托其带着自己给黄兴和黎元洪的亲笔信,希望武汉军政府能派一支革命军来陕祛除哥老会势力。至于希图依附袁世凯来保住自己地位的张凤翙,为控制军队,则更是要削弱会党的影响,故亲自下手对哥老会进行了镇压。

第三节　整编军队排除异己

1912 年 2 月,全国议和,清帝退位,清朝重臣袁世凯坐上了中华民国总统"宝座",但其实国库捉襟见肘,且不说全国没有真正意义上的统一,南方军事力量倾向于革命党,与北洋政府几乎格格不入,而且北方各省也各自为战。袁世凯为了保持自己的强大军事力量,又恐怕地方势力过强。他一方面向列强财团、银行借款,一方面要求各省整顿军队,减少员额。因为北洋势力占据了上峰,各省地方势力特别是会党势力遭到排斥甚至于受到打击。陕西东、西两路战事结束后,开始把矛头指向哥老会,由西安光复到东、西两路战事期间的利用,转向限制、排斥、分化瓦解和镇压。1912 年 3 月,张凤翙根据袁世凯的指示,将陕西民军改编为两镇(师),每镇下辖两个协。哥老会首领张云山被任命为第一镇统制(师长),下辖两个协,协统领分别为万炳南和马玉贵。张钫被任命为第二镇统制,亦下辖两个协,协统领分别为刘世杰和郭锦镛,另外还编了三个独立协(旅),分别由陈殿卿、陈树藩、张仲仁担任协统。值得注意的是,起义后的副大统领万炳南被编为一个协,而地位逊于万的张云山却提升为镇统制,这实际是通过整编,分化和削减哥老会的军事实力;而且是通过张云山与万炳南位置的变化,造成哥老会内部两个首领之间的矛盾,进行分化瓦解。万炳南当然心中不服,声言地位不在张云山之上,也要与他相等。再加上他性格暴躁,"稍不如意,便大肆咆哮"[①],也引起人们的不满,后来虽提出"愿回原籍湖北为民,名义由参谋长陈同接任"[②]。亦为陕西当局接受。这时,甘肃秦州黄钺民军,受到护理陕甘总督赵惟熙部的进攻,黄钺遂向凤翔驻军万炳南求援,万炳南主张援助,于是回省

---

① 张钫:《风雨漫漫四十年》,第 59 页。
② 全国政协:《辛亥革命回忆录》,第五辑,第 100 页。

城西安领取大批枪械子弹。张凤翙因万炳南在初成立军政府时与自己争当大统领，对万不满。4 月 12 日，乘万炳南到军械局领枪和子弹时，张凤翙亲自带卫队，在万毫无防备的情况下，打死了万炳南及其参谋魏伯铭等 3 人。据当时报载，万被枪杀的罪名是"平时颇有野心"，又到西安索子弹 12 车，"挟之出城"。① 接着，张凤翙任命郭胜清为第一协统领，又命陈雨亭带兵火速赶赴凤翔，强迫遣散了万炳南部下的亲信。此后，哥老会曾在西安发动过几次小的兵变，均被镇压。其中有一次就杀死肖辅汉等 11 人，其他被作为"万、姚、肖之余孽"，处死者达数百人，"几无日无之"。② 万炳南被枪杀时，张云山刚回长安县老家扫祖墓未归，但后来知道了此事，也没有什么举动，默许了军政府的行为。陈殿卿和哥老会其他首领向来不合作，起义后当了张凤翙卫队统领，成为其亲信。至此，张凤翙权力大大增强，哥老会的实力则大大削弱，保留下来的张云山等一些军队，也多是对张凤翙尊服的。

同年 12 月，袁世凯下令镇压全国会党，并要求各省"一体防范，以弭党患"，"严密逮捕，以绝根基"。③ 在此之前，张凤翙早已开始了对陕西哥老会的镇压，袁的命令更是推波助澜，把对哥老会的镇压推向高潮。陕西军政府军政司副司长陈树发奉命带兵前往兴安府(今安康市)各属县，"清剿"哥老会。当陈的军队进驻安康境内时，哥老会还天真地以为是自己的军队开到，并满腔热情的进行欢迎，积极筹粮筹饷，万没想到迎来的却是镇压自己的屠夫，就这样糊里糊涂被"剿灭"了。据有关史料记载，当时对哥老会的清剿，是十分残忍的，如陈树发在石泉县杀哥老会成员三四十人。在安康杀人更多，先杀哥老会头目张应龙，其营长袁大江起兵抵抗，亦被镇压，又杀兵变者二百余人。接着，兴安府属各县哥老会均被镇压。

榆林光复后，哥老会首领杨昆山主持政事，旧官僚前清道台杨卓林，阳奉阴违，假装积极拥护革命，得到杨昆山的信任，杨昆山经常向杨卓林请教政事。当时驻在榆林的河套安抚使裴尼臣(廷藩)军力单薄，无力与哥老会对抗，是使用计谋将杨昆山杀害的。首先裴尼臣唆使所属神木、府谷、绥德、吴堡、清涧、和榆林的旧官僚、绅士，借人民群众的名义，向省军政府控告

① 《民立报》，1912 年 4 月 26 日。
② 张钫：《风雨漫漫四十年》，第 103 页。
③ 《秦中公报》，1912 年 12 月 27 日，第 233 号，第 7 页。

杨昆山"不服安抚，纵兵殃民"；然后再以军政府名义调杨昆山回省城，杨昆山对去不去省城拿不定主意，竟向杨卓林请教，杨假惺惺地说：若你不去省城，"我就请尼臣保你"。但又在背后唆使前清管带侯应龙、千总张洪运等，密谋叛乱，反对杨昆山，结果起事失败，被杨昆山镇压。杨卓林对这次谋反失败心还不死，又利用裴尼臣来反对杨昆山。他对裴建议，"除暴安民善策也"，希望裴尼臣"假张凤翙之手，处杨昆山之恶"。^①裴尼臣立即假张凤翙名义令杨昆山即速回省，杨昆山在此情况下只有赴省，但中途行至宜君，被早已安排好的定边人郑思诚诱杀。杨昆山遇害后，榆林哥老会群龙无首，裴尼臣将杨昆山部下遣散，将其亲信多人，打得血肉横飞，然后枷号站在囚笼里游街示众，活活折磨而死。接着，对榆林府属各县哥老会，也以同样残酷的手段进行镇压，如横山县杀哥老会成员60余人。

各县在接到省城镇压会党的命令后，各行其是，残酷镇压，几乎无一处幸免。如洛南县哥老会首领杨光杰，光复县城后自任知县，后率部参加了东、西两路战事，任排长。战争结束后回县，知县魏某假设酒席招待，乘机杀了杨光杰，并宣布取消哥老会组织。商州龙驹寨（丹凤县）哥老会首领姚彦正，光复后将印信交原旧州同夏耕雨，这时夏耕雨亦杀哥老会头目王西容、夏明刚等多人，姚彦正逃避幸免。商南县哥老会首领姚兴、孟太红，在光复县城后仍旧让原知县刘庚年任知县，此时也被刘庚年所杀害。蓝田县的余成龙、清涧县的张汉韬、延长县的陈流民、关中临潼县的焦林等哥老会首领，先后被杀害，其部下均被遣散或收编，"码头"亦被解散。从此以后，省内哥老会组织，基本上不复存在。资产阶级革命派在对待会党问题上，没有也不可能进行团结、引导和改造，相反的是支持镇压，结果使自己失去了有力的同盟军。因而，在和资产阶级亲袁派势力的斗争中，处于孤立无援的地位。

第四节 辛亥年前后群众的反帝斗争

在辛亥起义前，革命党或起义军、哥老会没有在广大民众中提出要求，要保护外国人及其教堂等的设施。所以西安光复当日，部分哥老会成员及其

---

① 《陕西文史资料选辑》，第二辑，第186页。

群众曾冲击教堂，使得西安周边众多教堂受损，最严重的是南关教堂。起义次日，秦陇复汉军政府就以大统领张凤翔的名义发布了"安民告示"称："各省皆变，排除满人，上征天意，下见人心，宗旨正大，第一保民，第二保商，第三保外人。汉回人等，一视同仁。特此晓谕，其各放心"。其中明确提出了保护外国人的原则，防止趁乱骚扰、袭击、抢劫外国人。11月11日，《帝州报》发出秦陇复汉军兵马大都督张云山发布的《劝谕各码头兄弟勠力同心光复各州县告示》称，发动陕西革命的同盟会与哥老会在"起事之时共发大誓，第一保民，第二保商、保富家；第三保教堂洋人，专以排去满人、复仇雪耻为宗旨，违令者正法不容"。他认为，洋人在中国传教、行医都是积福行善之人，故应以保护，同时也表明哥老会认同同盟会革命党人保护外国人的原则。

但是，在陕西光复过程中，由于群众长期受帝国主义教会势力的欺凌，对传教士恨之入骨，所以在推翻清朝封建统治的同时，也开始了轰轰烈烈的反教会罪恶的斗争。作为领导革命的资产阶级，对帝国主义的侵华本质认识不足，天真地认为帝国主义分子是同情中国民主革命的，反而把广大人民群众反"洋教"的行为，看成是"暴乱"而进行镇压。例如省城南关教堂，平常教士教民神气高傲，欺压群众，引起公愤。所以在西安起义爆发的第二天晚上，在姚成、胡重等的号召下，约集南关教堂周围群众千余人，进攻教堂。因教堂首先向群众开枪，当场打死群众王红娃等数人，激怒了群众。由于教堂墙高门坚，不易攻入，遂放火烧教堂，并杀死英籍传教士司密斯夫妇。另一传教士拜牧师越后墙逃跑，由于陕西军政府的保护，得以保全性命。[①] 围烧教堂从半夜到天明，群众才各自散去。

在葭县(佳县)，从1900年天主教传入，到1909年春始建教堂于谭家坪村，教民约两千余人。教堂平常欺压群众，干涉地方教民词讼案件，民怨已深。1913年春，县西70里马家硷村张春元，利用宗教形势发动群众，秘密起义反对教堂。时正好有教士魏象阙及教民黄某，由葭县去横山，途经该村被群众截杀。事情泄漏后，榆林地方当局派军官申应勋和杨瑞亭二人带兵百余名，来葭县镇压，杀为首群众40余人。但是，教会还不甘休，与地方交涉达数年之久，直到1915年其案始结。[②] 其他如长安、蓝田、宝鸡、醴泉、千阳、

① 《辛亥革命在陕西》，陕西党史资料丛书(三)，第545页。
② 《葭县志》，1933年修，卷二，纪事，第14—15页。

长武亦发生了程度不同的反教堂斗争和打击土豪劣绅的事件。群众这种反教会斗争尽管有"过火"的地方，反帝反封建的精神是可贵的，应当给予肯定和相应引导。可是陕西军政府却采取了镇压的手段。如南关教会事件，对被洋教士枪杀的群众不加抚恤，却向教堂赔情道歉。对被杀害的教士用厚礼安葬，"赔偿损失银一万八千两"[①]；而对反对教会的领导人姚成等，不仅将其杀害，而且以"土匪祸首"的罪名，悬其人头于南门外示众。其他地方的群众斗争，无不被残酷镇压。这样一来，严重地挫伤了人民群众反帝反封建斗争的积极性，使革命失去了一定的群众基础。这是导致辛亥革命在陕西失败的又一重要原因。

第五节 同盟会的分裂，革命派被排挤

辛亥革命前，留日学生多由省城武备学堂、高等学堂和师范学堂，以及渭北三原县宏道学堂选派。他们到日本后，为了联络感情，在日本组织了"同乡会"。由于受狭隘的地域观念的影响，在同乡会中逐渐形成了所谓"渭北派"和以省城为区域的"咸长派"，前者以三原宏道学堂毕业的学生为主，后者以省城几个学堂毕业的学生为主，双方虽然基本上是团结互助的，但也常为一些生活小事发生纠纷，对以后的革命有相当的影响。据张钫回忆："西城属长安县，东城属咸宁县。咸长两县的人，在国内和国外各大学留学的人很多。旧日东京和北京的学生与渭北留学的学生界限分得很清，感情未能融洽。……革命后各派抢夺政权，咸长派先将关中四道抢到手中。"这种矛盾与社会上其他矛盾一起，"天天都在滋长"。[②] 如1906年初，清政府陕西当局决定从留日学生中为新军选名教官。在同乡会议论时，咸长学生张凤翙、白毓庚等人，提议让江苏籍学生何子奇充任，而渭北泾阳县同学茹卓亭等则提出反对，双方争论激烈，张凤翙气怒之下，竟用铁茶壶向茹卓亭砸去，几乎酿成事端。

同盟会陕西分会在日本成立后，无形中把这种封建的地域观念带进了革命组织。《秦陇报》出一期就被迫停刊，原因很多，但政见不一致和感情不融洽，则是其中的主要原因。《秦陇报》停刊后，以渭北学生为主，另行组织出

---

① 《民立报》，1912年9月10日。
② 《辛亥革命在陕西》，陕西党史资料丛书（三），第843页。

版《夏声》杂志；而以咸长学生为主，在《秦陇报》的基础上再办《关陇》杂志。这已经隐然形成对立的趋势。但当时双方在同盟会陕西分会的引导和影响下，政治上大的方向还是一致的，都为宣传革命思想做了不少工作，如对新文化的介绍和宣传革命宗旨，以及制造革命舆论等方面，收到了一定的效果。值得注意的是，随着资产阶级民主革命形势的深入发展，两派的分歧渐渐打破了渭北与咸长这种地域观念的界限，不再是以单纯的感情、地域来划分了，而发展成政治上的"激进"与"保守"之分。这些分歧，固然属于革命党人内部的认识差异，当时也没有给共同反清革命的大目标造成大的障碍，大家还是团结一致，以奋勇革命的热情和牺牲精神，积极参加反清斗争。但是，从这时起，在同盟会陕西分会内部，无形中已潜伏着以后政治上分裂的萌芽。

辛亥革命在陕西取得胜利后，在东、西路战事结束革命政权初步稳定的情况下，同盟会内部潜伏着矛盾，随着革命形势的变化，日益明显和尖锐。由于张凤翙在起义时才正式参加革命党人的活动，群众基础较差，他的都督地位能否保得住，不能不使他常想到的一个问题。所以，他从举义开始就非常注意巩固自己的地位。然而，当时在同盟会革命党人中不少人却错误地认为，只要推翻了清朝封建王朝，就算革命成功了，不仅不重视革命的领导权问题，而且"皆以服官从政为可羞"[①]。这不仅反映了资产阶级革命党人政治上的幼稚，而且也给那些革命意志不强的人以可乘之机。张凤翙当了大统领后，在组织军政府的过程中，正好利用了革命党人轻视政权的思想，他重用旧官僚、立宪派及与自己亲近的革命党人，排斥井勿幕等革命派中的骨干人物，结果建立了一个松散无力、革命性较差的军政府。例如在军政府成立时，旧官僚尹昌龄、立宪派王锡侯都被委以重任；而对在渭北领导起义的井勿幕、茹卓亭、胡景翼等同盟会骨干人物则未加重用。张凤翙还含沙射影地说，许多人在吃馒头喝稀饭时不来，到了吃锅盔、面条时才来，但已无法安插了。意思是指井勿幕等人在西安起义的关键时刻不在西安，起义成功了才来，因而不能安排重任。其实这不过是一种借口，因为起义时的整个筹划过程，井勿幕等渭北许多革命党人不仅参加了，而且是决策者。

1912 年 8 月，袁世凯政府任命张凤翙为陕西都督，不久又给他"特授以

---

①　《西北革命史征稿》，中卷，第 178 页。

勋二位"进行拉拢。^①到"二次革命"时，张凤翙等人已经依附于袁世凯为首的北洋政府。相反，以井勿幕为首的忠实于同盟会事业，坚持孙中山革命主张的革命派人物，则坚决站在反袁的一边。这时，在陕西同盟会中已经比较明显的形成革命派和拥袁派即妥协派，矛盾的转化已经打破了地域和个人感情的界限。"二次革命"的爆发，反袁与拥袁，继续坚持资产阶级民主革命还是妥协倒退，就成为当时衡量昔日革命党人是否继续坚持革命立场的标尺。

张凤翙在排除革命力量的过程中，采取了一系列步骤。首先，剥夺革命党人所掌握的军权。革命派所掌握的军队本来就少得可怜，但他也不放过，在整编陕西军队时，将辛亥起义时并不积极参加的陈树藩一跃提升为旅长，而井勿幕仅给个团长。又如同盟会主要人物曹印侯，辛亥革命前积极参加反清斗争，西安起义后又受命于危难之时，迅速组织民团武装6000余人，编成敢死军，在东、西两路战斗中，以铡刀等落后武器，与清军展开血战，功绩卓著。万炳南被害后，其军队由凤翔奉命调回省城进行裁编，曹极为不满，在省城演说。有次张凤翙将曹印侯叫去谈话，双方争论激烈，曹说：你不用我，把我枪缴了可以，不让我讲话不行。张凤翙认为曹有野心，对自己权位不利，便想方设法对曹进行排挤、打击，甚至打算枪毙。迫使曹印侯逃出陕西，至湖北被黎元洪逮捕，获释后病逝杭州。^②这次整编，革命派的军权同哥老会一样，被裁汰几尽。

5月，北洋政府中的一些官僚、军阀，在北京成立了"统一共和党"，推黎元洪为首领，以拥护袁世凯为宗旨。6月23日，张凤翙、陈树藩、王锡侯等约50余人，响应"统一共和党"的号召，在西安成立了"统一共和党"陕西支部。

8月，同盟会以宋教仁为代表，为了抵制袁世凯，争取议会选举得到多数票，以同盟会为基础，与几个小的团体合并，成立了"国民党"。此时，井勿幕作为陕西同盟会的负责人之一，亦奉命回陕，改组同盟会陕西支部，成立"国民党秦支部"。会议在西安城内四府街会馆召开，统一共和党和同盟会成员都到会，张凤翙率领带着盒子枪的随从马弁也来参加会议。当时到会人数总共约一百余人，选举结果，井勿幕以70多票当选为"国民党秦支部"支部

① 《近代史资料》，1983年第一期，第91页。
② 《西北革命史征稿》，中卷，第80页。

长。而张凤翙仅得 10 余票。对此，他恼羞成怒，当即愤而退场，到会者个个惊恐不安。井勿幕见此情景，知道张凤翙大权在手，不会善罢甘休，只得说服大家并亲自向张说明情由，谦让张凤翙任支部长，自己屈居为副支部长，张乐而受之。国民党秦支部成员还有：副支部长马步云，干事郭希仁、宋伯鲁，评议员张云山，文事科主任干事崔松云，会计主任干事张靖清，交际科主任干事康毅如。可以看出，新改组后的国民党秦支部，成员大多数是张凤翙左右的实权人物。陕西同盟会改组为国民党，同全国情况大体类同，成分庞杂，意见分歧，完全被张凤翙所控制。

张云山

1913 年 9 月，"二次革命"失败，11 月袁世凯下令解散国民党，逮捕党人。张凤翙闻风而动，立即解散了国民党秦支部，然后报袁，言："陕西国民党所设支部，前于宋案发生之始，经凤翙察明，该党宗旨不正，业于五月间勒令全行解散，惟徽章、证书未经逐查追交。"①同时，还根据袁世凯取消各

---

①　《辛亥革命在陕西》，陕西党史资料丛书(三)，第 900 页。

省议会国民党议员的指示，将陕省议会国民党员，尽行革除。张凤翙还"密谕宪兵营及警察厅详为密查"，"严拿造谣生事之羽党"。[①] 后来，一些革命派人物虽然直接在渭北富平等地，成立了国民党分支部，但也无法挽救时局。至此，资产阶级革命派组织被解散、人员被缉拿，他们对此尽管非常气愤，但哥老会势力已被镇压，自身一无政权，二无军权，不仅对现实无能为力，而且在陕西亦无法立足。自1912年秋至1913年间，革命派纷纷被迫逃离陕境，潜避他乡。

国民党秦支部成立时，井勿幕让位给张凤翙，暴露出革命派与妥协派之间存在着不可克服的矛盾。井勿幕为避其祸，被迫离开陕西，经北京暂避上海。接着革命派胡景翼、杨叔吉、张义安等，亦被迫离开陕西赴日本留学或避居他省。郭希仁一直是张凤翙身边的重要人物，当时众称"郭丞相"。当张凤翙在自己政治地位逐渐得到巩固后，在排挤井勿幕等人的同时，因郭希仁对其投靠袁世凯排斥异己有所异议，怀疑郭与井勿幕等革命派有联系，即暗中派密探监视。郭希仁在此情况下，乃以足疾为借口回家休养，然后离陕出走，游历欧洲。就连都督府和地方官员中，稍有对张不满或对其投靠袁世凯有异议者，也被逼迫自动辞职或解职。如粮饷大都督马玉贵，积极参加新军起义，改为民军后，又率部出援西路战事，抗击清军，十分英勇，南北议和后改任协统（旅长），这时也被逼得"谢事远游"。军令大都督刘世杰，辛亥前为三十六兄弟之一，西安光复时，占领巡抚衙门，围攻满城，作战英勇，以后出征潼关，与清军苦战数月，屡建战功，以后任协统，此时也被解除兵权。西路招讨使张玉成，辛亥前三十六兄弟之一，西安光复时，积极参战，后被解职归田，袁氏称帝时，他在南郑县招集群众密谋起义反袁，事泄失败，被逮捕杀害，井勿幕的得力参谋韦虞（协度），忠于资产阶级民主革命事业，随井奋战东、西战场，井出走后，亦隐退乡里。柏筱余因以巨资援助革命竟至经济破产，加上宋教仁遇刺，精神上的打击尤为沉重，致使忧愤成疾，精神错乱。[②] 张凤翙向北洋军阀政府妥协，排挤和迫害陕西革命党人，暂时稳定了自己在陕西的地位。1914年4月，白朗起义军高举反袁旗帜进入陕境，袁世凯一方面命令张凤翙出兵"围剿"；另一方面又派亲信陆建章率部入陕，追击

---

① 《辛亥革命在陕西》，陕西党史资料丛书（三），第900页。
② 《西北革命史征稿》，下卷，第169页。

白朗军。张既非袁的亲信，又非北洋军阀嫡系，袁世凯对他并不信任。1914年 7 月，袁世凯乘机免掉张陕西督军的职务，调入北京，给了一个"扬威将军"的虚衔。而袁世凯同时任命陆建章为陕西省都督，并授予"咸武将军"衔。

1914 年 9 月，袁为了进一步控制陕西，以借口剿白朗"不力"为名，又免去了商南、商县、彬县、乾县等 20 余县知县，由外省调来所谓"得力"的 20 余名知县以替补。加上其他任免，进一步控制了陕西的行政权。同时，对陕西辛亥革命有过重要贡献而又掌握兵权的张钫、张云山两位重要人物，更不放过。先于 6 月 3 日任命张钫为陕南镇守使、张云山为陕北镇守使，实际上剥夺了两人镇守西安一带的权力。9 月 13 日，袁又命令陆建章裁编张钫和张云山的军队，把两个师缩编为两个混成旅。同时扩编所属北洋军第七师的十三、十四两个混成旅为第十五、十六混成旅，由贾德耀、冯玉祥分任旅长。1915 年 4 月，又免去张钫在陕的军务，调任北京将军府参军。张云山在这种形势下，为了保护自己的禄位，对陆建章"不惜卑躬屈节，伺承颜色，执贽拜门，辇金纳贿"，并拜陆为义父。[1] 但陆氏贪得无厌，欲壑难填，逼得张云山终于忧郁致疾，吐血而死，年仅 39 岁。[2] 此时，陕西辛亥革命的果实完全落入北洋军阀之手。

由于上述多方面的原因，轰轰烈烈的陕西辛亥革命，并未达到资产阶级革命党人的预期目标。

---

① 《西北革命史征稿》，中卷，第 20 页。
② 有说张云山被陆建章毒死，据考有误。

第十七章　动荡的陕西

1912年1月1日，中华民国临时政府在南京宣告成立，孙中山就任临时大总统。发布《临时大总统宣言》和《告全国同胞书》，选出了临时中央政府及政府成员。中国同盟会成为合法组织。2月12日，南北议和成功，清帝退位。13日，孙中山向临时参议院提出辞职；15日，临时参议院选举袁世凯为中华民国临时大总统。孙中山在辞去临时大总统时对袁世凯出任临时大总统提出三个条件："一、定都南京，不能更改；二、新大总统必须亲自到南京就职后，他才辞去临时大总统职务；三、新大总统必须遵守参议院即将公布的《中华民国临时约法》。"孙中山意图再明确不过，就是为了确保国家民主与共和。

第一节　袁世凯的倒行逆施

在介绍陕西革命党人进行"讨表逐陆"等系列革命过程中，必须站在全国大背景下，只有全面了解当时北洋政府在袁世凯独裁统治下解散国会，破坏民主，倒行逆施，才能了解陕西人民所做的不屈不挠的斗争。

袁世凯以"北方秩序不易维持，东北人心未尽一致"为借口，拒绝离京南下。2月21日，南京政府一再催促袁世凯赴南京无果的情况下，派蔡元培、宋教仁、汪精卫、魏宸

袁世凯

组、钮永建五位专使，到北京迎接袁世凯赴任。袁世凯多方阻挠，29 日晚，指使亲信骚扰专使住所，导演兵变闹剧。之后又在天津、保定、通州制造兵变假象。邀请日本、英国、德国、俄国调派军队到京护卫，逼迫专使屈服。"袁世凯巧取豪夺了临时大总统，不惜制造北京兵变，硬说袁氏为了坐镇，不能离开北京，拒绝到南京就职，偏要在北京袍笏登场。"①3 月 6 日，临时参议院同意袁世凯在北京就职；3 月 10 日，袁在京就任中华民国临时大总统。

3 月 11 日，尚未辞职的临时大总统孙中山，明令颁布临时参议院制定的《中华民国临时约法》，共七章五十六条。其主要内容有：一、废除封建专制，规定"中华民国主权属于全体国民"，而不再是皇帝或少数人垄断的专制国家。宣布国内各民族一律平等。国民有言论、著作、出版、集会结社等自由权，有保有财产和营业自由权。三、为了防止专制独裁的再现，国家的政治制度采取内阁制。规定由参议院、大总统、国务员（指总理）和法院行使国家的统治权，对临时大总统的权力做了限制。《临时约法》首次将民主共和的国体、政体用法律的形式规定下来。

4 月 1 日，孙中山宣布解除临时大总统职务，随即离开南京。5 日，临时参议院决定改北京为首都；29 日，临时参议院也迁往北京。

袁世凯窃据中华民国临时大总统后，积极扩编北洋军，裁汰各省民军，时东南四省在辛亥革命期间建立起来的 25 个师，被裁掉近 20 个。这时资产阶级革命派把希望寄托在国会身上，认为国会为立法机关，位居总统之上，若用法律加以限制，北洋政府也无能为力。

为了在国会中占有更多席位，同盟会联合数个小型政党（统一共和党、国民共进党、共和实进会、国民公党），于 1912 年 8 月 25 日组成国民党，国民党在代理理事长宋教仁（孙中山为理事长）领导下，于全国选举中的参议院、众议院皆获得最高席位 392 个，成为国会最大党。而共和党、民主党和统一党三党合起来仅占 223 个席位。国民党人踌躇满志，利用在国会中的优势，组织真正的政党内阁。

1913 年 3 月 20 日，宋教仁准备北上赴京，在上海火车站等车时遭到特务暗杀，全国哗然。

---

① 《马彦翀先生纪念文集》，丹凤县政协文史资料第十六辑，第 253 页。

5月15日，袁世凯下令撤销黄兴陆军上将职务；6月9日，袁又以江西都督李烈钧、广东都督胡汉民、安徽都督柏文蔚曾通电反袁反对善后大借款为借口，下令将3人免职，并派兵南下，进驻江西、南京。各地革命党经此打击，幡然醒悟，彻底认清了袁世凯真面目。同年7月12日，李烈钧在湖口组织讨袁军，发布《讨袁檄文》，宣布独立，掀起了反对袁世凯独裁统治、维护共和制度的二次革命。7月15日，黄兴在南京宣布讨袁；18日，陈炯明在广东宣布独立；接着上海、安徽、福建等省先后宣布独立。

南方六省发动的二次革命，至9月就被袁世凯用武力镇压下去。接着袁加紧了专治独裁的步伐。为了利用并胁迫国会选举他为中华民国正式大总统，于10月6日派出便衣军警和地痞流氓数千人，号称"公民团"，将国会选举会场团团包围。这些人狂喊"今日不将公民所瞩望的总统选出，就不许选举人出会场一步"。议员们从早上8点至晚上10点，连续投票3次，才勉强将袁世凯选为第一任大总统。

10月10日，袁世凯就任大总统，其誓言："余誓以至诚，谨守宪法，执行中华民国大总统之职务，谨誓。"这样皇皇誓言不过半个月时日，袁世凯于10月25日即对国会作出断然破坏的诡计。先通电各省督军及民政长，指责"宪草不良，危害国本，尤其国民党议员多系一班乱党，尚时有颠覆政府的活动，前途危险，不可思议"等语。① 11月4日，袁世凯以国民党议员与二次革命有牵连，解散了国民党，派军警收缴了国民党议员的证书和徽章。1914年7月，孙中山等人在东京另组中华革命党，重新成为革命政党。1914年1月，袁又以"国会干政"为借口，干脆正式下令取消了只存在了9个月的国会。2月，袁世凯炮制出《中华民国约法》，成立御用"约法会议"，废除了责任内阁制和国务院，改行总统制，总揽国家统治权，把大总统的权力无限扩大。辛亥革命推翻帝制的成果及其《中华民国临时约法》遭到废弃。

袁世凯炮制新约法，由总统总揽大权，自己感到满意。但他所利用权力攫取的《总统选举法》，还是对他极为不利，因又指使"约法会议"，把1913年10月所公布的《总统选举法》加以修正。其修正后的要点：1. 总统任期改为十年，连选得连任，不受限制。2. 在总统任满改选之年，立法机关如认为

---

① 《马彦翀先生纪念文集》，丹凤县政协文史资料第十六辑，254—255页。

政治上有必要时，得为现任总统连任之议决，即无庸改选。3. 总统继任人选，应由现任总统推荐于选举会，其名额以3人为限，被推荐人的姓名，由现任总统预先书于"嘉禾金简"，藏之"金匮石室"，临选时始予取出，交付选举会选举，这样，现任总统可以继续当选，袁氏不仅成了终身的独裁总统，而且有世袭总统的可能性了。

但是，袁世凯仍不满足，视民主以儿戏，视法律以磕绊，总觉得当总统不如皇帝。他一系列地专横独断，一手遮天，解散国会，破坏制宪，又利用自己设立的"约法会议"修改《临时约法》，制出《新约法》，并修正《总统选举法》，以达到他的就任总统以来，所梦寐以求之事，而扩大权力。为此，他就指使中外有关人士，抛出一系列君主立宪主张。如洋顾问古法诺先在报上发表了"共和与君主论"的一篇文章，说"君主立宪"比"民主立宪"好得多；又说中国根本不能采用"民主国体"。[①] "而中国的一般官僚政客如杨度、孙毓筠、严复、李燮和、胡瑛等（当时所谓'六君子'）却根据这个谬论，组织了一个所谓'筹安会'，在表面上也诡称从学理上、国情上研究君主立宪的得失，而实际上就是假袁之命密电各省军政两长，让他们各派代表，共同劝进。"[②] 于是便组织"请愿团"，伪造"民意机关"，选出一些"民国代表"，举行所谓"国体投票"。就这样一幕一幕的丑剧相继演出；一步一步的办法跟进，先后不到一个月的工夫，公然主张"君主"立宪，拥戴袁世凯做皇帝，袁世凯虚伪谦让一番，于12月12日申令允诺，到12月底才下令改民国五年（1916）为洪宪元年，1月1日便登上了金銮宝殿。

不过，好梦不长，在袁氏称皇帝之后，西南护国军将领蔡锷、唐继尧等，首先在云南宣布独立，反对帝制。自1月份到4月份，贵州、广西、广东、四川、湖南、浙江、陕西、山东等省，也先后响应讨袁，并由岑春煊在肇庆组织"护国军政府"，统一领导，合力声讨。袁看大势已去，情况不妙，只好在2月13日先下令缓行帝制，3月22日才下令取消帝制。但野心不死，还想保持他大总统的地位，护国军政府却坚决要他退位。兼之他的心腹陈宦在四川被迫投降；陆建章被陕西人驱逐，更予他以致命的打击。至6月6日便一命呜呼，所谓83天的洪宪皇帝，也随之寿终正寝了。

---

① 《马彦翀先生纪念文集》，丹凤县政协文史资料第十六辑，第256页。
② 同上

第二节　讨袁逐陆运动

1914 年 3 月，白朗率讨袁义军从河南入陕，袁世凯乘机派自己的亲信陆建章率北洋军第七师以追剿白朗为名入陕，借口张凤翙"剿匪不力"，免去其陕西都督职务，召入北京。

陆建章，安徽蒙城人，1895 年加入袁世凯新建陆军，1905 年任第四镇第七协统领。随后出任山东曹州、广东高州等地总兵，辛亥革命后出任京防营务处总办。后出任京卫军统领、北京军政执法处处长。陆建章督陕后，极力排除异己，大肆敛财，屠杀革命党人，人称"陆屠伯"。

1915 年 12 月 13 日，袁世凯在中南海居仁堂接受文武百官朝贺，登上"皇帝"的金銮殿。他要"去共和之余孽，复古国之精神"，并要"严君臣上下之分"，宣布实施帝制，定国号为"中华帝国"，废民国纪元，改为洪宪纪年。

袁的倒行逆施，遭到全国人民的强烈反对。孙中山号召讨袁护国，全民响应。12 月 25 日，由蔡锷、唐继尧、李烈钧、戴戡、任可澄等在云南通电，宣布独立，组织护国军讨伐袁世凯。开始了中国近代史上继辛亥革命、二次革命之后的又一次伟大的革命运动——护国运动，亦称第三次革命。

当时陕西同志闻知西南各省已揭开讨袁斗争帷幕，民党人士，群集上海。在肇庆，已有护国军务院的组织。一致认为，陕西情况特殊，要和南方各省步调一致，就要开展讨袁逐陆运

陆建章

动。而讨袁必先逐陆，逐陆后，才能进一步讨袁。渭北各地积极筹集枪支，利用过去所组建民团的基础，井勿幕、焦子静联合陈树藩、李天佐、胡景翼、井岳秀、李岐山等，详慎计划，密谋逐陆。他们曾围攻富平县城，发出"推翻

君主，恢复共和"的号召。为了筹集武器，在西安购得一批枪支，然而陆建章封锁很严，武器难以运出。焦子静就和马彦翀商量办法，马请辛亥革命女杰卢慧卿帮助。卢慧卿欣然应允，让马彦翀派人将枪运至卢家，她把枪支装在轿车底下，自己坐在轿车上，将枪支顺利运至草滩渭河南岸，交给渭北民军。①焦子静派马彦翀赴沪联系，马到西安后，陆建章早已暗探四出，侦察动静，得到各方情报后，就先在省城搜捕、枪杀了逐陆组织人员。马彦翀已经不能出城，为躲避搜捕，又请卢慧卿帮助，卢让马坐在自己的车厢里，放下车帘，自己坐在车辕上，亲自送到东郊十里铺，转往上海。②马彦翀到上海，汇报陕西逐陆讨袁的部署计划，军务院得知陕西讨袁逐陆情况后，甚为嘉许，还给渭北民军汇回活动费数千元。

耿直和郭坚，联络刀客数百人，也公开打出了讨袁逐陆大旗。他们以洛川土基镇为根据地，活动在黄龙与暗门两山之间。邓宝珊、董振武在三原秘密制造炸弹，准备暴动。

1915 年夏，郭希仁、刘蔼如、王敬如等人来到华山北麓，创建了"共学园"，借讲学为名，从事革命活动，一时在陕的有识之士云集，各地反袁失败的革命党人，也避居于此。到冬季，先后有河北的孙岳，福建的何遂，甘肃邓宝珊、王省三，以及陕西胡景翼、刘允臣、杨仁天、吴希真、岳维峻、张义安、董振五、冯毓东、张德枢、续范亭、徐永昌、史可轩等人，他们汇聚于此，秘密结盟，共同策划驱除陆建章并进而讨伐袁世凯。此为陕西近代史上常为人们提及的"华山聚义"。③1916 年春，陆建章探知华山"共学园"谋划反袁逐陆之事，遂派人搜捕华山聚义者，"于是孙岳、何遂等人东去；胡景翼、岳维峻等到驻蒲城陈树藩部入军官连学习；邓宝珊、张义安、董振五、冯毓东随胡景翼在游击营任职；郭希仁、刘蔼如避山西赵城张瑞玑处；张德枢、续西峰、徐永昌再次赴日，向孙中山报告晋陕一切。"④

1916 年元月，张子宜在西安积极参与"反袁逐陆"策划和发动起义。他

---

① 《马彦翀先生纪念文集》，丹凤县政协文史资料第十六辑，"有关卢慧卿的两件事"，第 250 页。
② 同上。
③ 张中平：《西风烈焰》，陕西人民出版社，2012 年，第 85 页。
④ 同上，第 87 页。

以西安精业染织股份有限公司作为联络通讯和存放武器机构，秘密联络胡景翼、于右任、景梅九等人，与李岐山、张渊、王绍文等在西安发起反袁起义，张被推举为行动组长，李虎臣来西安协助工作，景梅九拟讨袁檄文。陆建章侦得李岐山和张子宜行踪，实施抓捕。张子宜对李岐山说，形势不利，速离开西安。雇轿车一辆，李岐山坐车内，张子宜坐辕上，出南门，送至三桥。张子宜于1916年2月22日夜在西安红十字会租住的宿舍中，被陆建章逮捕，押于西安西华门陆军监狱。在狱百余日，因是主犯而被加以镣铐，受严刑审讯，多次险遭杀头。同年5月初，胡景翼在富平兵变活捉陆建章之子陆承武，下旬经焦子静等人营救张子宜出狱。和张同时被捕的人士唯有张子宜一人幸免于难。

这期间革命党人在西安起义六次，均未成功。多人被捕，他们在狱中，受尽折磨，相互照应，不屈不挠，最后于1916年3月16日被枪杀于西安北门外西火巷。除王绍文，还有淳化人吴鹏（字鲲化）、兴平人杜守信、南南轩、李桂森（字馥斋）、袁守礼（字清轩）、勉县人郭子馀（字仲枢）、安徽桐城人章那夫（字雨苍）、临潼人赵贞吉、焦林、商州人姚南熏（字琴堂）、长安人齐以礼、乾县人张镇方、南风熏、胡德明（字子新）、湖北郧西人陈泉卿、蓝田人方象堃（字厚庵）等16人。而张渊是在躲避到陕北延长被陆建章派马队抓捕的。因为张渊民元后曾任军政府督署科长，后改任实业次长、延长石油厂总经理，延长油厂是反袁据点。张渊于1916年4月28日在押解回省城途中，行至甘泉县甄家湾遇害的，比其他人遇难晚了一个多月。他们被革命党统称为"反袁十八烈士"。

同时，"陆建章派亲信刘承恩带队到同州、蒲城监视陈树藩，派其子陆承武率模范团到富平压迫胡景翼他们，以小陆纵再武力强威，终以强龙难压地头蛇，且有地方民团组织基础，所以很快地就把小陆活捉了。消息传至省城，陆建章大为吃惊，才由与民党素有关系的刘冠三、刘化南出面言和，由陆建章让出督军职位，我方放回他的儿子，所遗督军一职公推陈树藩接替。这时我们总算逐陆成功了。当时袁世凯闻耗震惊，而护国军务院和上海党人闻讯却大为欢呼。因而旅沪陕人，大摆筵席，开会庆祝。"[①]

---

① 《马彦翀先生纪念文集》，丹凤县政协文史资料第十六辑，第231页。

第三节 护法倒陈

1916年5月7日，陆建章富平丧师，爱子被擒，异常惊恐。他深知陕西人民反袁逐陆怒潮高涨，群情激动，难以遏制，自身深陷重重包围之中。遂令全城戒严，封堵四门。令警备司令刘四儿（其妻弟）征集大批煤油扫帚，准备万不得已纵火焚毁古城西安。

陈树藩在兵变第二天赶到富平，几经磋商，将陆承武要到手。5月9日，陈树藩在三原通电全国，宣布独立，正式打出陕西护国军旗号，并出任总司令，制订包围西安作战方案。接着，令胡景翼为左翼支队长，率部由富平出发，向西安东部一带集结；令郭坚为右翼支队长，向西安西南一带集结；陈树藩本人押着陆承武率部由北面向西安靠近。陈认为自己手上有陆建章儿子为人质，直捣陆建章软肋，欲与陆进行交易，逼其就范。

陈树藩

而此时的中国，袁世凯元月称帝，改中华民国国号为"洪宪"不得人心，南方各省纷纷独立，袁不得不于3月份取消帝制，5月便忧愤成疾。陆建章眼看护国军兵临城下，深陷重围；复辟破产，靠山将倒；爱子被擒，生死未卜。遂同意"献城赎子"，并达成两项交易：陆建章向北京政府保荐陈树藩取代他担任陕西督军；陈释放陆承武，保护陆家生命财产安全，送出潼关。5月18日，陈未等到北京命令，先通电全国，自任陕西督军，不久北京政府也发表了陈树藩署理陕西军务的命令，这样，陈掌握了陕西军政大权。

6月6日，袁世凯在全国人民唾骂声中死去。次日，陈树藩通电全国，取消陕西独立。他在电文中写道："北京国务院段国务卿、各部总长公鉴：袁大总统既已薨逝，陕西独立应即日宣布取消，陈树藩谨举陕西全境奉还中央，一切悉听中央处分。"①他在电文中还提出："袁大总统之薨逝在未退位之前，依其职位，究属中华共戴之尊，溯其勋劳，尤为民国不祧之祖，所有饰终典礼，拟请格外从丰，并拟定优待家属条件，以从袁总统不能名言之隐，以表我国民独有未尽之思。"②陈的行为即遭到陕西人民的斥责。然而，袁世凯的继任者段祺瑞对陈树藩却大加赞赏。10 日，段发出命令，委任陈为将军府汉武将军，7 日，正式任命陈树藩为陕西督军。自此陈树藩投靠段祺瑞，成为北洋军阀皖系的得力干将。陈树藩趁此热劲，又进一步向段祺瑞献殷勤、套近乎，重演三年前讨好陆建章的那一套，拜认当年在保定军校的老师段祺瑞为自己的至尊之师，行弟子之礼。

陈树藩通电北京称袁世凯为不祧之祖，共戴之尊，消息传到上海，旅沪陕西革命党人，无不愤慨。"群情大哗，不欢而散。当时在沪的民党各报，如《民立报》系由于右任主办，《民意报》由徐朗西主办，《民信报》由杨铭源、赵世钰、马彦翀主办，《中华新报》由张季鸾、李述膺主办，均操之陕人，共同商定，翌日即向陈树藩开火，且亦从此种下陕西两党对立，多年战乱不休的祸根。"③

于右任打来电报质问陈树藩："阅公阳电，使人发指。陕西独立，取名护国，自当与西南首义诸省取一致行动。今袁氏朝死，暮即取消独立，且殷殷推袁氏为共戴之尊，不祧之祖，是则陕西何必独立，独立岂非叛祖？尤异者，请对袁氏饰终典礼从丰而外，又请定优待家属条件。试问袁氏遗产岂少，何待越俎代谋？军兴以来，战地人民死者不下数百万，此等家属，更谁恤之而谁怜之？"④

之所以陈树藩宣布取消陕西独立，而引起公愤，是因为在护国军军务院撤销之前，宣布独立的省域间有约，要采取一致行动，暂不取消独立，以等北京政府接受西南护国军所提出的各项条件。具体是：一、恢复民元《临时约法》；二、恢复民国二年被非法解散的国会；三、惩办帝制祸首杨度等十三

① 张中平：《西风烈焰》，陕西人民出版社，2012 年，第 104 页。
② 《陈树藩取消独立电》，《中华新报》1916 年 6 月 11 日。李希泌、曾业英、徐辉琪：《护国运动资料选编》，中华书局，1984 年，第 691 页。
③ 《马彦翀先生纪念文集》，丹凤县政协文史资料第十六辑，第 231 页。
④ 冯志明：《"逐陆"之役和陈树藩攫取陕省》，《陕西文史资料选辑》第二辑，1962 年版，第 137 页。

人；四、召集军事善后会议。

段祺瑞控制北洋政府实权后，极力排除异己，积极扩充皖系势力，引起黎元洪、冯国璋及其他军阀的强烈不满，争权夺利到了白热化的程度。1917年2月，在第一次世界大战参战与否的问题上，终于爆发了以黎元洪的"总统府"坚决抵制参战，同段祺瑞"国务院"力主参战的激烈斗争，史称"府院之争"。

段祺瑞于4月25日召集皖系为骨干的各省督军到北京，组成"督军团"，威逼黎元洪在"参战"提案上签字，后又指使"督军团"强迫黎元洪解散拒绝通过"参战"提案的国会。陕西督军陈树藩是"督军团"成员，且表现积极。但黎元洪非但没有顺从威逼，反而以大总统名义下令免去段祺瑞总理职务。于是段祺瑞离京去了天津，在天津策划武力倒黎。

第四节　张勋复辟

就在府院之争闹得不可开交之时，驻扎在徐州的张勋，于1917年5月23日，召集各省督军及军阀代表20余人，召开第四次徐州会议，讨论并议决了他一直以来准备复辟的步骤与策略。于6月7日率领他的辫子军5000人，[①] 以"调停"府院之争为名，由徐州北上。

段祺瑞的全权代表徐树铮在参加第四次徐州会议时，向段报告了会议的一切内容，段指示暂不表示反对复辟，纵容张勋扩大野心。"陈树藩的代表瞿寿缇及专看段祺瑞眼色行事的各

张勋

---

① 张勋是个顽固透顶的封建余孽，辛亥革命后，他所带领的军队，一直保留着长辫子不剪，以示不忘清王朝。

省督军代表，也都随徐树铮之后一一签了名。"①6月8日，张勋途经天津时拜见段祺瑞，段表示出默许"复辟"。段的真实用意是借张勋之手驱逐总统黎元洪，然后再举起拥护共和的旗帜来起兵讨伐张勋，最终达到自己夺权的目的。6月12日，张勋威逼黎元洪下令解散国会。7月1日凌晨，张拥出12岁的前清廷逊位皇帝溥仪重新出任皇帝，改年号为"宣统九年"，重挂龙旗，并通电全国。张勋自封为"议政大臣兼直隶总督、北洋大臣"，独揽朝中大权。张还连发19道伪谕，封公授爵，号令天下。在第六道伪谕中，授陈树藩为陕西"巡抚"。②

一时间，王公贵族、清末遗老、无耻官僚，竞相出场。没有"朝"服的，有的借穿，有的到寿衣店购买；特别是官员都已没了发辫，一时间戏装店的假辫子也成了抢购对象，搞得京城乌烟瘴气。7月2日晚，大总统黎元洪被迫逃入日本公使馆避难，同时发出通电，请副总统冯国璋代行总统职权。

张勋复辟，举国愤怒。孙中山首先发布《讨逆宣言》，表示坚决与复辟军阀斗争到底。段祺瑞见张勋的蠢动，已达到其解散国会、驱逐黎元洪的目的，遂借助举国反对复辟呼声，打出"维护共和"的旗号，策动驻天津马厂的李长泰第八师和驻廊坊的冯玉祥第十六混成旅，与保定的曹锟，东路的段芝贵进行联系，于7月3日上午，在马厂誓师，段自任讨逆军总司令，宣布讨伐叛逆张勋。

7月9日，北京城被讨逆军包围，张勋致电参加徐州会议的各省督军，请他们实践诺言："前荷诸公莅徐会议，首由诸公及诸代表揭出复辟宗旨，坚盟要约……诸公岂忍寒盟！"结果无人理睬。次日，张勋又发了一个通电，痛斥北洋派人物背信弃义，出卖朋友，陷他于绝境。电文称："变更国体，事关重大，非勋所能主持……去岁徐州历次会议，冯、段、徐、梁诸公及各督军无不有代表在场；即勋此次到津，徐东海、朱省长均极端赞助，其余各督军亦无违言。芝老（段祺瑞）虽面未表示，亦未拒绝。勋到京后，复派代表来商，谓只需推倒总统，复辟一事，自可商量。勋又密电征求各方面同意，亦皆许可，密电俱在，非可讳言。现既实行，不但冯段通电反对，即朝夕共谋之陈光远、王士珍，首先赞成之曹锟、段芝贵等，亦居然抗颜反阙，直逼京

① 张中平：《西风烈焰》，陕西人民出版社，2012年，第106页。
② 张中平：《西风烈焰》，陕西人民出版社，2012年，第106页。

畿。翻云覆雨，出于俄顷，人心如此，实堪浩叹。勋孤忠耿耿，天日可表，虽为群小所卖，而此心致死不懈。但此等鬼蜮行为，不可不布告天下，咸使闻知。除将历次会议记录往返函电汇集刊印分送外，先此电达。"12 日，讨逆军攻入北京，"辫子军"被缴械，张勋只身逃往东交民巷荷兰使馆躲藏，康有为避往美国使馆。溥仪再次退位，复辟丑剧仅仅上演了 12 天即收场。风波落幕，冯国璋代行总统职务，段祺瑞以"再造共和"功臣现身，于 7 月 14 日重新出任国务总理，掌控了北京中央政权。

在北洋这边，仅仅一年多点时间，经历了袁死黎继、府院之争、张勋复辟、再造共和等事件。而在陕西陈树藩出任都督后，积极扩充个人实力，培植壮大自己力量，排除异己，打击革命党人。他把自己的亲信曾继贤、刘世珑升任旅长，让其驻军西安周围。而对最先竖起讨袁逐陆护国军大旗的高峻、曹世英、郭坚、耿直等人加以限制和排斥。他将高峻部编为一个骑兵团，却不任命高出任团长，仅以团副待之。然后另组骑兵团，命高任团长，仅 4 个连兵力，并让高峻回白水驻防，且经常断饷。将曹世英部编为一个骑兵营，驻防耀州。但曹的实际兵员超出数营，最后陈树藩只好改曹世英为团长。郭坚、耿直所部人数最多，实力雄厚，但陈树藩不给其旅、团建制，将所部编为七个营，任郭坚为"陕西游击军"统领，耿直为帮统。

对于胡景翼活捉陆承武，让功于陈树藩顺利出任督军，他非但不感激，仅给胡团长位子，但又将自己的亲信陈世珏营插入该团。同时调胡景翼离开自己的根据地，驻防商州龙驹寨（今丹凤县），断绝了与高峻、曹世英、郭坚、耿直的联系，掣肘于胡部发展。

1916 年 7 月 14 日，黎元洪任命广东军务院副参谋长李根源为陕西省长，陈树藩以北京政府拖欠陕西军饷 300 万元为借口，百般刁难，抵制李来陕任职。直到次年 2 月，李才勉强到任。李根源为便于开展工作，请井勿幕出任关中道尹，协助工作。1917 年 3 月 8 日，黎元洪大总统发布命令：任命井勿幕为陕西关中道尹兼办全省交涉（外交）事宜。[①] 陈树藩将自己认为"素无纪律，不堪驱遣"的郭坚、耿直所部陕西游击军改编为"陕西警备军"，归省长节制，其目的是监视李的行动。李根源早年留学日本，系同盟会元老，辛亥

① 《政府公报》，"命令"，第 416 号，1917 年 3 月 9 日。中国第二历史档案馆："政府公报"第 104 册，1962 年影印版，第 280 页。

年随蔡锷在云南发动起义，后出任副都督。他到陕后做事光明磊落，对郭坚、耿直以诚相待，推心置腹，又有井勿幕等陕西辛亥革命同仁的拥护，使李与郭、耿之间的关系异常融洽。加深了陈树藩对李根源、郭坚、耿直的嫉恨。

1917年4月，段祺瑞组织"督军团"作乱，欲驱逐总统黎元洪。5月23日，段祺瑞被黎元洪免职，陈树藩当即宣布陕西独立，脱离中央，继而变本加厉，依附"安福系"加入"督军团"。① 李根源不肯同陈树藩在通电上署名，5月31日，受段祺瑞、倪嗣冲、徐树铮等人指使，陈树藩以武力强取陕西省长印信，拘押省长李根源，软禁关中道尹井勿幕，② 长达5个月之久。10月，李获得自由后去广州，参加孙中山领导的护法运动，出任驻粤滇军总司令兼第一军军长。

阎锡山

张勋复辟后，陈树藩又借讨逆扩张势力，排挤打击政见不同者。这时革命党人宋向辰、樊灵山请命北上讨阀张勋，陈树藩遂命令郭坚为讨逆军总司令，康振邦为前卫司令，率部四营，假道山西，北上讨张。郭坚率军集结于合阳县黄河岸边的灵村、坊镇一带，发出《讨逆通电》，缮草《讨逆檄文》，申明出师大义，表达讨逆决心。"郭坚率部兵至永济，张勋即败。晋督阎锡山来电质问，陈树藩竟以'郭坚为叛军，请邻封协剿'回复，并派胡景翼、王飞虎布兵黄河西岸，断郭部归路。郭坚所部被前后夹击，致使同盟会元老、讨逆军参议宋向辰、樊灵山等先后牺牲，郭坚仅以身免，所部几乎全军覆没。"③郭坚被打散后，腿部受伤，只身逃到韩城龙王山北边黄河渡口，渡河返陕，被杨虎城部救起，辗转到咸阳，送至耿直部，又由耿直送到凤翔驻军李夺处休养。

---

① 井晓天：《乱世云烟——井勿幕井岳秀昆仲史事钩沉》，中国文史出版社，2018年，第99页。

② 同上，第100页。

③ 韩维墉：《我所知道的陈树藩》，高泽、沈楚：《存真录》，陕西人民出版社，1998年，第10页。

　　7月26日，陈树藩兼任陕西省长，集陕西军政大权于一身，加上有段祺瑞做靠山，更加为所欲为，肆无忌惮。他不仅增添名目繁多的苛捐杂税，而且向全省农民商人追索民国元年至五年的"欠粮""欠税"，把陕西地方的粮税随意增加两成。接着又强行预征未来5年的田赋，还下令强制发行明显无法偿还的地方公债白银500万两，并以陕西纺纱厂和陕西铜元局作为抵押，于1918年向日本借款白银500万两。[①] 陈树藩在陕西大开烟禁，要求广种鸦片，然后令烟农按每亩烟田高出地丁十倍纳洋，自己则趁机大做起烟土买卖。据1917年1月10日《顺天时报》载："陕省陈树藩督军后，经甘贩卖大宗烟土，自陕至汴，公然以军队保护。"接着陈树藩又反过来"禁烟"，规定凡种烟者，每亩罚银六两六钱。1918年夏秋之交，陈树藩步陆建章后尘，也与美国"考古学家"、文物巨盗毕士博相勾结，企图卖掉"昭陵六骏"中剩下的四骏。当他们把敲成小块的四骏装箱偷运到渭河边准备上船时，被醴泉群众发觉，群众纷纷集合，谴责陈树藩倒卖文物的罪行，将四骏截回。现昭陵的四骏存放于西安碑林博物馆。[②]

① 张中平：《西风烈焰》，陕西人民出版社，2012年，第110页。
② 张中平：《西风烈焰》，陕西人民出版社，2012年，第110页。

第十八章　陕西靖国军的诞生

张勋复辟闹剧仅仅 12 天就告结束，国务总理段祺瑞成为再造共和的英雄。原副总统冯国璋从南京过来继任总统，实际军政大权集于段祺瑞于一身。在此之前，张勋复辟的起因是"府院之争"，因为第一次世界大战于 1914 年爆发，到 1916 年时战争陷入胶着状态，日本和美国怂恿中国参战。一是希望在中国招募华工；二是山东被协约国控制着，如日本从德国手中夺取了青岛和胶济铁路，威海被英国人占领。列强这时开出的价码是重新议定关税，取消庚子赔款中中国需向同盟国偿付的赔款项。其中只要参战，中国就不必向德国和奥匈帝国赔款了，其他国可以暂缓。府院之争的焦点就是大总统黎元洪不在参战协议书上签字。到了赶跑张勋，段祺瑞大权在握，就正式签字，加入协约国，正式参战。这也给 1919 年发生的五四运动埋下了伏笔。

这时段祺瑞借口民国已被复辟破坏，宣布不再恢复《临时约法》和国会。对于段的独裁统治，激起全国人民无比愤慨。孙中山强烈谴责段祺瑞，力主恢复《临时约法》和国会。1917 年 7 月，亲率两艘军舰抵达广州，举起了"护法"旗帜。前海军总长陈壁光等率先响应，带领第一舰队起义，发出"拥护约法，恢复国会"的通电，南下护法。8 月，响应恢复国会参众两院议员 150 多人，先后抵达广州。因不足法定人数，故称之为"非常国会"。8 月 9 日，非常国会会议决定成立护法军政府。8 月 31 日，会议通过《中华民国军政府组织大纲》，明确规定，在《临时约法》未完全恢复之前，行政权由大元帅执掌，对外代表中华民国。9 月 1 日，在非常国会会议无记名投票选举中，孙中山当选为中华民国军政府大元帅。滇、桂地方军阀，为了各自不被段祺瑞的"武装统一"吃掉，也都聚集在了孙中山"护法"大旗之下。9 月 10 日，孙中山正式就任中华民国军政府海陆军大元帅职务。10 月，"护法战争"（南北战争）开始。

第一节　高峻首举护法义旗

陕西各阶层在孙中山的号召下，对依附段祺瑞胡作非为的陕西都督陈树藩深恶痛绝，特别是陈借讨伐张勋之名，使陕西讨逆军郭坚部近三千将士，惨遭杀戮，表示出极大愤慨。辛亥革命元勋宋向辰、樊灵山的蒙难，给陕西革命党人心灵上的创伤难以愈合，声讨陈树藩浪潮此起彼伏。

这时，孙中山在广东组织护法军政府宣布护法，国会陕西籍议员焦子静、马彦翀奉孙中山之命，以护法军陕西招讨使、副招讨使身份回陕策划"护法倒陈"斗争。[①] 焦子静回陕后与马彦翀进行了分工。焦重点去渭北的蒲城、白水一带，联络旧部，举起护法大旗。而马彦翀则回商州龙驹寨，深入胡景翼团，策划倒陈。

焦子静、马彦翀回到陕西，陈树藩就得到消息，认为焦子静辛亥革命期间在陕西是领袖级人物，影响大，辛亥革命后曾有自己的武装。便许焦为关中道尹职为诱饵，留他在西安以免回渭北与陈为敌。焦子静深明大义，拒绝高官厚禄诱惑，毅然不忘孙中山先生嘱托，回到渭北。陈树藩见焦子静不愿与自己为伍，遂写信命令高峻，驱逐焦。他信中写道："如不将焦赶走，极阁下之力，不过扰乱白（水）、宜（川）、中（部）、洛（川）而已。"[②] 高峻置之不理，继续准备起义护法，反段倒陈。

时焦子静旧部高峻任骑兵团团长，驻防白水；耿直任陕西游击军（警备军）统领，驻防西安；郭坚从山西逃回后驻凤翔。经过沟通、联络，三方形成联盟，订立密约，响应孙中山号召，护法倒陈。计划高峻在白水发难，引陈树藩率兵出城至渭北围剿，省城空虚后，再由耿直发难，控制西安。

1917 年 12 月 3 日，高峻以"陕西护法军"总司令名义，发出护法通电，传出檄文，支持护法军政府，声讨段祺瑞及其陈树藩。檄文中写道："共和告成，民国肇造，经多数伟人讨论，流无量先烈之鲜血，得远迩列强之认可，始成此良善约法以公布于当世。此正永久之国基，所当遵守而弗易。奈何革

---

① 陕西省政协文史资料研究委员会：《陕西辛亥革命回忆录》，陕西人民出版社，1982年，第 193 页。

② 张中平：《西风烈焰》，陕西人民出版社，2012 年，第 118 页。

命之血迹未干，前盟已背；帝制之流毒复炽，故态竟萌……甘心媚外，奸灭同胞；一意徇私，排除异己。袁氏之殷鉴不远，张勋之余孽犹存。竭西江之流，难雪此异常愤恨；罄南山之竹，说不尽此中怨尤。殃民祸国；丧心病狂，莫此为甚。谁生厉阶，固由陈树藩之附和；推原祸始，实由段祺瑞窃权……"

这时的陕西，反对段祺瑞独裁统治、讨伐陈树藩斗争声浪高涨，陈树藩对渭北局势堪忧，又恐胡景翼远在商洛山中，鞭长莫及，日益壮大，自立为王。于是决定调胡景翼团重回渭北驻防，企图借胡之手镇压渭北民军。

富平兵变之后，陈树藩整编军队，任胡景翼为团长，李文卿、靳伯伦为副团长。以秦楚重地兵力不足为由，命胡离开渭北，驻防商州龙驹寨。时胡景翼团下辖田玉洁、陈世珏、岳维峻三个营，号称"十大连"，连长分别为张义安、董振五、邓宝珊、冯毓东、蒋朗亭等人。龙驹寨位于陕南东部，地处丹江上游，"南接吴楚，北通秦晋""水趋襄汉，陆入关辅"。起于明，兴于清，是西北与东南水陆转运的水旱码头。这里"康衢数里，巨屋千家，鸡鸣有未寝之人，午夜有可求之事"，每日"百舸联樯，千蹄接踵，人头攒动，熙熙攘攘"。这里山峦叠嶂，地势险峻，是兵家必争之地，更是养兵治军理想之处。

李元鼎

胡景翼在龙驹寨练兵，从实战出发，他要求所有官兵，人人练出一身硬功夫。为了使官兵有明确的民族意识和革命目标，他亲手制作枪靶。靶心画着老鹰和太阳，用以影射英、日帝国主义，叫官兵对准靶心射击，激发起官兵反帝爱国热情。他还要求官兵牢记一条宗旨："吃饭靠百姓，当兵为民众"，教育大家严守军纪，决不许逞威扰民。

经过一年多的严格训练，到1917年冬，奉命率团出山时，官兵都已练成一支军纪严明、作战勇猛的铁军。其中营连长也锻炼成有勇有谋的指挥员。

部队也由原来的 10 个连扩充为 15 个连，人数增加了四五百人。

胡景翼团回到渭北后，陈树藩即命令李天佐、王飞虎等团自蒲城、富平、同州出发，进剿白水。在白水竖起"陕西护法军"大旗的高峻自知实力逊于围剿的来兵，且无援兵，但他信守与耿直、郭坚盟约，坚守白水，吸引陈树藩的兵力，以使耿直在西安顺利起义。

12 月 6 日，陈树藩各路队伍开到白水城下，围扎东、西、南三面，并开始攻城，炮火漫天，弹雨横飞，激战三昼夜，白水城依然坚若磐石。但高峻考虑，白水城内弹药短缺，兵力不足，决定退守澄城。当晚，高峻率部从北门撤出。次日，围城部队开始攻城，不见有应，才知道已人去城空。而就在这一天，警备军统领耿直，在省城起义，策应高峻。

第二节 耿直西安举义旗

1917 年 12 月 3 日，高峻以"陕西护法军"总司令的名义，在焦子静等人的协助下，宣布起义，发出护法通电，声讨段祺瑞及陈树藩。其间，耿直派他的妻哥、警备军参谋范润生秘密赴广州军政府，面谒孙中山，汇报各部计划起义事宜，孙中山以大元帅名义，颁授其"陕西靖国军"军名，委任耿直为陕西靖国军招讨使。同时叮嘱范润生转告耿直："必须与民党人士取得联系，开诚协商，共同举义。"这也就是陕西护法军以后改为靖国军的来历。

就在高峻白水举起护法旗帜时，其间有一个小插曲，加速了举义进程。时北洋政府调运给新疆一批武器弹药要路经陕西，其中枪械 1000 余支，子弹80 万发，陕西段由陈树藩派兵护送。陈部驻渭南骑兵连连长刘锡麟有缴获这批军火，充实自己武装的想法，但自身兵力薄弱，认为就是自己劫取了这批枪械，陈树藩定会派兵围剿，在陕西也难以立足。就来找郭坚、耿直商量。因刘与郭、耿均系渭北白水人，过从甚密，三人经过分析，认为这批枪械是护法反陈的重要武器，一定要搞到手，不能让它顺利过陕，同时认为，刘锡麟不能轻举妄动，截取的地点不能放在省城附近，最好选在彬县、长武一带。这里远离省城，靠近甘肃，得手后便于撤离，也可将劫武器的对象推给甘肃方面。根据运输里程和行进速度推算，截获武器的时间为农历十一月，同时决定，武器到手，当即在西安举义，发动"倒陈"行动。

12月9日，刘锡麟不听耿直等人劝阻，欲自己行动。他趁押运武器人员在临潼华清池吃饭和洗浴之机，截获了调运新疆的全部军火，并于临潼募兵半日。刘的行动，打乱了耿直、郭坚原定的计划。这天，恰恰与高峻率护法军弃白水走澄城同日。

12月10日，耿直迫于形势，拟准备起义，以实践与高峻之约，同时派人行刺陈树藩，因筹划不周，行刺失败。次日，耿直电话报告陈树藩，抓住行刺者，计划设计赚开陈的都督署门，再度行刺，当30余名枪手到督军署大院，陈的副官从大厅出来，叫押送者止步，由他接收"行刺者"人犯，众押送者立即开枪击毙副官，冲进院内。当冲进大厅见坐上有人，问其"贵姓？"答"姓陈。"众人将其击毙，但此人并不是陈树藩，而是关中道尹陈友璋。这时陈树藩听到前院枪声，迅速从后院爬墙逃命。耿直两次行刺未果，断然决定起义，此时耿直部在西安仅600余人，而陈树藩可调动兵力达到3000人，兵力悬殊，耿直急忙派人赴凤翔告知郭坚，请他率部援省。

陈树藩逃到北校场急忙集合队伍返回督军署，同时排兵布阵，向耿直部发起进攻。耿直一面以陕西靖国军的名义贴出布告，宣布起义驱陈，一面派兵占领南门至钟楼一线。此次行动被誉为"耿直炮打西安"。

此时，临潼刘锡麟带领他的骑兵连近千人来西安支援，12月12日，陈树藩从外县调来的军队赶到西安，而耿、刘兵力勉强支撑三日已显不支，因西安起义时间提前，西府郭坚的部队仓促集中费时，加之路途较远，未能及时赶到，致使耿部损失惨重。13日凌晨，耿、刘部不得不撤退出城。

耿直、刘锡麟部撤退至鄠县，与郭坚部会师，并进驻盩屋。郭、耿立即召开军事会议，遵照孙中山指示，决定响应各地护法形势需要，宣布成立"陕西靖国军"，郭坚任总司令、耿直任副总司令，并通电全国。

陕西靖国军在讨伐陈树藩通电中写道："陈树藩阴险成性，鬼蜮为心。在袁世凯盗国称帝陕人举兵声讨之时，陈树藩利用时机，阳假护国反袁之名，阴逞攘权窃位之图。即夺得督军地位，即尊袁世凯为不祧之祖。袁败亡之后，又复借段祺瑞为护身之符。组织督军团，毁法乱纪，发动徐州会议，暗助张勋复辟。翻云覆雨，变诈无常，久为陕人所侧目。"给予陈树藩以无情的揭露与抨击。

12月下旬，靖国军退守凤翔、岐山两地。因陈树藩差点命丧耿直之手，恨耿至极，下了死心剿除他们。遂令王飞虎、李天佐两个团在东路牵制高峻。集中其他全部兵力西进，追击郭坚、耿直。耿军刚到岐山，陈部刘世珑、曾继贤两个旅随即赶到，包围了县城。同时还派出兵力牵制凤翔的郭坚部，耿直出兵城外，战斗胶着，双方损失惨重。岐山城东有个凤凰村，地势偏高，在此可以鸟瞰全城。耿直派出重兵据守，陈军亦派出劲旅来进攻该村，守将简大猷与其部下弹无虚发，陈军数次冲锋均未夺下。天色将晚，攻方撤出阵地，简大猷趁此机会发动反冲锋，打得陈军鼠窜，简大猷得枪弹无数。耿部在此村战至第六日，简大猷中流弹牺牲，耿军士气大受影响。

耿直与陈军战至七天七夜，岐山县城固若金汤。然而耿直所部，待援无望，粮弹不足，处境危急。此时围攻岐山的刘世珑、曾继贤部团长胡景翼，对镇压靖国军，绝非本意，同时他们均为渭北同乡，又共同参加过辛亥革命，所以一直对耿直的处境较为忧虑。而此时，有富平同乡武关石来找胡景翼，捎来高峻、曹世英手书，商讨耿直突围之事。此事正中胡景翼下怀，他遂通过武关石进城与耿直密约，由胡部让出通道，使耿直部退出岐山，保存实力。同时胡景翼也希望借此"夺城之功"，在陈树藩处领取更多装备，以扩充实力。同时，胡景翼也早有护法倒陈之意。1917年1月12日晨，围攻岐山的胡景翼团佯攻岐山，耿直突围成功。胡景翼上演了"破城而入"，使靖国军"突围东出"。1月中旬，耿直率部来到白水，与高峻部会师，召开联合军事会议，举郭坚为总司令，高峻为副总司令，耿直为参谋长。通电全国，上报广州军政府。

两军会师，实力大增，郭坚、高峻多次召开军事会议，认为白水县地处山区，易守难攻，但人口、土地资源欠缺，粮饷困难，没有发展空间，遂决定攻打蒲城，以建立靖国军根据地。同时分工，郭坚、耿直为前锋。高峻为后卫。

郭坚、耿直率部南进，消息传到蒲城，蒲城守军早有准备。他们将主力配置在城东、城北两侧。郭、耿为了避实击虚，在城外东、北部遍插靖国军旗帜，佯装进攻，而主力则在西、南两侧集结。郭坚由南面发起进攻，耿直率部则由西面强攻，他们很快占领了城外所有据点。

1月25日，攻城号吹响，耿直亲自率部搭起人梯，登城成功，立即打开西门，全军鱼贯而入，与守军展开巷战。城内西部，悉数被占领。这时守城援军赶到，耿直突然遭到猛烈火力袭击，急令撤退，刚退至西北城角，耿直身已中弹，他强忍伤痛，率众攀越城墙，然后由城上纵身跳下。正准备指挥抵抗，但追兵赶到，子弹交错，耿直又连中数弹，血流如注，壮烈牺牲，年仅 23 岁。

于右任闻知英雄阵陨，钦佩他以六百兵士悍然骤起，倒陈树藩，炮打西安，果敢英勇，以一当十，坚守岐山八昼夜。遂赋挽诗以追悼：

> 覆局何尝古异今，义旗虽倒果成因；
> 英雄关内知多少，血战长安有几人！

孙中山大元帅闻知耿直死讯，深为惋惜，军政府追授陆军少将。1923 年春，陕西各界在澄城县城南 40 里之垣畔，为耿直修建陵园，厚葬将军。孙中山寄来亲书的"为国捐躯"的挽幛，军政府又追授耿直为陆军中将。

第三节 张义安发难于三原

胡景翼在岐山取得"夺城之功"后，并未得到陈树藩的补给，反而怀疑胡与靖国军秘密往来，对于该团正常的粮饷也断断续续，欠账较多。但是陈又任命胡景翼为"渭北剿匪司令"，命令他去渭北与郭坚、高峻等起义军，作两败俱伤的内斗。于是胡景翼以追击耿直为由，将部队开到渭北，驻扎蒲城、富平、三原等地，与驻防耀县的陈部骑兵团长曹世英秘密联络，伺机起义反陈。

三原县自古为关中重镇，交通便捷，民殷物阜，衢道九边，吭扼三疆，故有"京兆屏卫"之称。辛亥革命以来，革命党人一直以三原为革命

胡景翼

的重要根据地。胡景翼团补充营驻守该县，营长张义安。但陈树藩不放心胡团官兵，特派心腹曾继贤旅长率领严锡龙团驰往三原驻防，以监视胡团行动。

严锡龙到三原后，勒令张义安交出城门防务，强迫补充营拔离三原。张暗下起义决心，先打掉严锡龙团的气焰。张遂假意张罗撤防，将东、南、北各城门的防务交出，以出入便利为由，要求留下西门一处暂用。接着，他即刻与营教官邓宝珊、连长董振武商量起义一事，并进行了周密的部署。他一面做开拔前的准备，以拉运行李为名，通过曾的旅部，向三原县政府和商务会要来骡马大车数十辆，集中在要冲地区，并张贴布告，令本营官兵送还借用商、民的物品，清理商号欠款，解决开拔前遗留拖累商、民事情，以麻痹曾继贤、严锡龙，使其放松警惕。接着他令学生兵们携带测图板，在城内各处以实习测绘为名，将三原城内里里外外各街道交通与所住曾、严各部队的番号、主官姓名、人数多少以及私人住宅的位置都做了详细的调查，制成详图。根据地形地貌制订方案，确定了在何处隐蔽，何处进攻，何处截击，何处偷袭。同时对自己的兵力进行了部署。另外，自从曾旅进驻三原后，张义安每天都向曾旅旅部请令当日口令，安排专人掌管。最主要的是他还仿造了曾旅各级军官所使用的灯笼备用。

1918年1月25日午饭后，张义安召集排以上干部开会，毅然宣布在当日夜间起义护法。他说："我张义安凭着现有的三四百人，二百条枪，今晚要在三原做一件奇事。"他按计划详细部署了全营行动步骤，明确了各连排班的具体任务。这一天，正是耿直在蒲城遇难日子。

开战前，张义安派人给驻富平的胡景翼飞骑送信，告胡"决定今夜12时与陈军决一死战，以报十年知遇，请速筹善后。"同时，又给驻耀县的骑兵团长曹世英送信，请其派兵支援。同时，他安排手下几名军官，以告别曾、严军中好友为名，宴请了十几人，席间将他们灌得酩酊大醉，人事不省。

午夜时分，行动开始。一路由连长董振武带领，占领了三原城中心的钟楼，阻断了交通。另一路由邓宝珊负责，主要负责控制东、南、北三个城门，邓派出各组夺门官兵，冒充曾、严部的巡城官，提着仿制曾部官衔的灯笼，抱着当时军队中作稽查和弹压秩序时所用的令牌，假装查夜，应答着曾、严部口令前行，部队则分别随后跟进。行至各城门岗哨处，趁其不备，缴械了他们的枪，后续部队跟进后，进入营房，收取挂在墙上的枪械，守城士兵在熟睡中当了俘虏。三个城门，一弹未发，在悄无声息中被占领。

随后，起义军重点攻取曾继贤的旅部和严锡龙的团部以及机关枪连。对曾旅司令部，由董振武率百余人从山西街西端进攻，排长宋锡侯在东口堵截。他们用一辆大车，装满黄土，筑成街垒，控制了各条街道的路口。旅部驻地是一家大布店，院落交错，墙厚屋高，不易进攻。董首先派人至旅部墙外，攀登上房，并向院内连投3颗炸弹，作为攻击信号，随之枪声四起。旅长曾继贤正在打麻将，不知出了何事。张义安自己则率领一个排，由西渠岸向姚家巷严锡龙团部进攻。严听到枪声，惊慌失措，抓起电话，没有声响。只听到有人喊："曾旅骑兵营哗变了，曾旅骑兵营哗变了！"严部信以为真，纷纷向曾继贤带来的骑兵营猛烈射击。而骑兵营不明真相，提枪向严部还击。张义安则利用"自家人厮杀"空隙，解决了其他零散武装。天亮后，发现中计，相互指责，抱怨不已。但他们的驻地都被各种障碍物阻挡及火力封锁，如困兽一般。邓宝珊负责解决住在盐店街第一高小内的机枪连，他带领一个排，用事先准备的浸泡了煤油的芦席堵住房门，向室内士兵喊话："如果射击，油席着火，你们会被全部烧死。"致使该连全部缴械。

两天时间，战斗结束。曾继贤、严锡龙各自带残部趁雪夜溃逃。这次战役，缴获山炮两门，重机枪3挺，步骑枪2000余支，子弹6万余发，军马100多匹，其他军需品无数。

胡景翼接到张义安来信，深深为张义安捏着一把汗，因为力量悬殊，补充营只有400多人，面对3000余人的对手，急令靳伯伦率骑兵营驰援，同时派驻守蒲城的田玉洁营和岳维峻营连夜奔赴三原参战，胡亦率余部，向三原进发。

驻守耀县的曹世英接到来信，同样着急万分，立即率部南下，并赶在胡景翼前面到达。两支部队到达之时，战斗已经结束。胡景翼、曹世英两团人马，在三原竖起靖国军旗帜，提出护法讨陈。胡景翼为右翼军总司令，以三原为据点，任命田玉洁为第一支队司令，张义安为第二支队司令，岳维峻为第三支队司令，邓宝珊为前敌总指挥，曹世英为左翼军总司令，以高陵为据点。任赵子健、石象仪、张玉山为支队司令，王祥生为骑兵团团长。各将领举行会议决定，曹世英联合郭坚、高峻为东路，由高陵渡过渭河进军；张义安率董振武为西路，经兴平、鄠县进军，两军会攻西安，讨伐陈树藩。

陈树藩得知胡景翼、曹世英起兵反正，即请郭希仁、李仲特到三原"调停"。当郭、李听了胡景翼、曹世英对陈树藩的指责与控诉后，莫衷一是。郭希仁带着渭北军民对陈树藩的无比仇恨和靖国军护法讨陈的决心，回到西安，向陈树藩复命，"调解"绝对行不通，表示不愿再介入双方争端。李仲特离开三原前表示："时局浑沌中有此一帜，革命之曙光也。诸公善为之，余老矣，不能助也。"回西安后，他不但不去向陈树藩复命，反而编写了《陈树藩祸陕论》的小册子公开散发。

于是，陈树藩一面积极部署正面进攻，一面施展挑拨离间伎俩，秘密派人捎信给胡部第三支队司令岳维峻，许愿给岳团长职，要求岳暗杀曹世英。岳把密信交与胡景翼，胡又将信转给曹世英。于是胡、曹之间的关系更加紧密。

离间胡、曹不成，陈树藩令刘世珑旅、曾继贤旅残部由泾阳会攻三原。时张义安正准备率部整装，进攻西安。靖国军内有意见认为，来犯者势众，张若离三原，恐人心动摇；张若孤军深入，亦令人不能不为之担心。张义安向大家解释利害时说："陈树藩气浮而谋短，此次倾城扑来，欲洗其三原之羞。我直薄其西安城下，必获全功，三原亦可保无虞。此即为兵家所谓之'攻其所必救'也。"

1918 年 2 月 2 日，胡景翼、曹世英以陕西靖国军名义发出《讨陈檄文》，向陈树藩宣战。同时，胡景翼任张义安为右翼军先锋，同冯毓东、董振武等率部西出咸阳、醴泉之间，经兴平渡渭河，过盩厔、鄠县直指省城西安。

就在发布檄文的当天，刘世珑旅在三原城西南的汉铜堤、申家堡、西秦堡一带安营扎寨，准备次日进攻三原城。胡景翼派邓宝珊率兵两连，提前潜伏于三原城南 10 里雪河，准备从侧背袭击来敌；派田玉洁、岳维峻出城正面迎击。未到天明，靖国军神兵天降，迫使刘世珑部仓促应战，双发激战整整一天，至傍晚，刘部腹背受敌，伤亡惨重，开始向泾阳溃败。三原城南一战得胜，田玉洁、岳维峻率部追击 50 余里，直抵泾阳县城下，准备攻城；曹世英率部攻打高陵县城，配合胡景翼部的行动。

刘世珑率部躲入城内困守，田、岳连续两日猛攻不下。这时，郭坚、高峻、刘锡麟各部正沿渭河向曹世英驻地高陵附近集结，准备同曹世英共同进攻西安，见胡部攻泾阳不克，故意放言刘锡麟已率骑兵团由高陵出发，准备助攻泾阳。刘世珑部闻此消息，惊恐万状，无心恋战。而胡部则选徐元凯、解天青等人组成敢死队猛攻,泾阳城随即告破。此役遂取得胜利,缴获战利品颇丰,但徐元凯、解天青壮烈牺牲。此时张义安率部已兵临西安城附近,西安城防告急。陈树藩急令刘世珑率部回防,泾阳归靖国军所有,胡景翼派田玉洁驻守。

第四节　四面楚歌的城池

靖国军右翼先锋张义安率部到达醴泉县东的阡东,广告民众护法讨陈大义,设司令部于兴平县城。随即由此地渡过渭河,绕道鄠县,直抵西安城南近郊甘家寨。刚到此地,立足未稳,陈树藩即派出三营兵力迎战。陈部官兵,自持人多,傲然前进,3个营蜂拥而至,妄图一举歼灭张部。张迅速组织兵力应战。张义安命令士兵瞄准目标:"敌不到最有效射程,绝不射击。"当进攻部队行至寨门一百多米处,张一声令下,密集的子弹如雨注一般,陈军还未来得及举枪,就被射杀倒地大片,急忙抛下尸体溃逃。甘家寨一役首开得胜,消息传到三原,正是胡景翼、曹世英左右翼联军合围泾阳刘世珑旅,夺得该城之时,靖国军为之振奋。

张义安部获胜后,乘胜进军,当晚进驻西桃园和西关外原新军营盘。陈树藩惊恐万状,又急忙调集8个营兵力,配备大炮、重机枪,于2月10日(农历大年初一),自东、南、北三面合围,进攻张部。张义安再次强调不许盲目射击,等敌人靠近再打。这次的战役人数、武器对比悬殊,战斗惨烈难以想象,但张部凭借工事和精确打击始终未撤退半步。他坚信坚持就是胜利。他还向营长董振武讲到:"各处布置已经很周全,应该没有什么问题。万一我牺牲在阵地上,你当统带全体,坚持到底,不要以我一人之故,致令功败垂成。"

就在这天深夜,陈军趁阴云密布,伸手不见五指而倾巢出动,层层包围张部。张义安见状,心中大喜。他精心挑选了20余名精壮士兵,分成三组,绕到敌后面,大声呐喊,敌军不知道身后有多少靖国军战士,方寸大乱,急忙向后面队伍射击。而三组士兵又趁乱返回营地。在此时陈军自相激烈互打至天明,才发现出乱,在自相残杀。

胡景翼一直担心张义安部孤军深入,风险太大,就在三原、泾阳战役胜利后，派出邓宝珊、冯毓东、李虎臣等率两个营抄近路直趋西安，支援张义安。增援部队到时，正是陈军发现上当，收拾残部再次发起进攻之时。因张部有两营增援部队到达，军威大振。他遂与众人商议："敌之所以如此攻我者，是知我军人数有限，子弹亦很缺乏，欲以优势火力压制我们。我军应以速战速决为有利，如能出其不意，奋勇直扑，城纵不破，必可寒贼之胆。"于是率众冲出战壕，变守为攻，猛扑敌阵。陈军万万没有料到，靖国军会反冲锋，仓促间阵地混乱，纷纷溃退，逃入城内。此役张义安率部除攻占土门大营盘外，还占领了城西南部的吉祥村，以及南郊的大、小雁塔，并一度攻到西城门口。形成从西到南对西安的半包围，全省震惊。

靖国军右翼军在三原、泾阳、西安取得重大胜利的时候，左翼军总司令曹世英与郭坚、高峻、刘锡麟等部作为东路军，于2月7日从高陵渭河渡口过渭河，抵达新筑镇，2月8日，由新筑渡灞水，曹、郭两部一左一右，与陈树藩军大战于西安城东、北的灞桥、十里铺、光台庙、水腰及草滩等地，战线长达四五十里。两部激战整整一天，陈军退缩城郊。东路先锋部队乘胜追击，一直追至距城五里的韩森寨，因周围无险可据，给养亦有困难，遂退回新筑镇。

东路的左翼军接到三原转来通报，知西路的右翼军张义安部连获大胜，已进入西关。于是即复联合，再以进兵。时值陈军驻守西安城南门的刘登科来信，约为内应。于是曹世英、郭坚、高峻部联合再过灞水，又进至光台庙、水腰、草滩一线。

在此期间，陈军王飞虎团第一营营长杨虎城驻守同州（今大荔县），于1918年2月8日（农历腊月二十九）率部宣布起义，响应靖国军护法。同时他在一首《效命"护法"》诗中写道：

西北山高水又深，男儿岂能老故乡，
黄河后浪推前浪，跳上浪头干一场。

2月14日，杨率部由高陵渭河渡口南渡，归东路左翼军曹世英节制。2月15日，杨虎城率部投入靖国军东路攻打省城的战斗。当天先后在灞桥赵村、光台庙等战斗中大获全胜，缴获步枪五六十支，陈军营长徐振华只身逃往西安东关八仙庵。

光台庙为西安东北之屏障，2月16日早，陈军旅长刘世珑亲率步兵两营由十里铺向北进攻光台庙，另有两营兵力由左侧翼助攻。杨虎城率一营迎战四营。战斗从早7时，延续到中午12时，侧翼助攻军队被打退，杨部亦伤亡惨重。午后3时，双方开始了肉搏战，双方又厮杀近一个小时，陈军败退出阵地。这时又有王飞虎第二营营长王永镇率领全营由朝邑赶来，加入曹世英左翼靖国军，参加东路攻城战斗。

靖国军在东西路围攻西安，且抢关夺隘，所向披靡，屡战屡胜，而陈军接战必败，士气低迷。

陈树藩为了提振士气，认为必须在靖国军中寻找薄弱环节，作为突破口。这时靖国军东路大军长驱直入，会攻西安，陈军惊恐万状，急忙从城西调来部队增援，这时郭坚率部进入北关，正遇援军来袭，不明虚实，怕中埋伏，急忙后撤。这一撤军，影响了曹世英部署，致其整体后撤，于是已渡过渭河的队伍又退回渭河北岸。陈树藩据此小胜给刘世珑讲到："我不意耿直之后，又有一张义安。今耿直已死，而张义安如虎虎长蛇，盘踞城西，威胁里外，若不出奇以挫其锋，恐不可挡。听说其驻小雁塔之兵不满一连，张义安肯定不在那里。今宜牵制其大部，然后以极大火力，突破小雁塔处，该处摧灭，余必气馁，然后自可解决其全部。"随即以5个步兵营兵力，配备大炮、轻重机枪，于正月十四日合击小雁塔靖国军。驻该处守将是营长董振武，驻军为一个连。陈军进攻猛烈，射击密集，塔寺围墙半数以上被夷为平地。靖国军伤亡较重。陈军进攻整整一天，阵地依然顽强存在，董振武对大家说："我们以数十人守，敌以数十倍于我精锐来攻，已经整整一天，没奈何我何，敌人能耐不过如此而已。况且义安在外，岂能不顾。万一不幸，敌再增援，而我援不至，我当同众兄弟与阵地共存亡，绝不能让大家去死，而我董振武独生！"守卫将士备感亲切，斗志坚定。拂晓时分，张义安率兵至，官兵信心倍增，而陈军官兵听说张义安来了，斗志丧失，个个失魂落魄，丢盔弃甲，狼狈逃窜。

不久，东路曹世英、郭坚、高峻等又发动了第三次攻势，其战线从草滩至临潼，重新形成向西安合围势态。东路军第一役是在灞桥展开的，时杨虎城、王永镇等部刚过灞水，即与守卫军刘世珑部遭遇，双方交战激烈。这时有卢占魁部从侧翼助攻，使刘世珑旅腹背受敌，溃败后向东南狄寨塬逃去。守斜口的陈军听到灞桥失守，大为惊慌，组织兵力由桥西向东反攻。战斗由早至晚，愈战愈猛，又得到卢占魁、弓富奎骑兵的支援，陈军大败。

陈树藩被东、西两路靖国军的夹攻，难于应付，疲于奔命。连夜调集队伍，突袭斜口靖国军，驻斜口的是卢占魁和弓富奎的骑兵，他们是不久前才从绥远经榆林南下加入靖国军的部队，由于长期在边塞，疏忽警戒，遇敌突袭，仓促后退，从而波及友军，致使整个东路军溃退，又重回渭河北岸。曹部驻渭桥，郭坚、高峻部驻交口，卢占魁、弓富奎部驻雨金。从此两部以渭河为界，隔河对峙。

西路军张义安于2月下旬派李虎臣、冯毓东分别攻打驻西安西南郊的鱼化寨、木塔寨、尹家寨、甘家寨陈军樊钟秀团。在对鱼化、尹家两寨的进攻中，数日未克。3月1日天降大雪，张义安命令战士用麻绳绑紧鞋袜，跑步急行20余里，绕鱼化寨南，秘密接近甘家寨，攀城而入，似神兵天降。守军营长从梦中惊醒，被迫投降。随后张义安、邓宝珊致信樊钟秀，晓以利害，谕以大义，劝其倒戈易帜，弃暗投明。樊怯于张的军威，亦恨陈树藩祸陕省殃民，遂复书张、邓，接受所劝，欲先撤兵至蓝田，整顿队伍后共同讨陈，并要求让出退兵道路。张、邓慨然应允。次日晨，樊钟秀揭白旗率部东去。樊部行至南郊三兆镇，即改靖国军旗。后经蓝田去商洛休整，为靖国军六路中的一路。

西路军扫清西安西南外围障碍，同时胡景翼派出蒋朗亭、王俊生、靳伯伦、康振邦等多部人马向西安集结。张义安统领各部进驻距离西安仅四里的吉祥村一带。

第五节　镇嵩军援陈助虐

陈树藩眼看靖国军四面出击，而自己的部队纷纷倒戈，省城难保，遂求救于北洋政府，同时，为救自身，他以陕西省长的职位相让为条件，乞求豫西军阀刘镇华率镇嵩军入陕救援。北洋政府也下令刘镇华援陕。于是，刘镇华于1918年3月率4000余名镇嵩军进入潼关。刘还致函胡景翼、曹世英诸位将领，所谓此次入陕仅做调解，并无他图，要求靖国军先行退兵。

靖国军右翼军总司令胡景翼，虽知张义安骁勇善战，足智多谋，指挥得力，运筹帷幄，捷报连连。但深感张率兵不多，孤军深入。一旦有失，影响全局。遂令张暂缓进攻，回师泾阳、三原，休整后再作计议。特别是刘镇华带兵来陕，正向西安进发，于是连连致函张义安，要其从速退兵。

因当时电话不畅，张义安不知刘镇华率兵进陕，误以为胡景翼、曹世英要与陈树藩议和。他深知陈反复无常，向无信义，怕胡景翼受骗。当他再次接到

刘镇华

胡景翼催促回师信时，忧愤地说："不料同志诸人如此之可恃，陕事之成败，当在此一举。前后血战，伤亡我士兵三分之一，得有今日，若一旦舍去，前功尽弃，后悔何及！兵连祸结，三秦糜烂，万姓惨劫不复，吾实无面目立天地间！"即提笔疾书复函胡景翼："我自绝志起兵，即置生死于度外，今我战而胜，贼可逐，志可遂；不胜，则以一死谢三秦父老，胜觍颜人世，不尤多耶！然我必死于附省二十里之内。陈贼不除，我绝不使骸骨暴露于距省城二十里以外，此外我无死所矣。"不肯退兵，所率众将领也都不同意退兵北返。胡景翼见张义安及前方诸将误会太深，均不肯退兵，乃令张义安暂返三原共商大计。张义安将部队先后撤至鄠县，轻骑回到三原面见胡景翼。通过商谈，才知道刘镇华率军来陕，助力陈树藩。体会到自己孤军深入，攻取省城有一定难度，避免不了被合围。为保存实力，避免意外，接受了撤回三原的意见。张离开三原途经泾阳，接到电话，得知陈树藩举省城及咸阳所有兵力与刘镇华镇嵩军兵合一处，包围鄠县，已经激战近两昼夜，战事惨烈。张义安等不得吃饭，即率人飞驰渡过渭河，直抵鄠县。来到鄠县，见敌人正猛烈攻城，气愤之极，率随行十余骑纵横冲杀，破围而入。"城中将士见张义安返回，如添劲旅千百，均欲出城与贼决战。"张见群情激昂，叫大家不要着急，等敌人疲惫，我方可一鼓作气攻打敌人。这时接到报告，张最得力的排长同文超牺牲，张怒发冲冠，愤恨裂眦，立即率队出城，向敌进击，一口气连夺数寨。

正追击中，不意突然飞来一弹，张义安中弹身亡。时年 31 岁，时间定格在 1918 年 3 月 13 日 (农历二月初一)。噩耗传至三原，靖国军上下及商民群众无不顿足捶胸，万般悲泣。胡景翼更是悲痛欲绝。回忆起当年在西安读书，加入同盟会，声援"蒲案"，参加学潮，与清军在东西两路周旋，同赴日本，聆听孙中山先生教诲，在商山龙驹寨刻苦练兵，又共同护法倒陈。可谓志同道合、肝胆相照、并肩战斗、出生入死的患难兄弟。张义安曾经说过："能与胡笠僧谋，虽肝脑涂地亦所乐从。"①

胡流着眼泪写下了悼诗，以寄托哀思：

> 阵云萧瑟月华寒，红羊苍狗劫未阑。
>
> 龙城飞将今何在，每饭难忘张义安。

胡景翼还令董振武带领西路右翼军前方将士，护送张义安灵柩返回三原，并在富平县城北郊建造陵园，为张义安举行了隆重的安葬仪式。1919 年 2 月，靖国军总司令于右任，盛赞张义安为"军神"，上报广东军政府，请求追授为陆军中将。

至此，靖国军两翼进攻西安的战役，暂时停歇。以泾河为界，形成南北对峙局面。

---

① 张中平：《西风烈焰》，陕西人民出版社，2012 年，第 141 页。

第十九章　陕西靖国军整编

　　自胡景翼、曹世英共举靖国军大旗，开始护法讨陈以来，声威大震，根据地发展壮大，部队人数不断增加。但受各种条件限制，两翼军队配合、协调、联络不够紧密，贻误了许多战机。最主要的是两军将领意见不够统一，各自为战，协同作战机构不健全。为此，胡景翼、曹世英及相关民党人士商量，派王玉堂、张庆豫为靖国军代表，赴上海请于右任回陕统领靖国军，以支持护法，打击北洋军阀势力。

第一节　于右任受邀回陕

　　1918 年 7 月，于右任受陕西靖国军众首领邀请，领衔孙中山先生之命，化装成牧师，由上海回到陕西三原。随后，张钫也应邀由北京回到陕西。8 月 8 日，于右任、张钫就任靖国军总司令和副总司令，并通电全国。至此靖国军开始成为一支相对统一的部队，号称 5 万之众。9 月 15 日，孙中山致电于右任，对陕西靖国军的统一"特电申贺"，并表示期待"伫候捷音"。

　　于右任在就职讲话时说："我从上海回来，给大家带来的，既不是金钱，也不是械弹，而是一腔热血和不怕死不畏艰难的革命精神。"①他设靖国军司令部于三原，将各部统一编制为六路，抽签为序。郭坚所部为第一路，驻防凤翔、岐山；樊钟秀所部为第二路，驻防盩厔一带；曹世英所部为第三路，驻防临潼、高陵、淳化一带；胡景翼所部为第四路，驻防泾阳、富平及蒲城兴市镇、临潼关山、相桥一带；高峻所部为第五路，驻防白水、澄城；卢占魁所部为第六路，驻防耀县、同官。路以下分编支队，支队编制及人数大于

---

　　① 张中平：《西风烈焰》，陕西人民出版社，2012 年，第 146 页。

团，另外，陕西辛亥革命骨干李元鼎、茹欲立被聘为靖国军总部高级顾问。

靖国军统编后，各路军均有不同的发展壮大。第一路军司令郭坚与杨虎城从蒲城兴镇向西，欲取凤翔、岐山，杨虎城部中途受阻，折回向东，攻克韩城。郭坚经耀州、醴泉攻占省西10余县。第二路军司令樊钟秀西安撤退后易帜，进驻商州休整，靖国军副总司令张钫行营也设在商洛，他们曾一度出山占领潼关，后又出蓝田攻占户鄠县，进驻盩厔。樊部还协助郭坚降服凤翔守军魏晋先。第四路军司令胡景翼为配合张钫旧部从商洛山区回到渭北，派董振武第二支队和岳维峻第三支队南下，渡过渭河，会攻蓝田通往零口的马驹寨，激战三日，夺得阵地，使商洛部队进入渭北。

总之，靖国军经过整编，根据地遍布关中各地，陈树藩的地盘萎缩，仅有西安及东路数县。

第二节　胡景翼深陷囹圄

陕西靖国军自成立以来，命运多舛，发生的几件大事阻碍了它的发展壮大。首先是胡景翼固市被执，身陷囹圄。情况是这样的：1918年9月18日，胡景翼到渭南固市镇，去劝说老部下、陈树藩骑兵团团长姜宏谟起义护法讨陈，加入靖国军，被陈树藩劫禁西安，软禁于北院门都督署百尺楼上。胡在囚禁中，致书岳维峻、董振武、邓宝珊、田玉洁等将领："景翼判处死刑之日，即陕西靖国军绝续存亡之时，余虽不如故人，然常以关（羽）、岳（飞）自期，宁骂贼而死，不为降将军也，愿诸兄弟努力前进，无忘张义安于地下，则景翼虽死之日，犹生之年也。"[①]胡景翼被囚禁以及他写给靖国军诸将领的信函，激起广大官兵及渭北民众对陈树藩当局的极大愤慨。

胡景翼在信中也提出靖国军第四路军不可一日无帅，要求岳维峻、田玉洁担任第四路军正、副司令，特别写道："夙稔两兄大人才长望重，晓畅戎机，与笠僧为手足之交，与军士有心腹之契。弟等询谋金同，以为我全军之中，非两兄无以为三军之司令；第四路之内，非两兄无以为一路之福星，仅以齿德之先后推戴两兄为吾路正副司令，见牙开府，杖节登坛。前线一切指

---

①　张中平：《西风烈焰》，陕西人民出版社，2012年，第149页。

挥西峰（岳维峻）兄任之，固疆圉，保根本。泾、三一带布置，则请以润初（田玉洁的字）兄为主。旌旗争荼火之光，叱咤动风雷之气。不必为三揖三让之虚文，惟求再接再厉之实事。恳两兄即日就职，担任一切。国事艰难，一误不宜再误。弟等为大局起见，肃以公恳。"[1]岳、田为靖国军大业，遂出任第四路军正、副司令。

靖国军众将领正在商议讨陈救胡之策时，陈树藩给第四路军第二支队司令董振武发来信函，叙述老友旧谊，提出第四路军如罢兵息战，可当即释放胡景翼。董振武气愤至极，复函予以抨击，同时特别提道："笠僧究为物望所归，公若遇之不以礼，不独六路之人，必将求甘心于公而已，窃恐竹帛青简，将不能为公作恕语也。"[2]胡景翼被囚，引起省内外许多革命党人士关注。国会议员、原陕西省长李根源，时任广东护法军政府驻粤滇军总司令，接到

段祺瑞

于右任、张钫电报，惊忿填膺，当即于10月30日复电表示关切和声援，电文称："顷接于、张二公来函，惊悉胡司令以收抚姜某，致陷敌阵。骤闻噩耗，惊忿填膺。秦中失一干城，我军失一廉、李，护法同仁，咸深轸悼，不特源之惋惜久置于怀也。但我军不为气沮，且益加奋力，方将灭此朝食，以竟胡君未尝之志，愁听义声，钦佩扉已！固由我三秦同胞，忠肝义胆，百折不回，良亦由于、张两公统帅有方，故能再接再厉。所冀天相中国，早竟全功，三辅既庆昭苏，而胡君亦可无憾。驰电布悃，无任祷切。"[3]陕北镇守使井岳秀将军接连致电陈树藩，要求陈保证胡的人身安全；身居西安的许多知名

① 张中平：《西风烈焰》，陕西人民出版社，2012年，第149页。
② 张中平：《西风烈焰》，陕西人民出版社，2012年，第150页。
③ 《辛亥百年散文专刊》，美文杂志出版社，2011年，第121—122页。

人士四促奔走，发动各界向当局提出抗议，并设法营救；旅居沪、粤的陕西籍国会参众两院议员们，或报告军政府，或亲自给陈树藩写信，要求释放胡景翼；靖国军六路将领和全体官兵，以强烈的义愤，为胡景翼报仇，为靖国军雪恨。

胡被因于都督府百尺楼上，每日博览群书，精研文史，撰写心得，苦练书法。他独处囚楼，思国思民，其中一首《登高楼歌》代表了他的思想："登高楼而四顾兮，南盼终南，北望嵯峨，西极毕原，东尽骊阿。俯首帝州，忧心如沸兮，身困网罗，困网罗兮发悲歌。呜呼，余之不利兮，国将奈何！国将奈何兮，民将奈何！"

1920 年 7 月 14 日直皖战争后爆发，三天后段祺瑞皖系告败。北京政权落入直系和奉系军阀手中，陕督陈树藩失去靠山，援助陕西的各省军队相继离去，唯有刘镇华在陕西省长位子未走，并欲取代陈的都督位置。陈遂提出"陕人治陕""陕西自治"，进一步提出与靖国军和解，以借靖国军之力抵制直系势力。这时释放胡景翼就成了他与靖国军和解的筹码。

1920 年 7 月 27 日，被陈树藩关押近两年时间的胡景翼，回到三原，受到热烈欢迎。靖国军各路将领推胡景翼为总指挥，其第四路军仍由岳维峻任司令。

陈树藩释放胡回三原的目的，是想把靖国军拉倒自己一边，对抗直系。但靖国军毕竟与陈树藩部战斗数年，结下了不共戴天的仇恨，这一企图，未能实现。陈眼见胡景翼不受诱惑，更不希与其为伍，遂于 8 月 12 日在《陕西鼓昕日报》发表一篇伪造的《胡景翼通电》，说胡率领靖国军第四路军全体官兵主张"速弭局部排拨之嫌，共息国内党派之祸，公理征诸舆论，和平取之公决，至于陕事，决由陕人自行收束，以纾民祸"。

胡景翼得知此事，当即致电在上海参加南北义和会议的陕西代表李龙门，请李代发声明，指出《陕西鼓昕日报》所发通电全系伪造，并明确表示，自己绝对赞成召集国民大会解决一切，陕西完全听军政府主持。同时陕西靖国军第四路司令岳维峻率领全体官兵致电李龙门："我胡司令坚持初衷，前之不为威慑者，今亦不为利诱。现拟秣马厉兵，大张挞伐，誓师河上，作长驱直入之图，直捣长安，为扫穴犁庭之计。乃迩阅报端竟有窃明伪电，假陕人自决之谰言，以诬我胡司令者，并诬其全军。此种鬼蜮伎俩，不值识者一噱。诚恐远道传闻失实，致淆观听，特此辨明，借释群疑。"①北京《晨报》于 9 月 4 日同时全文刊发了这两个电文。② 1921 年 5 月，直系曹锟控制下的北京政府正式下令，撤免了陈树藩陕西督军职务，改由直系部将、驻潼关的第二十五师师长阎相文接任。陈树藩拒不交卸，北京政府即令阎率其师和冯玉祥陆军第十六混成旅、吴新田陆军第七师入陕，威逼陈树藩去职。当阎、冯部逼近西安时，陈率部西撤至咸阳，意欲与直系决战。结果直系军队大兵压境，加之靖国军截击，陈部溃败，率兵退至汉中，后又离开陕西，销声匿迹。陈树藩从 1916 年 5 月至 1921 年 5 月，署理陕西整整 5 年，为北洋时期任职时间最长的督军。此后陈树藩离开军界，在津、沪、杭等地寓居，抗日战争开始后，拒绝当汉奸，避居四川。抗战胜利后到杭州居住，1949 年 11 月病逝。

第三节　井勿幕遇难

靖国军遭到的另一个事件就是井勿幕遇难。

1915 年袁世凯称帝，蔡锷在云南成立护国军，号召反袁，井赴云南参加护国之役，先后任护国军第一梯队司令刘一峰部参谋和川滇护国联军总司令熊克武部参谋长。处前敌时，整饬军纪，士乐为用，军民相安，立功最多。1916 年 3 月袁世凯被迫撤销帝制，而再称大总统，井勿幕又联合民党进步人士，以 19 省公民名义，发表宣言，反对袁世凯再称总统。宣言中尖锐指出："袁逆不死，大祸不止。"同年 6 月，袁世凯病死，陕西督军陈树藩唁电，称袁为"不祧之祖，共戴之尊"，陕西民党大愤。井勿幕乔装商贩，足穿麻鞋，身背卷烟，徒步回陕，转赴北京，和党人促成李根源为陕西省长。他亦应李根源的邀请，屈就关中道尹，以便共同对付陈树藩。当时井勿幕对禁烟、财政、教育各项大政的设施，提出多次建议，但扭于陈的掣肘，未能实施。后来陈树藩与段祺瑞拉师生关系，依附"安福系"，加入督军团，以强力夺取李根源的省长印信，井亦愤而辞职，被陈软禁于西安，日以篇籍自娱，暗中仍与渭北通声气。此时驻渭北的胡景翼、曹世英、高峻、耿直、郭坚等部和民党焦子静、马彦翀、刘允臣等，均密谋讨陈。陈派旅长曾继贤率严锡龙团，进驻

---

① 张中平《西风烈焰》，陕西人民出版社，2012 年，第 164 页。

② 同上。

三原，拟接城防。胡景翼部补充营营长张义安等率部在三原起义，歼灭曾继贤、严锡龙装备精良且数十倍之敌。胡景翼、曹世英举起陕西靖国军旗帜，反段讨陈，连战获胜，攻至西安城郊。1918 年 9 月，胡景翼被陈树藩劫持，囚于西安。

井勿幕亦由软禁转为囚禁，但他暗中分别致信广东军政府及滇、川、鄂、晋等诸省友人，请求出兵援助靖国军，驱逐陈树藩。1918 年 11 月，云南靖国军第八军军长叶荃奉命率滇军 5000 余人经四川、甘肃入陕，支援陕西。先至凤翔、陇县，与陕西靖国军副总司令张钫及第一路司令郭坚合兵一处，在西府战场取得胜利。又有鄂军王安澜和川军吕超各部，到达宁陕等地。晋军姚以介团至陕南镇巴。河南王天纵旅至陕南平利。川军石青阳师、颜德基旅至宁强、勉县。陈树藩大惧，一面向国务总理段祺瑞求援，一面请出被他囚禁的关中道尹井勿幕，让他和彭仲翔以调解人名义赴三原，招降靖国军。因渭北靖国军将领，多系井勿幕旧部。

井勿幕遂与彭仲翔、张德枢一同由西安赴三原，到后即被总司令于右任任命为总部副官长。不久，被推为靖国军总指挥。

11 月中旬，井勿幕率第四路军岳维峻、董振五、邓宝珊等部赴凤翔慰劳滇军和靖国军第一路部队，某日在第一路司令郭坚的宴席上，井勿幕指责郭部纪律不佳，要求整顿。归途经扶风，为郭部刘顺天营截击，未受损失。至兴平又遇陈部投降的贾福堂营，据城抗阻，井勿幕即命随行部队攻贾，数日未克。郭坚亦命驻兴平南仁堡（在兴平县城西南 15 里）的李栋才营策应。后郭坚发公函约井勿幕等于 1918 年 11 月 21 日齐集南仁堡开会，商讨攻打兴平及进取西安计划。岳、董等都劝勿幕不必前往，井勿幕亦同意。但他终无戒备之心，认为自己是靖国军总指挥，又和郭坚、李栋才是蒲城同乡，自己去，可以把他们说服，把部队整顿好，再勿扰害人民。行前他给四川督军熊克武写信说："很多人都反对我前往，以为有危险。其实，只要对革命有好处，我是不怕牺牲的。"他只带护兵 4 人，自己坐轿车前往南仁堡，到了堡外，问门卫："郭司令来了吗？"答："没有。"李栋才即迎勿幕进堡。约上午 10 时，郭坚的差弁李新生、任申娃、张昉等数十骑自北门进堡。扬言："郭司令来了。"勿幕出迎，不见郭，即折回。才进营部，李新生突然自背后连发两枪，勿幕倒地殒命，李新生、任申娃等即出北门，回马嵬交令，李栋才急割勿幕首级，倾率全营渡渭，直奔西安，献井首级，投降陈树藩。[①] 井勿幕的尸身，由随来的护兵安彦明用棉被包裹，背回泾阳。井勿幕死后，泾阳驻军田玉洁，向陈树藩几经交涉，索回勿幕的头颅，和由南仁堡背回的勿幕尸体，临时草葬于蒲城。

同日，广州军政府特任于右任为陕西督军，张钫任会办陕西军务，军政府对于右任多以"于督军"相称，很少称于总司令。[②] 11 月 22 日，陕西靖国军总司令于右任将勿幕生前事迹，上报广州大元帅府。呈文中有"名家龙虎，关中凤鸾，奔走南北者十余年，经营蜀、秦者可百余战。慨虎口之久居，已乌头之早白。淮阴入汉，旋登上将之坛；士会渡河，胥慰吾人之望。武侯之指挥未定，君叔之志俱歼。于 11 月 21 日被刺于兴平之南仁堡，莫归先轸之元，空洒平陵之泪"等语。经常委会决议，将勿幕生平事迹，宣付国民党党史委员会立传，并由国民政府明令褒扬。又由章炳麟撰《井勿幕墓志铭》。井勿幕曾亲书对联一副，挂在案头，上面写着："伤心痛哭几无泪，悲楚行吟尽是优"[③]。还有一首《舞剑词》中写道："英雄不学实事装，匹马单刀论短长。拔剑斩蛟叱沧海，看他盗寇与侯王。蛟龙走，岁月忙，男儿卅六会跳梁，中原风景凄凉，身在水云乡。"[④]从这些文字中，可以清楚地看出井勿幕忧国忧民的思想和革命决心。

井勿幕1945 年11 月19 日被国民政府追赠为国民革命军陆军上将衔。12 月 23 日，勿幕遇害 27 周年纪念日，南京政府派监察院长于右任专程来陕主持，将勿幕灵柩由蒲城迎至西安革命公园内，举行公祭。同时在三原举行"三原各界公祭井勿幕先生纪念大会"。会毕，移灵榇于西安南郊少陵塬（今西安市长安区境内），拨款购地 12 亩，建立陵园，举行隆重的安葬仪式，竖立墓碑，并在路口上建立蒋介石题字的"追赠陆军上将衔井勿幕先生之墓"的牌坊，备极尊崇。陕西军民为怀念井的不朽功勋，曾将井在西安居住过的四府街更名为井上将街，并在街南端城墙上凿开一门，名勿幕门（即小南门）。

---

① 井晓天：《乱世云烟——井勿幕井岳秀昆仲史事钩沉》，中国文史出版社，2018 年，第 112 页。

② 《军政府公报》，命令修字第二十五号，1918 年 11 月 23 日（七）。

③ 《井勿幕公葬纪念册》。

④ 《西北革命史征稿》，中卷，第 7 页。

1945 年 11 月 5 日，在国民党陕西省党部召开"井勿幕先生安葬委员会"联席会议，到会委员有谷正鼎、曹配言、尚警民、王君毅、马彦翀、党自新等三十余人，协商安葬、劝捐事宜。

自 11 月 17 日起，井勿幕生前好友前往革命公园祭吊，谷正鼎、祝绍周、张钫、寇遐、师子敬、马彦翀等各界人士陪祭。21 日，井勿幕灵柩安葬于长安少陵塬上。

马彦翀曾在 1945 年 11 月 21 日《秦风日报·工商时报》联合版上发表《井勿幕安葬纪念》一诗以悼念，这也是对井勿幕光辉一生的评价，其诗文如下：

巍巍井公，国之耆英，经文纬武，天资聪明。
年虽少我，乃我盟兄，小我加盟，共倒满清。
公每来省，朝夕过从，委购军械，我走东瀛。
辛亥革命，公亦从戎，运筹决胜，伟烈其功。
深谋远虑，杯酒释兵，高谈宪政，首重民生。
继任道尹，遗爱关中，淡泊宁静，仁者之风。
靖国起义，将士推崇，公任指挥，团结精诚。
奸人要约，群泥公行，单骑赴会，胆气纵横。
不幸殉难，我哀广东，噩耗南传，义愤填膺。
草草殡葬，殊为不平，抗战胜利，四强齐名。
推原探本，望重德隆，为表崇敬，筹议迁陵。
追述往事，愈为伤情，谨具蒸殇，永奠佳城！

愚小兄　马彦翀　泣述于西京市　时年六十

第四节　八省北洋军战陕

袁世凯死后，中国进入军阀混战时期。接任总统的是黎元洪，他是早期的海军学生，后来进入陆军，在武汉新军当旅长，辛亥革命后出任湖北都督、副总统。黎元洪坚持实行总统制，而北洋实际控制人段祺瑞则要实行内阁制，这样，就为以后的府院之争留下了伏笔。

段祺瑞主政期间，北洋军阀内部开始出现了派系之争，主要是皖系和直系。段为皖系代表人物，直系代表人物为冯国璋、曹锟。段祺瑞倡言"武力统一"中国，而直系冯国璋要求"和平统一"中国，提出南北议和。在经历了"府院之争""督军团叛乱""张勋复辟"等一系列事件后，黎元洪下野，冯国璋代理总统。1918年10月，徐世昌被国会选为民国大总统，遂下达了"和平令"。南方政府也下达了"各守原防，静待后命"的命令。1919年2月20日，南北和会在上海开幕。然而，北洋政府实际操纵人段祺瑞采用"远交近攻"的策略，把陕西排除在议和范围之外。不但不在陕西执行停战令，反而调集直、奉、绥、晋、宁、豫、川、甘等八省军队十多万人入陕，攻打靖国军，企图消灭陕西革命力量。其中奉军许兰洲为援陕总司令，直系张锡元为副总司令，共领兵两万余人。许驻兴平，张驻渭南。晋军商震率3000余人，由禹门口入陕，驻军韩城、合阳。甘肃陇东镇守使陆洪涛及陇南镇守使孔繁锦各率军队万人，进驻长武、彬县、陇县、凤翔。段系川军刘存厚率部25000人，由川北进入汉中。宁夏马福寿率军占据定边、靖边。李际春带领绥军攻占神木、府谷。除上述军队外，还有镇嵩军、陈树藩军队以及靖国军。据不完全统计，在陕西不大的版图上，军队人数达四五十万人。

期间，1919年3月17日旅居广东陕西议员赵世钰、窦应昌、史之照、王观彤、王兆离、尚镇圭、朱家训、寇遐、刘治洲、李含芳、王鸿宾给旅居上海的陕西议员李龙门、杨铭源、焦易堂、陈晓云、马彦翀发电报，内容为："悉南北议和，陕独激战，为国为乡，同深愤慨，公等奔走，呼号欲拯救义军之危并急桑梓之难，异地同心，无任感佩，弟等力求军府，准备实力，为陕援应更请川、滇当局，念唇齿之谊，速张挞伐，此次陕局之误，在我已和为目的，彼以和为手段，惩前毖后，愿合力并图，始终罔懈。"①呼吁旅居外地陕人，拯救危难之中的桑梓，为和平而奔走，为停战而努力。

北洋军大举入陕，陕西靖国军在极其不利的形势下进行着顽强激烈的斗争。督军陈树藩得到援助，立即会同奉军、镇嵩军全力进攻陕西靖国军，双方激战于武功、鳌屋一带，长达两个月之久。

1919年1月，第三路军第一支队杨虎城、第四路军石象仪、董振武、李

---

① 《申报》，1919年3月17日。

虎臣、冯毓东率其部增援武功、鳌屋、扶风。奉军三面环攻，董振武沉着指挥，他令战士等待敌走到距离阵地 50 步以外再开始射击。奉军误以为靖国军怯战，便大胆前进。这时董振武一声令下，枪声大作，奉军倒地一片。此役董振武牺牲，年仅 26 岁。

1919 年 2 月，奉、直、镇嵩军向驻武功、鳌屋、眉县的靖国军第一路军发起进攻。王珏、郭英夫因故守乾县有功，被于右任总司令晋升为靖国军第七路司令和副司令。集结于凤翔的一、二路郭坚、樊钟秀部和滇军叶荃所部，被东边的奉军许兰洲、西北的甘军陆洪涛、西南的管金聚所率直系十五旅、东南的镇嵩军围困数月，交通断绝，粮食奇缺，战不足以致国，守不足以自保。撤退无路，求援无门，弹药用尽，军民交困，难以支撑，郭坚、樊钟秀只好采取"联奉倒陈"的权宜之策，接受许兰洲改编。滇军叶荃率部与靖国军第六路卢占魁部撤至耀县。

与此同时，靖国军第三、四路军主力及从西线撤回的第一路部分官兵，协力作战，奋勇抗敌。交口、相桥战役激战数月，迫使直军张锡元于 1919 年 3 月 27 日订约休战，且从此与靖国军暗中相通，给予一定的方便。

1919 年 2 月 20 日，南北和会在上海召开，双方代表最终商定，北洋政府派国会议员张瑞玑到陕，广州军政府派续桐溪赴陕划界停战。划界工作是在对靖国军极其不利下进行的。因为此时的北洋政府国务总理钱能训，清末在陕西护理陕西巡抚，辛亥起义中自杀未死，当时的陕西军政府派医生抢救并护理，伤痊愈后送出陕西。此间，钱诬称陕西靖国军为土匪。受其影响，前来主持停战划界的张瑞玑，清末为咸宁县令，倾心革命，但也偏袒陈树藩一方。于右任据理力争，并致函钱能训："先生对陕，何不共戴天的如此也？……亡清不死之名臣，民国非法之总理……一囚之愤，七年未忘。噫嘻！假美名以行战略，借公义而报宿怨，世之恒态，夫又何言！"钱能训在此后的五四运动期间引咎辞职，但此刻他对陕西革命党人的挟私报复使靖国军遭受莫大损失。划界停战后，靖国军所统辖地区，仅剩下三原、泾阳、高陵、富平、白水、蒲城、澄城、同官等八县，形成隔渭水与陈树藩、刘镇华南北对峙的局面。

1920 年夏，顾品珍在云南驱逐唐继尧，援陕的云南滇军军长叶荃率部经甘肃、四川回撤云南。陕西靖国军第六路司令卢占魁率部随叶荃去了四川。

第五节　郭坚遇难

1920年7月14日，直皖战争爆发，仅仅三天皖系告败，19日，段祺瑞宣布辞去国务总理、陆军总长职务，北洋政府大权易手。这时曹锟当上直鲁豫巡阅使，坐镇保定，实际控制北洋政府大权。吴佩孚当上两湖巡阅使兼直鲁豫巡阅副使，盘踞洛阳。两人虎视四方，梦想武力统一全国。而孙中山领导的护法军政府，也是内部纷争不断，步入极度困难时期，到1922年6月，陈炯明发动叛乱，炮轰总统府，至8月9日，孙中山离开广州赴沪，护法军政府宣告瓦解。而陕西靖国军也走到山穷水尽的地步，面临分化。

1921年5月，直系曹锟控制下的北洋政府下令阎相文接替陈树藩出任陕西督军。1921年7月，阎相文率军进入西安，就任陕西都督职。陈树藩败走，陕西省长刘镇华见直系军队兵临城下，反戈一击，收缴了陈树藩手枪队和重炮营，以此向阎相文邀功请赏，保住了省长位置。阎相文出任督军，对陕西靖国军来说，如逐狼进虎，形势更趋严峻。

1921年8月13日，冯玉祥于西安西关军事学校宴请第一路司令郭坚，郭从凤翔到西安路过兴平时，夜里梦见井勿幕叫他，第二天，郭坚的妻子偏又小产，郭坚停车咸阳，打算回转，不想去西安赴宴。随行的张聚庭劝他不要迷信，耽误了靖国军第一路军的大事，郭坚继续驱车前行。郭至西安西关军官学校讲武堂宴席桌前，尚未坐稳，冯玉祥突然抓起酒杯向地下一掷，几名彪形大汉一涌而出，不待郭坚拔枪已被牢牢捆绑起来。冯玉祥向郭坚出示了阎相文的手谕，言郭坚生性好杀，纵兵祸民，拷

冯玉祥

掠绑票，甚过土匪，绅商状诉，民怨鼎沸，不杀不足以平民愤，即令就地正

法。郭坚遇难时年 34 岁，他多年戎马生涯，经历了反清、讨袁逐陆、护法讨陈，旗帜鲜明，立场坚定，战功卓著。但的确恃才傲物，任性自负，刚愎自用，放纵不羁，对部属疏于管束。陕西同盟会元老张东白在挽联中写道：

> 一生多奇志，允推当世英雄汉；
>
> 盖棺难论定，须待他年太史公。

郭坚被害后的第九天，8 月 22 日，新任陕督不久的阎相文因直系内部相互倾轧而吞噬鸦片死亡，北洋政府随任命冯玉祥接任陕西督军。

第六节　胡景翼接受改编

此时孙中山领导的护法斗争，进入极其困难的时期。

陕西的靖国军由于多年征战，已经显现出解体的征兆。

胡景翼接受改编后与直系众将领合影（左二为胡景翼）

第一路军因司令郭坚遇害，其部基本离散；第二路军樊钟秀，早已接受奉系许兰洲改编，于 1920 年春随许开往河南，靖国军副司令张钫适逢丧父，亦随之同往；第六路军司令卢占魁1920年夏随滇军叶荃部去了四川。在陕西坚守靖国军旗帜的只有曹世英第三路军、岳维峻第四路军和高峻的第五路军，合在一起约两万余人。时因陕西发生连年罕见的自然灾害，原本装备落后的靖国军，此时又遭遇了粮饷饥荒，且外援无着。而冯玉祥在陕兵力，为3个整编师，装备精良，粮饷丰足，军队战斗力原本就强，更有源源不断的后援。两相比较，靖国军的确难以抵挡冯玉祥部的军事进攻。倘若双方交火，难免遭受重创。

冯玉祥督陕后，鉴于郭坚被杀引起的反响，他试图用收编的方式挽回影响。于是频频向靖国军各路将领致函或派人游说，特别对胡景翼致意更为殷勤。首先胡在南方军政府比较认可；其次他又是靖国军各路总指挥，还直接掌握着第四路军。第四路军在现存的靖国军中战斗力最强，指挥人员普遍素质较高，军纪严明，训练有素。

在这种情况下，只有两条路可选，一是不顾一切同冯玉祥直系军队拼个鱼死网破，二是接受直系改编。前者无异于鸡蛋碰石头，最终会土崩瓦解，将士生灵惨遭涂炭。后者则被看作投降和背叛，会受到革命党人和社会鄙视和责备，尤其是无法向南方诸省革命军解释。靖国军将领们在前途命运、生死攸关的问题上意见分歧，莫衷一是，无万全之策。

特别是靖国军成立5年以来，与陈树藩军队、镇嵩军、八省联军周旋于关中等地，百姓苦不堪言，无力承受战乱涂炭。现今，应对冯玉祥多次致函要求归顺，胡景翼等人行了深思熟虑的研究，由于内部分歧较大，遂召开渭北15县国民代表大会，说明主张，得到代表及靖国军多数将领的拥护。于1921年9月25日，发表通电，接受改编。10月6日，北洋政府任命胡景翼部及曹世英部为陕西暂编第一师，胡为师长，曹世英为该师补充旅旅长。

孙中山对胡景翼改旗易帜甚为不屑，给胡景翼部总指挥邓宝珊修书一封："陕西靖国军起义以来，血战历年，苦心孤诣，中外共仰，乃闻笠笙忽受奸人蒙蔽……变更靖国军名义，以堂堂护法之师，受伪廷督军之改编，不特败坏纪纲，为西南各省所不容，即于其个人节操亦有大亏。如执迷不悟，恐此后身家之安全亦不能保。郭司令附伪督被杀，即为前车之鉴。"

于右任坚决反对胡景翼接受改编，于说易帜换旗就是背叛革命。原靖国军第三路司令曹世英接受改编后，其第一支队司令杨虎城、第三支队司令石象仪、第七支队司令郭英夫坚持靖国军旗帜。

1922 年 1 月，于右任率少数参佐从三原出走淳化县，陕西靖国军司令部宣告解体。

第七节　杨虎城的坚持

当靖国军第四路军、第三路军大部接受直系改编后，驻高陵的第三支队司令石象仪、马青苑、甄寿珊、于鸣岗、惠思温及第七路副司令郭英夫等坚持靖国军旗帜，宣布独立。时被称之为"高陵事变"，后被平息。在各路军接受直系、奉系改编过程中，第三路第一支队司令杨虎城始终持反对意见，他表示坚决把靖国军旗帜坚持到底。杨虎城率部由临潼栎阳镇出发西进，于 1920 年 2 月一举攻克武功县城，全歼陈树藩一个营。接着占据扶风等

杨虎城

县，部队发展到 3000 余人。时当权的内阁总理曹锟、大帅吴佩孚以冯玉祥和受编后的胡景翼、曹世英等均分别派人到武功游说，力劝杨虎城接受改编，均遭严词拒绝。

1922 年 3 月 23 日，于右任偕李元鼎、茹欲立等，由于鸣岗派人护送，杨虎城派队迎接，从淳化县方里镇进驻武功，复设靖国军司令部于凤翔。于右任亲自任命杨虎城为靖国军第三路军司令；提升已故郭坚余部支队司令李夺为第一路军司令。26 日下午，杨部在乾县铁佛寺截击甘肃陆洪涛购买过境的军械，缴获各类枪械 1000 多支，子弹五六十万发，给部队以极大的补充。

此时，第一次直奉战争爆发，冯玉祥奉命率部离陕，省长刘镇华兼任督军。于右任利用这一时机，令杨虎城、李夺两路人马协力攻取兴平以西的马嵬，相机谋取兴平县城和咸阳。4 月 22 日，一举攻占马嵬，全歼直系阎治堂

师两个营。次日，阎部全力反扑，杨军经浴血抵抗后撤回武功。阎部随即配备40余门大炮，数倍于杨部兵力来袭，杨部苦战半月，坚守阵地。后甘军陆洪涛部入陕前来增援阎治堂，又有直系管金聚旅从宝鸡出发打援，杨部面临四面包围。在无外援，缺粮饷的情况下，从武功突围，经由扶风、岐山，向驻凤翔的第一路军靠拢。5月11日抵达凤翔田家庄，于右任与杨虎城分析了当前形势，权衡利弊，最后决定，于等少数人取道甘南，经四川赴上海；杨虎城为保存实力，率部撤退北山。5月29日，杨率千余人，从凤翔田家庄出发，经麟游、乾县、醴泉、三原、富平、耀州等县，转战两千余里，到达陕北三边，进入同盟会元老、陕北镇守使兼陕军骑兵旅旅长井岳秀防地。

杨部离开关中后，第一路军李夺受刘镇华说客蛊惑，同意接受刘镇华改编。至此，陕西靖国军时代彻底结束。

时黎元洪在北京又出任总统，备受直系钳制，欲请于右任进京任职，遭到于的拒绝。他慨然说："吾宁被执槛车而东，决不去做北庭伪官。"他念孙中山遭陈炯明抗命，困顿于岭南，思己在陕受八省北洋军围困，致将总理之陕事重托未奏效攻，义恨激烈，忠愤填膺。[①] 遂将司令部诸同志遣散，将所有兵械悉数交于李夺，从千阳高崖进入甘肃境内，经过崇信、灵台、华亭、清水、天水翻越秦岭至徽县。

山川艰险，风雨兼程，1922年7月抵达重庆。时川渝地区亦战火肆虐，于右任一行未敢久留，即赴上海。时孙中山亦因陈炯明叛变而离开广东在上海。于向孙中山报告了陕西革命情况，然后协助孙中山策划中国国民党改组事宜。时陕西同盟会元老们多人寓居上海，其中民国参众两院议员有李龙门、杨铭源、焦子静、焦易堂、陈晓云、马彦翀等人，其他还有张季鸾、徐朗西等多人。

---

① 张中平：《西风烈焰》，陕西人民出版社，2012年，第174页。

第二十章　冯玉祥、胡景翼首都革命

　　1922 年 5 月，中原战役结束，冯玉祥出任河南督军，胡景翼被任命为平汉铁路护路使，驻防河北顺德（邢台），负责正定到河南彰德（安阳）一线的护路任务。至 1924 年，胡景翼部已发展至两万人的队伍。9 月 10 日，冯玉祥在北京南苑举行死难将士"昭忠祠"落成典礼，时任直系第十五混成旅兼冀南镇守使的孙岳参加完致祭典礼后，与冯在此密谈，冯、孙认为曹锟贿选总统，倒行逆施，仁人志士，切齿痛恨。值第二次直奉大战在即，不愿再为曹（锟）、吴（佩孚）所驱赶效力。同时孙岳提出胡景翼目前已拥兵两万，早不满于曹、吴，当可共同起事反吴。后来史称冯孙"草亭密议"。当然在冯玉祥、孙岳、胡景翼三位将军周围亦聚集不少政治人物协助分析形势，起到了反曹、吴动员、鼓劲作用。

第一节　曹锟贿选

　　曹锟本系行伍出身，由于战乱，便逐渐壮大起来。袁世凯"小站"练兵，曹锟是第一营帮带（营副）。随后建立北洋六镇，他任步兵第十一营长。1903 年 6 月成立陆军第一镇时他就升任第一协统领（旅长）。1906 年又改调他为第三镇统制（师长），驻东北奉天、长春、昌图一带。1911 年 10 月，武昌起义，他奉调回京。1916 年 6 月袁世凯死亡后，北洋军失去重心，遂为段祺瑞、冯国璋、曹锟、张作霖等以地域关系，形成了把持政

曹锟

权、祸国殃民的北洋军阀皖、直、奉三系。但那时的冯国璋（直隶河间人）尚在，直系首脑，还轮不到曹锟头上，他只能坐第二把交椅，1918 年 6 月曾派他为川、粤、湘、赣四省经略使。不久冯国璋死，他成为北洋军直系的头号人物。一些直系小军阀，如齐燮元、萧耀南、孙传芳、阎相文、张福来、阎治堂等，便都投到他的旗帜之下，也就成了直系的唯一首脑了。1921 年直、皖战争，皖系战败。后又有直、奉战争，战败了奉系，因之军力便日益壮大，地盘日益扩张。

在政治方面，又迎回黎元洪继任总统，二次恢复国会。当时，曹以直、鲁、豫巡阅使的头衔，坐镇保定。大将吴佩孚雄踞洛阳，操纵各方。第二大将王承斌，驻军天津。他的四弟曹锐，任直隶省长。

1912 年 12 月，全国依法选出参众两院议员 800 多人，于 1913 年 4 月 8 日到北京举行第一次开会典礼，宣告中华民国第一届国会正式成立。这期间经历了袁世凯称帝、张勋复辟等，到 1922 年直奉战争结束，直系获胜，又一次维护法统，恢复国会，虽然迎黎元洪继任总统，但曹锟的目的是自己想当总统，他自然又要继续制定宪法和选举。

张作霖

首先是黎元洪总统的任期问题：黎是以副总统两次继任大总统的。按北洋国会制定的总统选举法规定，大总统任期 5 年，如中途出缺，由副总统继任至任满之日为止。袁世凯是 1913 年 10 月就正式大总统职，1916 年 6 月死去。黎第一次继任有一年多，这第二次继任该到什么时候届满？大家意见分歧争论不休。

其次制宪问题：国会自 1913 年即开始制宪，通过了一些条文。1916 年国会恢复，又通过了一些条文。1917 年到了广东，也曾一度制宪，这次国会恢复，自应赶快把宪法制定出来。可是，有人主张要先选总统，后制宪法；有人要先宪后选；还有人力主宪、选并进，这也是当时争论激烈的问题。

再次总统人选问题：当时曹锟坐镇华北，掌握军政大权，急于过一过大总统瘾。于是他的部属，便全体出马，百般运作，或向政团接洽，或向议员个人联系，或以金钱贿买。要钱给钱，每票5000元。或以政治贿买，要官给官，发了很多的顾问、咨议的帽子。接近奉系、皖系的议员和有些老国民党议员，坚持反对曹锟当选，不另提候选人，只是拉议员离京，做消极抵制。因而当时一方面在贿赂选，一方面在贿赂不选，千奇百怪地闹得不可开交。但曹锟系却已运动成熟了大部分大议员，而曹锟就成了唯一的总统候选人了。

由于曹锟以金钱贿赂和政治贿赂双管齐下的手法，在国会方面计算票数，已有了相当的把握，于是就把目标转移到黎总统方面了。可是黎的总统任期问题，得不到合法的解决，黎又坐镇东厂胡同（黎的住宅在此）不为所动。曹迫不及待威胁内阁总理张绍曾。又唆使在京军警罢岗、便衣队包围黎元洪住宅，甚至割断总统私宅的电话和水电供应，逼黎不得不离京去津。但黎在离京时并未公开履行正式手续，带走总统的15颗印信，当黎的专车马上就到了天津车站，曹又导演了拦车劫印一幕。

黎出走，北洋政府陷入无政府状态，又有各省军阀电报、电话，催促选举。各帝国主义公使团，参与干涉。1923年10月5日选举曹锟任总统，曹锟10日宣誓就职。

曹锟贿选总统成功，全国上下为之哗然。孙中山通电全国，宣言声讨，并从现实情况出发，与奉系军阀张作霖、皖系卢永祥取得联系，共同进行倒直运动。他们虽然政治主张不同，但在当时却都有着一个反对直系的共同目的，于是通过孙科、张学良、卢小嘉在沈阳的所谓三公子会议，形成了孙中山、张作霖、段祺瑞为代表的粤、奉、皖反直阵线的三角大同盟。与此同时，孙中山秘密派人向冯玉祥示意倒直，冯当时以个人所控兵有限，不敢冒险盲动婉拒。

吴佩孚

1924 年 1 月，中国国民党第一次全国代表大会在广州召开。会后，孙中山即委派陕西同盟会元老焦易堂到河北找胡景翼，商谈孙中山反直计划。

二次直奉战起，各方联系冯玉祥、胡景翼、孙岳结合奉系张作霖，发动北京政变打倒吴佩孚，囚曹锟于中南海延庆楼，并枪毙了曹的近侍李彦青，吓死了曹的四弟曹锐。

吴佩孚 1924 年失败南退后，但仍是不甘心自动退出政治舞台的。初蛰居于豫、鄂交界的鸡公山，依然信使四去，各方活动。1925 年冬就移居武汉，企图再起，还召集吴景濂、张伯烈和许多议员到汉口，计划再恢复民国十三年的法统，无形中又想抬出曹锟，且吴又不择手段的派人联奉，而张又派张景惠到汉口联吴，直奉联合成功，1926 年春，便向河南的国民二军和北京的国民一军开火，国民军西撤，直军到京释放曹锟，曹与国会又一度"欲死灰复燃"，"终"不为各方所见谅，使同归于尽而告终。

第二节　冯、胡、孙结盟

1924 年 9 月，奉军出动 17 万人，分兵三路进攻北京，张作霖自任总司令，亲赴前线指挥。9 月 18 日，北洋政府发布对张作霖奉军讨伐令，吴佩孚调集军队 25 万人，分三路迎战奉军，这是第二次直奉战争。直军第一路出兵山海关，迎战奉军主力。第二路出兵喜峰口，向朝阳迎战热河来犯之兵。第三路出兵古北口迎战承德、赤峰等北线之奉军。同时，吴佩孚令其海军舰队由秦皇岛北上，从东面包抄奉军后路。另设十路援军策应三路大军。吴佩孚坐镇北京指挥。冯玉祥时任第三军军长，奉调出兵古北口，为第三路大军主力，但线路长，补给未得到解决，先头部队 9 月 21 日开始出发，10 月 1 日到达古北口。胡景翼任第二路援军司令，目标喜峰口，担任接应任务。随后率军从顺德北上，司令部设通州。

9 月 18 日，也就是直奉战争爆发的同一天，孙中山以国民党名义发表《北伐宣言》，指明北伐的目的"不仅在覆灭曹、吴，尤在曹、吴覆灭之后，永无同样后起之人，以接续反革命之恶势力。换言之，此战之目的，不仅在推倒军阀，尤在推倒军阀所赖以生存之帝国主义。盖必如此，然后反革命之根株乃得永绝，中国乃能脱离次殖民地之地位，以造成自由独立之国家。"

与此同时，段祺瑞受奉系张作霖之托，在天津召开各方代表秘密会议，策动倒直。

10 月初，直奉双方在山海关、九门口展开主力大战。9 日，奉军攻克九门口，长驱直入。12 日，吴佩孚亲自赴山海关督战两军大战于石门寨、三道关。17 日，奉军打破山海关天险，攻入长城。吴佩孚退至秦皇岛，急忙用军舰运兵三万，企图挽回败局。奉军又调张作相的总预备队前来增援，时预备队共有 6 个团，但面对直系新增兵力，还显得力量不够。就在战争胶着之际，突然接到段祺瑞在天津发来冯玉祥决定倒戈的电报，使奉军指挥官如释重负。

同时，孙中山也给胡景翼发来电报，要求："迅赴事机，以诚大业。此间北伐大军已入赣境，俟下南昌，即会师武汉，与诸君共定中原，陕军诸同志并望一一转达也。"

第三节　发动首都革命

10 月 12 日，冯玉祥召集胡景翼代表在河北怀来开会，商讨回师北京具体事宜，并决定拥护孙中山先生，起义部队改名为"国民军"。拥戴冯玉祥为国民军总司令，兼任第一军军长；胡景翼为副总司令，兼任第二军军长；孙岳为副总司令，兼任第三军军长。19 日，冯玉祥召开军事会议，决定班师回京，发动"首都革命"。命令胡景翼驻喜峰口部队回撤通州，切断京奉铁路，阻止吴佩孚后撤。命令孙岳，监视曹锟卫队及吴佩孚留守部队。21 日，冯玉祥、胡景翼率部回师。冯部孙良诚、张维玺两旅进驻北苑；张之江、宋哲元两旅封锁京热大道。胡景翼部岳维峻袭击了直军王怀庆第二军

孙岳

司令部，切断了与吴佩孚的联络。其他各部驻防玉田、滦州、丰台一线。留守通州的李虎臣部策应冯玉祥部进京，出兵廊坊。其他各部包围天津、唐山，堵住吴佩孚军从海上回师。22日夜，冯玉祥先头部队占领了电报局、电话局和车站。随后大部队陆续入城。孙岳部割断了总统府与各单位电话线，缴械了总统卫队，囚禁了总统曹锟。一夜之间，北京城被国民军控制。10月23日，冯玉祥、胡景翼、孙岳联名通电，主张停战言和，并指出："国家建军，原为御侮，自相残杀，中外同羞……玉祥等午夜彷徨，欲哭无泪，受良心驱使，于10月23日决意回兵，联合所属各军另组中华民军，誓将为国为民效用。"10月25日，冯玉祥、胡景翼、孙岳各部将领，在北苑举行会议，一致承认孙中山为国民革命领袖，并致电邀请孙中山北上主持大计。

10月27日，孙中山发来贺电："义旗聿举，大憝肃清，诸兄功在国家，深感同慰。建设大计，急需决定，拟即日北上，与诸兄晤商。先此电达，诸维鉴之。"

冯玉祥接到电报后，又于11月4日再次电请孙中山速驾，电文中写道："辛亥革命，未竟全功，致令先生政策无由展施。今幸偕同友军，戡定首都，此后一切建设大计，仍请先生指示。万望速驾北京，俾亲教诲，是祷。"

首都革命的消息，通过电讯、报纸，迅速传遍大江南北，震动了长城内外。吴佩孚在10月24日看到报纸上刊登的冯玉祥等人的通电时，他还想着可能是张作霖动摇吴的军心，故意制造出来的假消息。但在接到曹锟下达的将他免职的命令后，惊慌不已，忙召集将领们开会，并决定把前方指挥权交张福来，继续同奉军战斗，他则率领第三师立即从海上南下天津，企图消灭国民军。

10月28日，胡景翼部和奉军占领滦州，驻秦皇岛的直军被围困，除搭乘轮船逃出万余人外，俘虏8万人。

10月31日，国民二军李虎臣、李纪才等部，国民一军张之江、刘郁芬等部陈兵于杨村一带；二军的岳维峻、邓宝珊所部，已经攻占唐山，从东北部向天津合围，吴佩孚陷入三面包围之中。此时在山海关一带的十几万直军军心大乱，不战而溃，被奉军全歼。

11月1日，胡景翼致函吴佩孚，劝其下野，但吴决心负隅顽抗，拒不投降。2日，胡下达总攻令，李纪才旅率先攻进杨村，直捣前线总指挥部，张之江、李虎臣等部也投入战斗。经过两天激战，俘获第一混成旅旅长潘鸿钧及其全旅官兵。

同日，曹锟退位，以黄郛为总理的摄政内阁宣告成立。吴佩孚盼望的南方援军被阻，他走投无路，于11月3日，率残部两千余人，从天津大沽口弃军出逃。至此，历时50余天的第二次直奉战争结束。

冯、胡、孙是最大的赢家，首都革命前三个军只有5万多人，很快发展到7个军30余万人，势力范围扩大到华北地区。

11月4日，摄政内阁召开会议，修改清室优待条件，规定：原大清宣统皇帝，从即日起永远废除皇帝尊号，与中华民国国民在法律上享有同等权利；将每年补助清室家用的400万元改为50万元，并特支200万元开办北京贫民工厂，尽先收容旗籍贫民；清室即日移出禁宫，自由择居，民国政府仍负保护责任；清室之宗庙陵寝永远奉祀，民国政府酌设卫兵妥为保护；清室私产归清室完全享有，其一切公产，则归民国政府所有。

11月5日，国民军北京警备总司令鹿钟麟进入故宫，向前清室宣布了修改后的优待条件，收缴了溥仪的印玺，并将溥仪等驱逐出宫。

此举，使辛亥革命后仍延续13年之久的"中国之帝号"和清室小朝廷被清除。

第四节　冯玉祥"急流勇退"

国民军在10月25日北苑军事政治会议上决定，即日电请孙中山先生北上，但同时又议定在孙中山北上之前，请段祺瑞出任国民军大元帅，来维持局面。次日，冯玉祥电邀段祺瑞，意欲借段出来先暂时维持局面。冯说："叫老段主军，中山先生做总统，我们这些人都听从指挥，把中国治理成为世界上最大的强国。"

11月9日，段祺瑞邀冯玉祥赴天津，与他及张作霖举行会议。冯到天津，奉军即将天津团团围定，封锁交通。段、张向冯玉祥施加压力，胁迫其答应推举段为中华民国临时政府执政。张作霖手下甚至还有借冯到津开会之际谋杀他的计划。冯面对压力，感到自己陷入十分孤立的境地，遂采取了所谓："高揖群公，急流勇退"的态度。这时段祺瑞以"盟主"的身份，为奉军和国民军划分势力范围：奉军沿津浦路，直至江苏，但不侵入浙江；国民军沿平汉线南下直到河南，但不侵入湖北。按此意见，奉系非常满足；直系的孙传芳、齐燮元、萧耀南等继续拥有东南地盘。段获得了奉、直两系的拥护和支持。

11月15日，冯玉祥被迫同意发出拥戴段祺瑞上台执政的通电，然后回到北京。

孙中山于11月10日发表《北上宣言》，对外主张废除一切不平等条约，赶走帝国主义侵略势力，实现中国的民族独立；对内主张召开国民会议，结束军阀专政，实现中国的统一和人民的民主自由。孙中山17日到达上海，得知北京情况急剧变化，但他为了宣传民族独立主张，扩大革命影响，决定继续北上。

段祺瑞得知孙中山已于11月22日由上海启程北上，遂于当天，急忙带奉军一个师由天津赶到北京，来就任"中华民国临时执政"。他要赶在孙中山到来之前，造成既定事实。段在离开天津时发表了《拟就临时执政电》的通电，内容为："革命已既，百废待兴，中枢乏人，征及老朽"。另外还有："不得已拟于11月24日入就中华民国临时执政之职，组织政府，斯维秩序"。他在通电中提出召开各派握兵权者及地方实力派参加的"善后会议"，来解决时局纠纷。其主张同孙中山《北上宣言》中提出的"召开国民会议"严重相悖。

段祺瑞到北京后，决定胡景翼督办河南军务。

第二十一章　八方风雨会中州

胡景翼受命河南军务督办后，积极筹备南下。此时河南形势对国民二军十分不利。吴佩孚率残部回到河南，住在豫鄂交界的鸡公山，企图东山再起。驻守陕西的镇嵩军已派其部下憨玉琨由陕东出，占据郑州、洛阳。

第一节　挺进中原

11月24日，胡景翼率国民二军各部奉命出京，向河南挺进，扫荡河南直系残部。因当时有直系张福来、李济臣、寇英杰等直系残部扼守漳河，如果不击败他们，就无法进入河南彰德（安阳）、新乡，更到不了郑州、开封（省会）。在协商未果的情况下，双方激战数日，至12月4日，收复黄河北的彰德、新乡，与憨玉琨隔黄河对峙。

1922年夏，第一次直奉战争冯玉祥率部出陕援直，击败河南督军赵倜。而这以后，陕西省长刘镇华兼任陕西督军，刘趁机收编赵倜残余及豫西地方武装，扩编镇嵩军。当时吴佩孚为了分化镇嵩军，将憨玉琨师升格为中央陆军第三十五师，而憨玉琨私欲膨胀，又收编众多地方武装，扩大实力，他的一个师竟有5万之众。首都革命后，吴佩孚辗转来到洛阳，企图盘踞中原，卷土重来，但被憨玉琨逼离。憨于12月1日占领洛阳，4日占领郑州，5日占领开封，并沿黄河布防，这才出现胡憨对峙局面。

这时，憨看到胡景翼大军压境，就派他的参议王鸿仙为全权代表到新乡同胡商谈和平解决办法。胡景翼提出只要憨部西撤洛阳，其他一切均可从长计议。[1] 王鸿仙不敢应答，要求派代表见憨玉琨。胡景翼经商谈特委派老同盟

---

[1]《马彦翀先生纪念文集》，丹凤县政协文史资料第十六辑，第286页。

会员、他在西安健本学堂时的老师马彦翀为代表前往。马为了陕军前途命运及老百姓免罹兵祸，慨然应之。当时黄河铁桥被憨玉琨拆断，马彦翀与王鸿仙连夜爬过黄河铁桥到郑州，与憨整谈一日夜，憨最初不肯西撤，经再三磋商，憨同意大部分退驻洛阳，但先头部队，商住荥阳、铁炉，东距郑州不过10余公里。陕军平安开进郑州、开封，并沿京汉线进驻信阳。① 12月11日，国民二军开进开封，次日，胡景翼在此正式就任河南督军之职。后陆续收编了陈文钊、马吉第、王文蔚、田维勤等部。特别是，奉孙中山之命，樊钟秀率领的北伐军先遣队"建国豫军"也抵达豫西南，一时声势大振。

胡景翼按照孙中山"除恶务尽"的指示，派第五旅旅长李纪才率部追剿吴佩孚。吴带领在河南收拢的余部，准备进入湖北投奔督军萧耀南，但萧此时已公开宣布脱离直系，拥段祺瑞上台执政，并根据段的命令，拒绝吴入境，吴不得不在豫鄂边界的柳林站下车，进入鸡公山躲避。李纪才率部迅速占领信阳，兵临鸡公山，劝吴佩孚缴械投降。吴见大军压境，窜入湖北，过武汉、岳阳，栖身湖南军阀赵恒惕处。

第二节　八方风雨会中州

胡景翼就任河南军务督办不久，北京政府改任国民三军军长孙岳为豫陕剿匪总司令，河南省长一职还由胡兼任。胡景翼决心遵从孙中山主张，在河南建立一个真正的革命政府，同广东革命政府遥相呼应，把河南治理成为推行孙中山三民主义的模范省区，使中原成为北方的革命基地，以推进中国革命的发展。正如胡在他最后的遗嘱中说的："以豫省为始基，推行主义于全国"②。在组织新的政府时，胡景翼一反当时执政者任人唯亲的恶习，坚持地方自治，任人唯贤，豫人治豫等原则。省、道、县官员任命，均由河南革命党人和进步人士协商，征求各方意见后决定。省、道两级主要官员除财政厅长由北京财政部推荐的外省籍人员担任外，其他各厅长、各道尹和武装警察司令等均由河南籍人员担任，没用一个陕西人。所用之人大多是孙中山的积极追随者，思想进步，德高望重，深得豫省各界人士的拥护和赞扬，稳定了

---

① 《马彦翀先生纪念文集》，丹凤县政协文史资料第十六辑，第286页。
② 张中平：《西风烈焰》，陕西人民出版社，2012年，第213页。

局势。

河南新政府成立后，在胡景翼的领导和支持下，清乡锄匪、肃清贪污、整理财政、改革税制、发展交通、振兴实业、废旧布新，从各个方面积极进行整顿，有效开展政务活动。他还派遣部属分赴各地，向群众宣传三民主义、推行地方自治，全省大部分地区开始改变了动乱不安的状况，使社会安定局面得到了稳定。

另外，胡景翼还积极网罗人才，邀请名流，联合各方力量，开诚布公，共谋国是。他虚心听取各方意见，调动一切积极因素，集中智慧，使河南政务在很短时间内出现了新局面。

在地方教育事业方面，要求政府预算，首先划拨教育专款，薪饷发放，教师优先。同时设立了全国独一无二的教育基金，深受知识分子拥戴。

在文物保护方面，更值得树碑立传。开封古称汴京，自战国时的魏国在此建都后，又有五代的梁、晋、汉、周及北宋等先后在此建都，文物古迹遍布城乡，有不少有价值的文物。为了加以保护，胡景翼下令设立河南省古墓保存会于教育厅，教育厅长兼任会长。专门请来原陕西省长、曾代理过国务总理的李根源主持开封龙亭公园和河南图书馆的筹建工作，编纂了《河南图书馆藏金石目》，为中原文化研究做出了贡献。

胡景翼还全力支持发展工农革命运动。在他的保护与支持下，中国铁路工人第二次代表大会暨恢复京汉铁路总工会大会在郑州火车站附近的普乐园剧院胜利召开。北京政府发来电报，命令胡立即解散工人代表大会，逮捕参加会议的代表，胡景翼非但未执行命令，还把电报给工人代表们看，并当场宣布，代表大会照常进行，并特地为大会送去了大幅红布贺幛，上书"劳工神圣"。他还协助成立了陇海铁路总工会及道清铁路总工会。在代表大会发表的宣言谈到，铁路工人最重要的任务是建立统一的阶级性的工会，这个工会为工人阶级的解放而斗争。共产党人和国民党人也都在他的同意下，在城里建立工会组织，在农村建立农民协会。①

当时胡景翼驻军河南，但周边并不太平，东面有奉系张宗昌伺机西犯；西有刘镇华、憨玉琨盘踞；南有吴佩孚正在聚集残部，企图死灰复燃，湖北

---

① 富平县政协文史资料第二十二辑，《胡景翼将军》，第 292 页。

萧耀南也加强防范；山西的阎锡山对河南亦虎视眈眈。同时，北京政府及奉系势力也对胡景翼充满敌意。此时的国民二军，已由首都革命时的两万多人激增至 6 万余人，但处境不容乐观，四面楚歌不说，部队编制混乱，成分复杂，军纪松弛等现象出现。整饬军队，加强军事实力刻不容缓。12 月中旬以后，胡景翼对国民二军进行了整编，全军编为 6 个步兵师、5 个步兵旅、3 个骑兵旅、1 个独立旅。他本人兼第一师师长，岳维峻、田玉洁、陈文钊、王维蔚、樊钟秀分别为二至六师师长；邓宝珊、冯毓东、李纪才、李虎臣、蒋朗亭分别任步兵旅旅长；弓富奎、马乾三、郑思成分别任骑兵旅旅长。还另外编有 5 个步兵团、4 个独立团、3 个炮兵团以及卫队营、工兵营等。统一编制后，各师、旅、团开展了训练活动，发扬陕军传统，以老带新，训练军体、射击、砍杀、擒敌等科目。聘请了 30 多位苏联军事顾问，担任各师、团教官。

1925 年 2 月，中共豫陕区委成立，区委书记王若飞到郑州，胡景翼派出代表欢迎与接待。中共北方区委和豫陕区委先后派来了刘天章、张昆弟、高克林、潘自力、李求实、杨晓初等人到河南参加督办署和省政府工作；黄埔军校也向国民二军输送了大批军事英才，杜聿明、徐向前、侯镜如、阎揆要、董钊、张耀明、王吉泰等均先后在国民二军任职。

取得军事安定计划后，遂开展另一远大计划，即大设宾馆延揽人才，用第一招待所专供邀请国内外名流来豫指导工作人员住宿；第二招待所供国民党的军政要人住宿；第三、第四招待所专门招待各方代表。[①] 这期间，李根源、李烈钧、张群、张继、马伯援、居正以及陕西众辛亥革命元老于右任、马彦翀、焦子静、师子敬、高又明、焦易堂、刘允臣、续西峰、李仲三、景梅九、张季鸾、柏文蔚、徐谦、李百川、钮永健、续范亭等相继来到开封，协助军政事务。朝鲜志士安重生、王海公，日本友人佐佐木也先后前来访问。胡景翼经常到国内外各界人士下榻的地方，请教救国救民和治理地方的良策，他的质朴、诚恳、平易近人以及谈吐潇洒的魅力，以及他豁达大度的性格，雄才大略的气魄，赢得了各界人士的好评。人们赞他道："武有周瑜之谋，文有孟尝之风"，辛亥革命领袖章炳麟赞他："渊海之量，螭虎之武，懿此硕

---

① 富平县政协文史资料第二十二辑，《胡景翼将军》，第 323 页。

人，宜司中土"。

一时间，古老的卞城名流汇聚、盛况空前，出现了民国以来前所未有的大好局面。

康有为曾为原直鲁豫巡阅使吴佩孚在洛阳过五十大寿时送过一副寿联：

> 牧野鹰扬，百岁勋名才半纪；
> 洛阳虎视，八方风雨会中州。

用这八方风雨会中州，来形容当时的中原大地，确也恰如其分。

第三节 胡憨大战

正当胡景翼及其所率领的革命军在河南准备大展宏图，把中原变成"北方的广东"之时，北京政府惊恐不安。1925 年初，段祺瑞派王揖唐来到河南，警告胡景翼："河南省招纳民党分子太多，段执政对此十分不满。"胡景翼回答道："请转告执政，不但我这里要多用民党人士，而且也希望段执政也多与民党人士接近为是。"

为了控制国民二军的发展壮大，北京政府于 1925 年 1 月 18 日任命原直系三十五师师长憨玉琨为豫陕甘"剿匪"副司令，指使其扩充实力，与国民军对抗。于是憨加紧招兵买马，其兵力很快发展到八九万人。胡大部兵力在郑汴间，"而憨部住在豫西，各自为政，所有豫省一切政令，皆不能下达，更感有岌岌不可终日之势。"[①]胡景翼为了统一中原，稳定局势，就豫陕关系问题，及他与刘镇华、憨玉琨的彼此关系，请多人进行斡旋，希望达到双方满意。胡提出让刘镇华把憨玉琨及镇嵩军在豫各部调到陕西，胡则把他原留在陕西的部队调来河南，互换防地，通过豫人治陕和陕人治豫，"以除地域自私之习，收互相砥砺之功"[②]，达到互相帮助与合作。但刘镇华、憨玉琨不但坚决反对，还在许多地方制造摩擦，其中最为严重的就是挑起"禹州事件"。

禹州地处河南中部，伏牛山余脉，文化历史悠久。时驻军为国民二军王

---

① 《马彦翀先生纪念文集》，丹凤县政协文史资料第十六辑，第 286 页。
② 张中平：《西风烈焰》，陕西人民出版社，2012 年，第 216 页。

祥生团。1月23日夜，憨玉琨的部属王振、张德胜率人趁王祥生驻扎城外，疏于防范，突然带兵进城，将王团28位军官家属全部杀害，王闻讯率部反击，双方在城内开展巷战，双方死伤惨重。此时镇嵩军被围于一户民宅中。王祥生看到自己的父亲及军官家属惨遭杀戮，失去理智，下令火烧藏于民宅的镇嵩军士兵，结果一条街民房全部被烧毁，给市民造成了极大损失，引起禹州民众的不满。

事件发生后，胡景翼非常重视，为了严肃军纪，平息民愤，他忍痛下令将王祥生立即正法，并派人携带现款5万元赈灾。同时，胡景翼亲自到省议会引咎自责，检讨对部署纪律教育不够，约束不严的过错。

当时镇嵩军自认为有段祺瑞、张作霖、阎锡山的支持，在局部制造摩擦的同时，又连续占据了登封、密县，并欲向郑州推进，有驱逐国民二军离开河南之势。

胡景翼于2月中旬邀集各界人士会商中原大局，与会者都对刘镇华、憨玉琨的行为表示愤慨，也对中原局势、国民二军的处境忧虑。同时，胡接到情报称，奉系张作霖之子张学良、与陕西督办刘镇华、山西督办阎锡山聚会太原，密谋在3月6日张作霖寿期之后，联合行动，消灭在河南的国民二、三军。具体计划是由憨玉琨先发动战争，刘镇华率镇嵩军出潼关打援；同时驻直隶军务督办李景林、驻徐州苏鲁皖"剿匪"总司令张宗昌会攻开封；阎锡山派晋军南下河南，协助截击国民军。

得此情报后，胡景翼立即采取两项措施，一方面派代表以向张作霖祝寿名义去奉天，相继劝阻奉军进攻河南。另一方面，从开封到郑州，与岳维峻密商收复豫西计划。2月末准备就绪，由岳维峻统帅邓宝珊、蒋朗亭、杨瑞轩各部向西挺进。[①] 具体作战方针为：岳维峻为右翼前敌总指挥，率本部及史可轩、杨瑞轩、田生春等沿陇海线西进，直趋洛阳；第七旅旅长邓宝珊为左翼前敌总指挥，率本部和李虎臣、蒋朗亭等旅及建国豫军、国民三军相配合，从密县、登封一线迂回出击，包抄憨部右翼，直下偃师；米振标坐镇洛阳，以防山东张宗昌进犯；李纪才旅驻守豫中，以防湖北萧耀南进犯。

一切准备就绪，2月22日，胡景翼下达了总攻击令，左、右两路大军以

---

① 《马彦翀先生纪念文集》，丹凤县政协文史资料第十六辑，第286页。

排山倒海之势向憨玉琨部发起总攻。右翼部队利用铁路运输便捷，推进迅速，迫使正面战场之敌放弃荥阳、汜水、巩县，溃退至巩县西南的黑石关。左翼部队，迂回出击，直取偃师，这里地势辽阔，战线较长，双方都集重兵于此，这里也是豫西胡憨大战的主战场。大战开始后，在国民二、三军及建国豫军的强大攻势下，憨部混成旅旅长李振亚投诚，王振旅被击溃，而刘镇华镇嵩军师长张治公与憨玉琨素来不和，坐视憨部败仗连连，按兵不动。左翼连取密县、登封，亦到达黑石关。

憨玉琨八万之众竟顶不住国民军进攻，急电刘镇华，同时收缩豫西兵力于黑石关。这里前凭洛河，北依邙山，南靠嵩山，地势险要。憨部利用地形，负隅顽抗，等待援军。

刘镇华接憨急电，岂能坐视不管，立即将军政大权交陕西军务帮办吴新田，自己率领在陕镇嵩军出潼关，增援憨玉琨。

此次战役最为激烈的战斗就是黑石关攻守战，战斗激烈，双方伤亡惨重。此役刘镇华第四师师长马河清、旅长姜宏谟阵前率部倒戈，形势逆转，刘镇华、憨玉琨部溃败，退至伊水西岸，为防止国民军追击，炸毁了伊水河上铁路大桥。

就在张作霖寿日当天(3月6日)，张宗昌来电，称要派兵西进，"援胡讨憨"，胡景翼及诸将领深知张宗昌的用心，是实践太原会议密谋，真实用意是"援憨打胡"，乘机夺取中原。为防止张宗昌西进，胡景翼使用"兵不厌诈"之计，向直隶军务督办李景林的高级顾问韩玉辰发电告知"洛阳已克"；同时请随军到前线的高级顾问李根源速回开封，宴请军政要员及奉军驻开封代表，告知"洛阳大捷"。

这一招果然奏效，韩玉辰接到电报后立即转给在奉天为张作霖祝寿的李景林，李又把消息透露给张作霖。奉军代表从开封的密报也到奉天，都知道刘镇华、憨玉琨洛阳失守的消息，于是张作霖当着为他祝寿的众人讲到："刘镇华这小子太不中用，俺们不管他啦！"在祝寿现场的张宗昌也打消了西进计划。

黑石关战役后，左翼部队已绕道西进，占领了渑池、陕州，扼住了豫陕要道。伊水河铁路大桥四天四夜被抢修通车，援军、给养源源不断运往前线。3月8日，国民军左右翼回师洛阳，乘胜猛攻，憨玉琨部土崩瓦解。憨仅带数十名马弁逃回嵩山老家，自感羞愧，4月2日在家服毒自尽。

刘镇华率镇嵩军残部向西溃逃，企图重回陕西，兵至陕州，遭到邓宝珊所率左翼部队截击，没了退路，只身渡过黄河，取道太原，投奔阎锡山而去。胡憨大战最终发展成豫西大战，胡景翼以6万兵力打败了号称18万大军的憨玉琨、刘镇华的镇嵩军，3月10日，以国民军胜利而告终。

此役使胡景翼在河南无后顾之忧，而稳坐中原。于是便整编所部为步兵13个师，10个独立步兵旅，5个骑兵团，3个炮兵团，1个宪兵营，总人数不下20余万。其实力壮大之速，实在惊人。①

第四节　将星陨落

豫西大战后，胡景翼发展较快，拥兵20万，坐镇中原。与众将领商讨如何稳定局势，搞好同周边省份的联合，互不侵犯。与政商界商讨如何振兴经济，救急难民，恢复生产。

然而，不幸降临到胡景翼身上。豫西大战期间，胡臂上长了疔疮，当时忙于军务，没有在意，回到开封，病情恶化，先后两次去做了手术，均不见好转，到4月上旬，反而加重。他自知无法挽回，遂召集众将领及政商人士于病榻，口授遗言，嘱托后事。1925年4月10日，一代将星，与世长辞，年仅34岁。

胡景翼早年参加同盟会，争取民族解放，辛亥革命期间南征北战，反对帝制，护国讨袁；护法战争期间，组建靖国军，转战渭北，后率军出关，依附曹锟、吴佩孚，发动首都革命，报国治乱；入主中原，鼎力革新，扶助农工，统一豫境。

将军追随孙中山先生，以身许国，矢志革命，身经百战，叱咤风云。日本友人佐佐木送挽联称：

中华丧大将，
民国失长城。

---

① 富平县政协：《文史资料》第二十二辑，《胡景翼将军》，第321页。

海内外各界人士，无不痛惜胡景翼年富力强，前途山高水长。北京、开封、郑州、西安等地纷纷举行悼念活动，沉痛哀悼这位忠诚的民主主义战士和功勋卓著的爱国将领。

生前曾被授予"延威将军"衔，逝后追授陆军上将。

同年11月16日，胡景翼将军灵柩安葬于陕西华山北麓王猛台下。于右任为其撰写墓志铭，赞胡是："胸有千秋，心无一物""国之少年，世之先觉"。

其后，根据胡景翼遗嘱，岳维峻接任国民二军军长及河南军务督办。

第五节 鸡公山会议

胡死岳继，困难尤多。一则部队庞大，饷械两缺；二则奉系李景林在天津，张宗昌在山东，姜登选在安徽，杨宇霆在南京，扼住津浦沿线，一筹莫展；西路虽打走刘镇华、憨玉琨，但交通阻塞，仍是死路一条；南有萧耀南把持武汉，且拆断武胜关铁路，即河南自办的兵工厂，开封的子弹厂、铜圆厂，均以购置原料困难，而无法生产，更谈不上扩大军事实力了。

这时候，岳维峻的参谋长刘化南有一位日本士官学校同学名刘亮章，是段祺瑞亲戚，任湖北兵工厂厂长。到开封见岳，谈到他探悉萧耀南最害怕河南的国民二军支持吴佩孚再起，所以他联合直系的江西督办方本仁、浙江督办孙传芳，要扼杀陕军，钳制吴佩孚。如果吴东山再起，都对他们极为不利。

刘把萧的内心告知岳维峻后，还说："我虽是兵工厂长，但所有制造经费、出品数量，以及如何分配销售，即一枪一弹，都得经萧督批准。"岳对刘讲，我们国民军在北京策动政变，固然为了打倒直系，老实说就是为了打倒当时飞扬跋扈的吴佩孚。现在吴被打倒与国民军已具有不可调和的仇恨，我们还怕他们直系各督，要向国民军进攻，为吴佩孚报仇，我们哪还会反而扶持吴佩孚又起呢？况我们同国民一军冯玉祥总司令、国民三军孙岳总司令联合反直倒吴倒曹。距今为时不过数月，我又怎能又拥戴吴佩孚呢？如真的吴要再起，无论对国家对人民，对我们国民军，不会有丝毫好处。当时刘亮章甚为惊诧地说，既然如此，应及时派人向萧（耀南）方（本仁）孙（传芳）三督说明原委，以释他们对国民军的疑虑，如果解释清楚，双方谅解，我想他们不仅会对你们有所联合，还会进一步对你们有所帮助。

岳维峻同刘亮章会谈之后，即召集高级将领、高级顾问会商。大家一致表示这是原直系三督对国民军的误会，应即派人前往洽谈。会议研究决定派老同盟会员、国民二军高级顾问马彦翀为全权代表，拜访这三位督军，以解陕军的发展瓶颈。但当时奉系杨宇霆在南京、卢永祥在上海，如要前往浙江访孙传芳，必须经过沪宁，所带密函、密码等件，就得妥为保管，以防泄露。

马彦翀先到武昌拜见萧耀南，递交岳维峻的信件和电报密码，并详告岳所以不会拥戴吴佩孚再起的种种理由。萧认为马所传达的情况，出乎他意料。萧督愿与岳督结为金兰之好（这是当时官场中最流行的所谓结拜异姓兄弟）。同时确定会谈地点在豫鄂交界的"鸡公山"。马彦翀表示，他将密电向岳督报告情况，同时马还得去赣、浙，请萧督直接与岳督电报联系，以免延误时日。

马彦翀第二天赶到南昌，拜见江西督军方本仁，叙谈一切，未费周折，即达成协议。随后赶到浙江，住了两天，与督军孙传芳洽谈数次，孙表示他对萧、岳双方所谈，均感满意。并密告马彦翀他们不久就要进军沪宁，待攻下沪宁，打下安徽，直驱徐州后，愿以攻津取鲁责任，交由国民军负责。同时表示，马彦翀可把这些军事计划，再与蒋百里（蒋当时任孙的军事顾问）详细面谈了解后，即回豫报告岳督，如果同意，各军分别行动，积极准备，但须绝对秘密。现第一步孙与岳也结为异姓兄弟，第二步待孙部到达徐州，再约岳督面商一切。

马彦翀即刻回河南复命后就又随岳维峻前往鸡公山，将领中同去的有师长田玉洁、旅长仵朗亭及参谋卫士多人。双方见面，岳、萧二人先密谈数次，后双方协议攻守同盟，患难与共，第一联合驱逐奉军出关；第二决不拥护吴佩孚再起。关于豫省所需补充械弹或其他应用材料，鄂方当尽力设法予以提供，同时萧先在汉口某洋行代予订购机关枪 100 挺，并即时恢复京汉交通、以示双方真诚合作之意。①

---

① 本节资料选自《陕西文史资料精编》第五卷，《所谓鸡公山会议前因后果》，陕西人民出版社，2011 年，第 36—39 页。

第六节　国民二军兵败河南

鸡公山会议后，岳维峻一面召集高级将领会商北取天津，东攻山东的大计，另方面令参谋长刘化南以巩县兵工厂名义派员在汉口组建办事处，购运武器及物资。据不完全统计，除各厂所需原材料不计外，仅由汉阳兵工厂购得步枪约二三万支，子弹约千万发，军力得以加强。遂即联合国民一军进攻天津李景林。激战多日，互有伤亡。攻下后任孙岳为河北军务督办，邓宝珊副之。这时孙传芳取得上海、南京、安徽，到达徐州时，岳维峻同孙传芳又进行会商，由国民二军担任攻取山东大任。岳任李纪才为司令，率军东进。即将攻至济南城边时，后方直系旧部，被吴佩孚策动哗变，功败垂成。从此形势陡变，吴佩孚又移住汉口，集合旧部，图谋再起，萧力弱无法阻止。兼之奉系又派张景惠到汉与吴佩孚协作反攻国民军，而国民一军在北京已感应付维艰。国民二军又以鲁战失败，攻津部队以交通车辆拥塞，一时不能南下，因而军心涣散，终经数战不利而告败退。

1926年1月，吴佩孚通电讨冯攻豫，国民军处于直、奉两系的夹攻之中。迫于形势，岳维峻于2月26日撤离开封，集结队伍于郑州，3月2日由郑州撤退回陕。在回撤路上，遇到镇嵩军、豫西地方武装、晋军堵截。岳维峻在风陵渡被晋军抓获，秘密囚押于太原。至此轰轰烈烈的国民二军，仅存在两年就近乎烟消云散。

结语：国民二军兵败河南，也标志着辛亥革命留下的渭北革命火种，即将熄灭。这支队伍是由于右任、井勿幕、焦子静、曹世英、胡景翼等组织的反清武装，经历了讨袁逐陆、护法倒陈、靖国军整编出关、首都革命，一路走来，打出了陕军军威。但陕军经过"八方风雨汇中州"的辉煌期，终于在军阀混战中被角逐出局，惨败于中原。本书至此戛然而止，就是认为陕西辛亥革命永远没有结束，此后的历史应为另一个阶段。

这就是：而后陕西又战乱不断，镇嵩军犯陕，二虎守长安，冯玉祥五原誓师，解西安围城于水火之中。终于迎来了北伐胜利，北洋政府覆灭，全国一定意义上又得以相对统一。

陕西辛亥革命前后大事记

1900 年（光绪二十六年，庚子）

春	陕西大旱，间阎凋敝，饿殍载道，六十余州县受灾，饥民三百多万。
夏	哥老会、义和团、红灯照联为一气，到处张贴"杀洋灭教"名帖，准备起事。
	渭南、华县、高陵、三原、临潼等县群众"习拳仇教"，均遭巡抚端方镇压。
7 月 21 日	宁强州燕子砭李云栋、杨海等率领群众三百余人，杀死意大利天主教神父郭西德及教民三人。
8 月 9 日	定边、靖边、安边堡等地义和团联合蒙兵数百人，攻打小桥畔天主教堂，围困四十八日，击毙外国教士一人、教民六人。此事件称为"三边教案"。
9 月 22 日	渭南会党首领田贵宾起义，进攻高塘镇，欲夺取州城，事失败，田贵宾等八人被杀。
10 月 19 日	慈禧太后、光绪皇帝由山西逃入陕境，26 日至西安。为此，陕西成立支应局，西安知府胡延为提调。以陕西巡抚衙门部院（北院）为行宫。清廷在西安颁布《新政上谕》。

1901 年（光绪二十七年，辛丑）

1 月 29 日	清朝政府在西安发布了"变法"上谕。
春	关中各地饥民不顾当局镇压，自发组织起来到富户家就食，称"吃大户"。
7 月 13 日	陕西巡抚升允、绥远将军恪信等，派员会同蒙古官员与小桥畔教堂洋教士杨光被、巴士英谈判，签订"三边教案"和约，赔偿教堂白银十四万三千五百两。停止宁强文武科举考试五年。处死李云栋等七人。
10 月	西太后、光绪帝由西安起程回北京，随行大车三千多辆，传为在陕期间，搜刮民财三百余万两（其中西太后一人七十万两，陕西承办皇差耗费二百五十余万两）。饥荒之年，陕民又遭浩劫。支应局结束，共耗银六十余万两。
11 月	护理陕西巡抚李绍棻在咸长考院及景化书院旧址设立陕西大学堂，选调学生二百名，1905 年改为陕西高等学堂。
12 月	陕西巡抚借筹备赔款，奏请盐斤加价四文。

1902 年（光绪二十八年，壬寅）

1 月	护理陕西巡抚李绍棻奏准盐斤加价，实际加价每斤高出数倍。
2 月	陕西巡抚升允奏准花马池盐官商并运，在凤翔府城设立官盐总局，各县、镇设官盐分局。
是年	陕西分担"庚子赔款"银，年付六十万两，外加宁强、三边两教案赔款，总计银七十九万多两。陕西巡抚决定每地丁正银一两，加收四钱，并加重烟、酒、糖厘金。陕西奉旨推行"新政"，改书院为学堂，设立陕西大学堂，后陕西师范学堂、武备学堂、法政学堂、存古学堂、宏道工业学堂相继设立，各直隶州设立中学堂，各州、县设高、初等小学堂；编练常备新军，驻省城。改抚标练军、城防练军和西安、汉中、延榆绥三镇镇标练军为巡警军。
8 月 11 日	宁羌（宁强）燕子砭反教会斗争的领导人李云栋、杨海等人被杀害于褒城。

1903 年（光绪二十九年，癸卯）

3 月	大荔县劣绅于彦彪、延长劣绅郑明德，勾结德商，阴谋开采延长石油矿。
6 月	平利县洛河江湖会首领王乱刀子、何裁缝等率众一千三百多人，屯聚太白庙竖起"兴汉灭洋"旗帜，反抗天主教压迫，杀死教民七人。巡抚升允派汉中府试用道台郭人璋等带兵镇压，王乱刀子等江湖会首领三十余人被杀，群众死伤数百人。
7 月	定边任汉泷联络靖边耿作等人秘密结党，并派人联系蒙民，发动武装反教斗争，事泄被捕，后遇害。
9 月	陕西巡抚樊增祥为抵制维新思潮，创办《秦中官报》。
12 月 13 日	凤翔晁黑狗，岐山李猪娃、王摇摇率领凤、岐、宝（鸡）等县农民两千多人，捣毁蔡家坡、高店、阳平、益店等处官盐局。次日晚，又烧毁凤翔官盐局，杀死司事刘某。后晁黑狗、王摇摇等被害。
是年冬	井勿幕由四川赴日本，入大成学校学习日语和普通科，为陕西最早留日学生。德国间谍勾结于彦彪与延长当地绅士刘德馨私订延长石油开采合同。

1904 年（光绪三十年，甲辰）

3 月 25 日	兴平县农民在刘坎坎、刀客刘三的领导下赴县城进行"交农"斗争。
5 月 31 日	陕西巡抚升允以于右任"倡言革命"缉捕查办，于逃往上海。
5 月	武备学堂派遣张凤翙、白毓庚等人赴日留学，为陕西首次派遣留学生。
11 月	扶风县武生张化龙领导当地人民反抗派销官盐，被斥革。

是年	陕西武备学堂改名为陕西陆军小学堂。 陕西陆军中学堂在西安创立。 清政府与比利时签订"汴洛铁路借款合同",规定如由河南府接展至西安府,应先尽比公司妥商议办。

1905 年(光绪三十一年,乙巳)

春	盩厔(今周至县)沙云屯、马家滩一带群众发起反对教会斗争。
3 月 7 日	安康哥老会首领梁悦兴率领当地哥老会会员和农民数百人起义失败。梁悦兴、闵春来、李元谋等遇害。
4 月	盩厔(今周至县)哥老会窦明堂秘密联络沙云屯、马家滩一带群众,设立山堂,散发"票布",准备掀起反教斗争。
夏	宁强县燕子砭哥老会刘长海、薛毓麟等结伙成立"光明山堂"反抗天主教暴行,砸毁 1901 年清政府为教会所立儆戒石碑。
8 月 20 日	中国同盟会在日本东京成立,陕西留学生康宝忠、井勿幕、谷思慎、赵世钰等加入。康宝忠任同盟会总部评议部评议员,并任陕西省主盟人。
冬	井勿幕奉孙中山命任同盟会陕西支部长,从日本回陕进行革命活动,随身携带孙中山给井岳秀的亲笔信。 陕西巡抚曹鸿勋试行官办延长办石油矿。

1906 年(光绪三十二年,丙午)

春	井勿幕、邹子良等在三原北极宫召开同盟会全体会议,决定发展会员和积极开展活动,与会者三十余人。会后,井勿幕、邹子良赴宜君、耀州、黄龙等地,筹设同盟会秘密机关。张化龙再次领导扶风农民千余人赴县城进行"交农"斗争,反对西潼路路捐和盐斤加价。
夏	井勿幕再次赴日本,进入东京经纬学堂化学科读书。
秋	同盟会陕西分会在东京正式成立,到会者二十余人,推举白秋陔为会长。未几,白秋陔回国,改举杨铭源为会长。
9 月	于右任、邵力子赴日学习考察,参观《朝日新闻》《每日新闻》等报社。富平县农民数千人赴县进行"交农"斗争。于右任、邵力子赴日学习考察,参观《朝日新闻》《每日新闻》等报社。富平县农民数千人赴县进行"交农"斗争。
11 月 16 日	张化龙反对劣绅马十四和杨新私加盐价,烧毁马十四酒坊,率众在太白山九阳宫竖起义旗。
12 月 19 日	渭南固市汪启清率数百人赴县城进行"交农"斗争,捣毁西关盐局及厘局。
12 月 30 日	华州解法正等领导数千人赴州城进行"交农"斗争,捣毁盐局及厘金局。

是月	华阴孙应策、雷荣昌等率领农民数千人进县城"交农"捣毁县衙和税务局。蒲城数千农民赴县城"交农",反对西潼铁路路捐。
是年	《三原白话报》先后改名《三原训俗》《西北白话报》,约四年后停刊。张瑞玑在韩城创办《龙门报》,不久停刊。于右任在上海创办《神州日报》。西安创办《关中日报》。西乡县创办《西乡白话》,旋改名《西乡报》。井勿幕受孙中山委派,拟再次回陕。行前在东京与同盟会诸同志话别,作《孤愤》词,表达了效法"荆轲刺秦",为推翻封建帝制,视死如归的决心。

1907 年(光绪三十三年,丁未)

1 月 11 日	同州(大荔)同盟会员尚镇圭和农民王兴财、王官定等领导当地农民赴县城"交农"。富平县农民数千人赴县城"交农",吓死县官李嘉绩。
2 月 13 日	扶风、武功、岐山、眉县十多万农民包围扶风县城,要求释放张化龙等人,凤翔知府尹昌龄假意应允,杀害张化龙等。
春	井勿幕二次回陕。
夏	商州农民八千多人在杨春华、阎万民的率领下赴州城"交农"。
8 月 26 日	陕西留日学生党积龄、郗朝俊、马步云、张蔚森等在东京创办《秦陇报》杂志。
10 月 15 日	同盟会会员井勿幕、李仲特、焦子静、郭希仁、吴希真、张赞元、马彦翀高又明,会党吴虚白等二十余人赴中部县(今黄陵)祭黄帝陵。祭文中提出"……驱除鞑虏,光复故物,扫除专制政体,建立共和国体……"
冬	井勿幕第三次赴日本东京,参加中国同盟会总会工作。
是年	蒲城县教育分会推选常自新(铭卿)为会长。

1908 年(光绪三十四年,戊申)

2 月 2 日	陕西留日学生范振绪、谭焕章、崔云松、郗朝俊、党积龄等在东京创办《关陇》杂志。
2 月 23 日	各县绅、商、学界代表在省城集会,强烈要求西潼铁路商办。
2 月 26 日	陕西留日学生杨铭源、赵世钰等在东京创办《夏声》杂志。井勿幕、李元鼎、茹欲立等人为主要撰稿人。
春	张拜云在西安发起成立陕西教育总会,推动新学,宣传革命,陕西各县教育分会多由同盟会员主持。
夏末	井勿幕由日本第三次回国,在北京会晤田桐,策划北方革命。
8 月 18 日	陕西学、商界代表六百余人在西安开会,反对延长石油矿部办。
9 月	同盟会会员、蒲城县教育分会长常自新,反对知县李体仁迫害进步师生,组织罢教罢课,学生惨遭当局严刑拘讯,原斯健重伤致死。

10月16日	"蒲案"发生。陕西蒲城县令李体仁借故捣毁县教育分会，捕押刑讯县立高等小学堂师生而造成惨案。
11月8日	陕西教育总会集会声援蒲城学潮。此后西安及各县学生纷纷罢课，其中高等学堂、师范学堂、实业学堂为罢课主力。高等学堂总代表马彦翀、师范学堂总代表寇胜孚主持各校师生大会，声讨李体仁。"蒲案"引发的学潮迅即席卷全省八十四县。支持蒲城高等小学堂师生正义斗争。李体仁被革职。
11月28日	米脂县西川(今属子洲县)农民苗庆元、景堂奎率领群众赴县城"交农"，反抗"烟筒捐"，苗、景等四人被捕入狱。
冬	同盟会陕西分会在西安成立，选李仲特为会长，决定联合新军、慕亲会、哥老会、刀客等力量，进一步推动革命发展，并以哥老会首领张云山"通统山"为基础，与之共组"同盟堂"，商定"通统山，同盟会，梁山水，桃园香"四句联络隐语。同盟会先后在陕设立多处据点，如焦子静、张拜云在西安设立公益书局、健本学堂；南兆丰、王瑞轩创办西岳庙女子学堂，邹子良主持；马开臣开设马家存心堂书铺；郭希仁、曹印侯设立丽泽馆；柏筱余、高又明等在三原设立勤公社；宋向辰、胡定伯、樊灵山在耀县庙湾设备牧场；王守身在宜君开办马栏山铁矿。

1909年(宣统元年，己酉)

是年	胡景翼就读健本学堂。
11月16日	陕西谘议局成立。王锡侯被选为议长，郭希仁、李桐轩为副议长，李仲特、井岳秀、柏筱余等为议员。
12月17日	朝邑刀客王豫乾(王狮子)被县令李焕墀杀害。
是年	冬，经陈会亭、景梅九介绍，郭希仁加入同盟会。郭希仁、王铭丹等创建声铎社，张瑞玑创办《兴平报》，移至西安，改名为《兴平星期报》。于右任在上海创办《民呼日报》。《陕西杂志》创刊。《教育杂志》改名《陕西教育官报》。绅民王文海、吴星映等集资创办保陕油矿公司。升允被免去陕甘总督。

1910年(宣统二年，庚戌)

2月	郭希仁、王铭丹在西安创办《丽泽随笔》《声铎公社质言》杂志。张凤翙、张益谦等人由日本士官学校毕业，钱鼎、张钫等二十三人由保定速成学堂毕业，皆回省任职陕西新军，在新军中秘密发展同盟会力量。张钫、党自新等在西安创立武学研究社，为军界革命党人秘密集会地点。
4月	井勿幕从东南归陕，在泾阳柏氏花园召开同盟会会员会议，报告东南诸省革命形势，拟定了陕西发动起义计划，历时二十余日。
5月9日	谘议局为响应立宪运动，召集商会、教育总会百余人开会，成立"国会请愿团"，推王敬如、郭希仁为代表进京请愿。

7月9日	井勿幕、钱鼎、张钫、党自新、张聚庭、邹子良、胡景翼、李仲三及哥老会首领张云山、万炳南、王镇荣等三十余人，在大雁塔秘密集会，歃血为盟，共图大举。
11月	陕西师范附小学生杨鼎成、丁同谦等创办《课余记录》杂志，宣传爱国思想。同盟会员彭仲翔、郭希仁等联络军界力量揭露新军督练公所总办王毓江贪污受贿，滥用私人的丑行，王被撤职。

1911 年（宣统三年，辛亥）

2月15日	郭希仁、张瑞玑在西安创办《嚜社学谈》。
3月	李仲三到朝邑联络刀客严飞龙，结盟共同反清革命。 景梅九等人合并《兴平星期报》《普及白话报》，改名《帝州报》。
5月	井勿幕派张奚若赴日本购买军火。
8月	井勿幕派邹子良赴渭北联络刀客，准备发动西安起义。
10月17日	钱鼎、张钫、贺绂之、张云山、万炳南等人秘密集会于小雁塔，决定10月29日起义。
10月21日	闻新军第二标奉命开拔宝鸡、凤翔、岐山等地。钱鼎、张凤翙等密商决定提前于22日起义。
10月22日	上午9时许，钱鼎、张凤翙、张钫、万炳南、张云山等同盟会、新军、哥老会负责人在林家坟秘密紧急会议，决定当日12时举行起义，推举张凤翙为统领，钱鼎为副统领。起义军占领军装局、巡抚、藩台等衙门及钟楼、鼓楼、北门等制高点。护理巡抚钱能训逃匿，前陕甘总督升允逃往甘肃。晚上，起义军定名为"秦陇复汉军"，在原军装局内成立秦陇复汉军总司令部，并刊刻本质图印。群众烧毁南关教堂。
10月23日	起义军攻破满城，西安将军文瑞投井自杀，省城光复。秦陇复汉军大统领张凤翙发布第一张安民布告。秦陇复汉军总司令部分设参谋、军需、会计三部，在咸宁县署内组织民政府办理保商安民事项；成立总部稽查处，维持城内治安；派遣旅省各学生分赴各州县，宣传革命，组织民团，收复地方。临潼县光复。
10月24日	秦陇复汉军印发《大统领檄文》和《告三秦同胞文》，分传各府州县，说明光复意义。胡定伯、胡景翼在耀县药王山起义。富平光复。
10月25日	张凤翙在军装局召开各将领会议，讨论新政府的人选，大家一致拥护张凤翙为临时大统领无异议，推举副大统领时意见分歧，不欢而散。三原、商州光复。
10月26日	咸阳光复。

10月27日	张凤翙在督练公所召集会议，再次讨论新政府组成的人选问题，经过协商后，正式推举张凤翙为大统领，钱鼎、万炳南为副大统领，秦陇复汉军政府宣告成立。华州光复。
10月28日	秦陇复汉军总司令部由军装局迁至高等学堂，改设军令、民政两府和参谋、军需两处。同官(铜川)光复副大统领钱鼎起节东征。洛南光复。
10月29日	秦陇复汉军总司令部正式宣布张云山为兵马都督，吴世昌为副都督，马玉贵为粮饷都督，马福祥为副都督，刘世杰为军令都督，郭胜清为副都督；军政府改组，撤销军令、民政两府分设军政、民政、教育、司法、外交、交通、实业、财政八部。陇州、凤翔、白水光复。
10月30日	宝鸡、洛川、汧阳(今千阳县)光复。
10月31日	军政府任井勿幕为北路宣慰安抚招讨使，张宝麟为南路宣慰安抚招讨使，李仲三为东路招抚使，张玉成为西路招抚使，曹位康为西路节度使，陈树藩为东路节度使。
10月	康毅如等在西安创办《民国新闻》。
11月1日	钱鼎、张世瑷等数十人在渭南被地主民团杀害。
11月2日	潼关、三水(旬邑)光复。
11月3日	清军进攻潼关，胡明贵战死，潼关失陷。 龙驹寨(今丹凤)、邠州(彬县)光复。
11月4日	张钫督师出省东征。 兴安府光复，所属各县相继光复。
11月5日	商南光复。
11月8日	紫阳光复。
11月10日	张钫率军进攻潼关，次日收复。军政府派杨叔吉督办龙驹寨电报事务。军政府调井勿幕为河北安抚使，经略同州一带军务，支援潼关，茹欲立为北路防御招抚兼筹备财政使，赴同官布置防务。
11月12日	军政府任王一山、石海珊为"秦晋联合专使"赴山西联络。朝邑光复。
11月13日	蓝田光复。
11月14日	安塞光复。
11月15日	军政府开会研究领导权限、编军、粮饷等事，颁布军律十一条。
11月20日	军政府公布存款兑取办法，稳定金融。
11月21日	升允率清军进攻长武，守军石得胜部覆没，长武、邠州相继失陷。清军赵倜率十八营到陕州。

11 月 22 日	西乡光复。榆林光复。军政府迁北院,南京临时政府颁发"中华民国军政府秦省都督印"。
11 月 25 日	兵马都督张云山率队西征。哥老会头目向紫山率千余人来省投效,编为向字营。
11 月 27 日	大荔、郃阳(今合阳)光复。
11 月 28 日	张云山率军抵乾州。南路宣慰安抚招讨使张仲仁率部到达安康。
11 月 29 日	副统领万炳南率部西开防守凤翔。
12 月 1 日	潼关第二次失守。
12 月 4 日	邓占云率部收复邠州(今彬州市)。万炳南部进驻陇州(今陇县)。
12 月 5 日	怀远县(今横山)光复。
12 月 7 日	革命军与清军大战于冉店桥,失利,清军占领冉店桥。
12 月 9 日	革命军收复冉店桥。张钫再战清军于盘豆镇,不胜退守华阴。军政府决定改秦陇复汉军大统领为中华民国军政府大都督。决定停止各县成立码头,现有码头一律取消码头字样,归入民团,由县官节制,不准干涉地方公事。
12 月 10 日	宜川光复。
12 月 12 日	大统领张凤翙亲赴东路督战。革命军攻克邠州。
12 月 13 日	升允署陕西巡抚,督办军务,驻泾州,督陆洪涛、罗开福等十余营,分路东下。
12 月 16 日	清军进攻冉店、亭口,革命军败退。
12 月 17 日	西路清军夜袭固关,革命军退守陇州。
12 月 18 日	清军占领长武,革命军退守乾州。安塞反动民团头目孟绍绪等赶走会党首领杨淑廉,占领县城。
12 月 19 日	西路清军占领邠州。
12 月 20 日	革命军二次收复潼关。
12 月 23 日	陇州、汧阳相继被清军占领,万炳南紧急求援。升允率清军进驻邠州,陆洪涛部进据永寿。
12 月 24 日	东路革命军进攻灵宝。
12 月 29 日	革命军标统邱彦彪率八千余人和清军激战于冉店,败退至西安。张云山布防乾州。
12 月 30 日	应山西革命军请求,军政府派井勿幕、陈树藩率部渡黄河,支援山西革命。
12 月 31 日	张凤翙、马玉贵、胡景翼率部援乾州。

1912 年（民国元年，壬子）

1月3日	张凤翙、张云山、马玉贵等分兵三路与清军大战于乾州北原。
1月7日	西路清军占领三水县。
1月8日	东路革命军和清军激战于观音堂。
1月10日	曹印侯率敢死队大败清军崔正午部于凤翔柳林铺，后清军屡次进犯，均被击退。
1月11日	胡景翼率部收复三水县城，清军退入甘肃境内。
1月13日	河南志士刘粹轩等六人，以南北议和不应再战，愿代表赴敌营议和，被杀害于张茅。
1月19日	东路革命军陈树发、李仲三部与清军战于牛头原、七里店等地，均失利。张钫部兵败，退入洛南，潼关第三次失守。
1月30日	西路清军陆洪涛部攻击醴泉县南坊，革命军杨仁天部退守咸阳。清军张行志部攻占岐山。
2月8日	清军集中兵力围攻乾州城，张云山率部奋勇抵抗。
2月12日	清帝宣布退位。
2月13日	革命军代表雷恒炎赴醴泉十八里铺，面见升允要求议和，被杀。
2月14日	东路革命军代表彭世安等五人与清军代表赵景清等在泉店议和。
2月15日	东路革命军代表与清军代表达成停战协议。
2月18日	张钫和清军将领赵倜、周符麟在吊桥会面，正式签订停战协议。东路战事结束。西路清军陆洪涛部占领醴泉，进逼咸阳。
2月23日	革命军连日在咸阳城外和清军激战。次日晚，清军退守醴泉。
2月27日	陈树藩率严飞龙部，井勿幕派胡景翼率兵两营，会攻醴泉，连日向清军发动进攻。
3月1日	略阳光复。
3月初	陕西女子爱国会成立。
3月6日	乾州守军张云山与清军马安良部局部议和。
3月7日	军政府代表牛兆濂、张晓山赴醴泉见升允，商谈议和。升允见大势已去，撤军言和，引兵西去。
3月8日	张云山和清军马安良部停战协议签字，西路战事结束。
是月	公私合办富秦银行。军政府发行秦丰军用钞票，与秦丰钞票同时流通。

4月3日	军政府在西安召开大会，追悼起义牺牲烈士。
4月初	清汉中总兵江朝宗、兵备道黄浩在城固古路坝天主教堂庇护下逃离汉中，临时汉中自治公所正式成立。全省光复。
4月	陕西临时议会正式成立，杨铭源任议长，刘淀、寇遐为副议长。 奉北洋政府命令：陕西革命军编为两个师，每师辖两旅。张云山为第一师师长，张钫为第二师师长；马玉贵为第一旅旅长，郭胜清为第二旅旅长，刘世杰为第三旅旅长，郭锦镛为第四旅旅长。另外编四旅，旅长分别为万炳南、陈树藩、张仲仁、陈殿卿。
4月13日	张凤翙在西安枪杀会党首领、旅长万炳南，万部参谋韦伯铭同时被杀。 军政府奉北洋政府令，将八部改为八司，邮、电由中央直接管辖，撤销原交通部。
6月23日	陈树藩、王锡侯、郭希仁、宋伯鲁等发起成立统一共和党陕西支部。
6月25日	井勿幕等人开会，改同盟会陕西分会为陕西支部，举井勿幕为支部长，张凤翙为副支部长，彭仲翔、宋向辰、张云山等人均为支部负责人。
7月16日	北洋政府任命张凤翙为陕西都督。
8月	同盟会与统一共和党合并成立国民党秦支部，选张凤翙为支部长，井勿幕、马凌甫为副支部长，郭希仁、宋伯鲁等为干事，张云山等为评议员。西安易俗社等秦腔剧团相继成立。
9月24日	北洋政府与比利时签订"陇秦豫海铁路借款合同"，出卖陕西等省铁路主权。
10月27日	原万炳南部在西安兵变被镇压。
是秋	陕西革命党人井勿幕、胡景翼、宋向辰、曹印侯、杨叔吉等出国留学。
12月	陕西省临时议会选出第一届省议会议员八十四名，议长为刘淀，副议长为王家宾，临时议会宣告结束。

1913年（民国二年，癸丑）

春	郭希仁辞国会参议院议员，出游欧洲。
2月	张凤翙下令整编陕西军队为十七个团，并开办军官学校。
4月	省第一届议会推选尚镇圭、王兆离、刘治洲、焦子静、杨铭源、寇遐、李含芳、焦易堂、马彦翀等二十二人为第一届国会议员。
5月	葭州（今佳县）秦麻涧两千多群众组织神团，反对天主教会，杀死西班牙神父魏象阙，旋被镇压，四十余人被杀害。

6 月	孙中山、黄兴派杨体锐、于化卿赴河南、陕西联络反袁，赴陕途中被刘镇华派人杀死于灵宝县境。
7 月 2 日	张凤翙奉袁世凯电令，派张钫率部入川，镇压熊克武领导的讨袁斗争。
7 月	张凤翙奉袁令通电全国声讨孙中山和黄兴。
8 月 28 日	陕西第一师团长王生岐起兵讨袁。张凤翙派兵镇压，王部经汉中、安康入陕豫边境。
秋	邹子良、马开臣密谋反袁，被害于西安。
10 月	张凤翙奉袁世凯令，解散各州县议会。 焦子静、马彦翀奉孙中山之命回陕发动讨袁。
12 月	王生岐率部与白朗起义军会合，任白朗为起义军先锋。

1914 年（民国三年，甲寅）

1 月	李桐轩、高培支在西安创办《易俗白话杂志》。
2 月 10 日	北京政府和美孚公司签订"中美合资创办石油公司合同"，出卖延长油矿权利。
3 月 1 日	张凤翙奉袁世凯电令，解散陕西省议会。
3 月 18 日	白朗起义军占领商南县城。
3 月 22 日	白朗起义军攻克商州，张凤翙率军赴蓝田、商州一带堵截。
4 月 4 日	白朗起义军由 4 日起连日攻克鄠县、盩厔、扶风、武功、乾县、永寿、彬县七座县城，震动全陕。
4 月 16 日	袁世凯派陆建章率北洋军第七师入陕围剿白朗起义军。
4 月 23 日	白朗起义军击败追兵赵倜部，由陇县进入甘肃。
是月	袁世凯命冯玉祥率部入陕围剿白朗起义军。
	袁世凯令张钫回陕南围剿白朗起义军。
6 月初	陆建章奉命抵西安督办陕西军务。
6 月 10 日	白朗起义军由甘返陕，连克郿县（今眉县）、扶风、盩厔、兴平等县。
6 月 13 日	袁世凯任命张钫为陕南镇守使，张云山为陕北镇守使。
6 月 24 日	白朗起义军由商南转战入河南。

7 月	袁世凯免去张凤翙陕西都督职务，招入北京，封为"扬威将军"。
9 月 8 日	袁世凯任命陆建章为陕西将军，钮传善为陕西巡抚。
9 月 13 日	陆建章缩编张云山、张钫两部为混成旅，扩编所属北洋军第七师的十三、十四两旅为十五、十六混成旅，由贾德耀、冯玉祥分任旅长。
10 月 17 日	袁世凯任命吕调元为陕西巡按使。 张钫奉袁世凯令枪杀中华革命党陕西支部负责人张肇基于汉中。

关于本书的十个为什么

（代后记）

一、为什么要写《陕西辛亥革命简史》这本书？

关于陕西辛亥革命研究的书籍的确不少，我们能够见到的有《陕西辛亥革命》《陕西辛亥革命回忆录》《辛亥革命在陕西——陕西党史资料丛书(三)》《陕西光复》《细说陕西辛亥革命》《陕西辛亥革命后裔口述史》等等。另外，各级政协组织也编纂了若干种文史资料，广大辛亥革命后裔也为先贤出版了许多传记、传略。随着陕西辛亥革命研究工作的深入，以及各级领导的重视，一些新的资料被挖掘出来。另外就是由于过去"左"的思潮的影响，许多史料写法有一定的倾向性，或者说有许多史实带有歪曲性质。对辛亥革命重视不够，认为这些事是旧民主主义革命的范畴。

但是中国共产党给予辛亥革命以较高的评价，特别是习近平总书记在《纪念中山先生诞辰150年的讲话》中提道："震惊世界的辛亥革命取得了成功，推翻清王朝统治，结束了中国几千年的君主专治制度。"同时讲道："开创了完全意义上的近代民族民主革命，打开了中国进步闸门，传播了民主共和理念，极大地推动了中华民族思想解放，以巨大的震撼力和影响力推动了中国社会的变革。"习近平总书记的这段话，应该是辛亥革命的重大意义吧。

为此，我们本次撰写《陕西辛亥革命简史》一书，向辛亥革命110周年献礼。本书本着记述真实，不妄加分析；纵不断线，横不缺项；重点事件，系统贯穿；关键人物，着重介绍的原则，突出"存史、资政、育人、团结"方针，力争做到去粗取精，去伪存真。这是一本升级版的陕西辛亥革命教科书，还应该是一本系统概括陕西辛亥革命全过程的专题历史书籍。同时，今年是辛亥革命 110 周年，全国政协于 2020 年 11 月 11 日，在中国人民政治协商会议第十三届全国委员会常务委员会第十四次会议通过了《关于举办辛亥革命 110 周年纪念活动的决定》。2021 年 10 月 10 日是辛亥革命 110 周年纪念日，笔者在"前言"中曾写到："一直以来，系统研究陕西辛亥革命历史的书籍不多，给研究者提供不了更多的史料，这也是其他省辛亥革命研究者不重视陕西的一个重要原因。笔者若干次前往武昌辛亥革命纪念馆参观，这里竟然绝少有对陕西这场血雨腥风战争的介绍，在响应武昌起义的省份中更没有提及这个打响第二枪的英雄省份，这也是我们要编写这部简史的初衷"。同时也希望海内外研究辛亥革命的专家、学者，真正重视陕西辛亥革命在全国辛亥革命中的历史地位，使陕西这颗在辛亥革命发挥了重要作用的巨星，真正载入史册。

二、为什么《陕西辛亥革命简史》从 1900 年起写起？

任何一个事件的发生，都是有前因后果的。辛亥革命不是一次简单的起义。这次革命，推翻了清朝统治，结束了两千多年封建帝制，建立了中华民国，改写了中国历史，陕西也为辛亥革命的成功增添了浓墨重彩的一笔。这是一次伟大的社会变革，是民主革命先驱孙中山领导的成果。陕西众多辛亥志士敢于抛头颅、洒热血一个最重要的原因，就是他们接受民主革命思想，看到世界处在伟大的变革之中，西方国家的强大，在世界各地建立殖民统治，他们深深地懂得了落后就要挨打的道理。所以本书按照历史教科书传统的写法，用一定的文字简单介绍了辛亥革命前的国际、国内形势，在中国经历了多次西方列强的侵略，沦为半殖民地半封建的社会。这时中国的内忧外患日益严重，广大人民生活在水深火热之中。1900 年，八国联军以绞剿杀义和团为名占领天津，后又攻打北京，慈禧太后偕光绪皇帝及部分皇族、大臣逃至西安，她为了《辛丑条约》所签订的 4.5 亿两白银的战争赔款，更加对百姓进行盘剥，加重了百姓生活负担。同时在这一时期，陕西人民先后开展了反帝反封建的斗争，如宁强燕子砭教案、三边教案、平利洛河教案等；也先后爆发了渭南、兴平等地的抗捐交农运动；还先后有渭南、商洛、安康等地的哥老会起义。这些反清斗争，为辛亥革命奠定了基础，提供了舆论准备，使一大批志士思想觉醒，纷纷成立起组织，做好了反清的准备，拉开了辛亥革命的帷幕。

三、为什么本书没有"人物小传"？

许多辛亥革命书籍都有"人物小传"，少则几十位，多则一百多位。本书不增加"人物小传"有两个方面的考虑：一是即便写再多人物，也不能较为全面的概括，遗漏会不少，没有收录进小传的会使研究者及后裔们感到遗憾。再就是本书从 1900 年写起，止于 1926 年国民二军兵败河南，近 26 年历史，字数较多，篇幅较长，容纳有限。此外，在已出版的《细说陕西辛亥革命》《陕西辛亥革命后裔口述史》中已经详细介绍过许多辛亥革命骨干人物的事迹及访谈录，目前对其他后裔的访谈还在继续，我们不断地走访先贤后人，获得第一手资料，来继续充实辛亥革命的史料。

四、《陕西辛亥革命简史》前 10 章的篇幅是否太长？

本书 21 章，用 10 章的篇幅，重点介绍了辛亥革命的起因和时代背景。辛亥革命前的中国，已沦为半殖民地半封建社会，积贫积弱，落后挨打，屡遭列强欺凌，割地赔款。特别是 1900 年的庚子赔款更加重了人民负担，民不聊生。而同时期的西方资本主义国家，经过工业革命，经济发展较快；科技进步，使他们用坚船利炮打开了中国的大门，清政府签订了一系列不平等条约。洋务运动、甲午海战、戊戌变法的失败，以及八国联军入侵北京等，这些大事件使一大批仁人志士纷纷觉醒，认为改变中国的命运只有推翻腐朽的清政府封建统治，向西方资本主义列强学习先进的科学技术，在国内建立民主政治制度，才能改变中国人自己的命运。

辛亥革命前，陕西的仁人志士，追随孙中山的政治纲领，上下求索，为推翻清朝统治做了大量的准备工作。辛亥革命结束了两千多年的封建统治，建立了资产阶级民主国家。所以用10个章节讲述辛亥革命前因和准备阶段，篇幅不算长。辛亥革命使封建统治土崩瓦解，旧民主主义革命拉开帷幕，从此中国资产阶级、无产阶级先后走上了历史舞台，从此中国的面貌为之一新。如果减少篇幅，许多重要事件就囊括不进去，缺少时代背景的介绍，就会让读者感到突兀。

五、为什么书中辛亥革命参加者的姓名，注明了名和字？

这个问题比较简单。我们知道，晚近历史人物，均有名、字、号，而许多文章、书籍把一个人的某一件事用了其姓名，而另一件事却用了其字。我见到一部陕西著名学者写的书籍，将许多先贤的名、字混用。其中先贤马彦翀（名骧，字彦翀）在这部书中出现数次，第一次用的是马襄（清末新政后，在家乡龙驹寨同杨铭源、马克斋创办葡萄酒厂）；第二次使用马骧（创办革命据点"觉社"，每周在南院门组织演讲）；第三次使用马彦翀（1908年作为省高等学堂学生总代表，声援"蒲案"）。基于此，本书尽量做到名、字统一，或进行标注。但是一定还会有一些名、字、号不准确的现象存在，敬请理解并能告知我们改正。

六、为什么"黄陵祭祖"的时间确定在1907年？

辛亥革命先贤高又明先生，参加了1907年重阳节的"黄陵祭祖"活动，随后他将祭文抄录，存放于老家。二十世纪40年代，高又明先生

"为昔日亡友同志计，为革命史征计"，写成了《如是我见我知录》一书，记录了诸多辛亥革命参加者的奋斗历程，最为关键的是寻到了时隔四十年的物件——《祭黄帝陵誓墓文》，使这一珍贵资料得以保存并公布于世。关于时间问题，高又明在《如是我见我知录》一书中记录为民国前四年，即 1908 年，而祭文的原文又记录为黄帝纪年四千六百零五年，即 1907 年。究竟以哪个时间为准？陕西省社会科学院历史研究所原副所长、辛亥革命研究专家张应超和西安市文联原巡视员，陕西近代史研究专家的王民权两位老师，以及井勿幕侄孙井晓天教授坚持认为应该是 1907 年，也就是尊重原文。一是因为当时的革命党人和进步报刊普遍使用黄帝纪年，而四千六百零五年恰好为公元 1907 年。二是井勿幕参加完这次祭祀活动后第三次返回日本，1908 年重阳节未在陕西。本书即采用黄陵祭祖时间为 1907 年这种观点。

七、为什么辛亥革命参加者蒲城、富平籍人士多？

蒲城、富平为渭北重镇，物华天宝，人杰地灵。清末既有李仲特、李桐轩、张拜云等先贤大儒，思想进步，具有反清思想。同时富平焦子静系衙门驿传房经丞，兼管三原驿站事务，他思想先进，利用这一身份做掩护，创立反清秘密组织"自治社"，以开通思想、提高地方自治为宗旨。同时筹集经费，开办公益书局和健本学堂，使革命活动有了据点。特别是井勿幕到日本留学后，给其兄长井岳秀写信介绍了孙中山在日本创办同盟会的经过，陕西革命志士翘首以盼。1905 年冬井勿幕回陕，先到西安，再回蒲城并到三原、富平等地发展组织，传播孙中山革命思想，建立起同盟会陕西分会，蒲城、富平一大批仁人志士率先加入，成为陕西辛亥革命骨干和领袖级人物。其中张拜云、焦子静等人利用公益书局、健本学堂这个重要据点，为辛亥革命起义提供了宣传、人员、组织的准备。焦子静供职的驿传房更是楔进清廷陕西当局的钉子，发挥了刺探情报、拯救同志、传播消息等作用。另外一个重要原因，当时参加同盟会进行反清革命斗争都是在秘密状态下进行的，即不能大张旗鼓又不能留下任何文字东西。一切活动均为口口相传。所以除省城高等学堂、师范学堂以外，就是渭北的蒲城、富平同盟会员的聚集了。

八、陕西辛亥革命领袖为什么公推井勿幕？

陕西是最早响应武昌起义的省份（与湖南长沙同为10月22日，而西安起义时间是中午12点，长沙则在午夜），发挥重要作用的先贤不胜枚举，领袖级人物当属井勿幕。他虽然不是率领军队打响西安起义第一枪的人，但其在辛亥革命前的准备作用是无与伦比的。1903年12月，井勿幕留学日本，入东京大成中学学习日语和普通学科，是陕西早期的留日学生。1905年加入同盟会，而后奉孙中山之命回陕发展组织，任陕西支部长。1906年再赴日本，与赵其襄（世钰）等在东京成立同盟会陕西分会。孙中山评价井勿幕是"西北革命巨柱"；杨叔吉在《井勿幕先生殉国二十七周年公葬悼唁》讲到："陕西无勿幕，则无辛亥九月初一之义举，无陕西九月初一日响应武昌，则中华民国之制造，未必如是其速也！"民国廿四年（1935年）初出版的《陕西乡贤事略》，也给予井勿幕极高评价："以同盟会始，以靖国终"，精辟地概括了其一生。

九、为什么《陕西辛亥革命简史》一书截止的时间到1926年，国民二军兵败河南？

陕西辛亥革命的发源地是西安，一大批参加者是蒲城、富平等渭南籍人士。起义成功后，拔掉了龙旗，改换五色旗，但不久辛亥革命成果就被袁世凯窃取。袁氏本为清廷旧臣，他重用旧官吏，倒行逆施，打击革命党，上演复辟闹剧，仅当了83天皇帝就命归西天。袁世凯死后，北洋军分化为皖系、直系，中国进入军阀混战时代。而陕西辛亥起义后的革命势力，尽管受到排挤、打压，但始终站在人民一边，站在孙中山领导的革命党一边，不妥协，不投降，积极参加讨袁逐陆、护法到陈的斗争，先后成立了护国军、靖国军。而国民二军就是为了生存，为了陕西人民免遭战火涂炭，由靖国军接受直系改编而成。军长胡景翼早年参加同盟会，后始终追随孙中山先生。在直奉战争的关键时期，为了革命大局，高举义旗，参与首都革命，致电孙中山北上主持大计，公开承认孙中山先生为国民革命领袖。孙中山遂发表《北上宣言》，对外主张废除一切不平等条约，赶走帝国主义侵略势力，实现中国的民族独立；对内主张召开国民会议，结束军阀专政，实现中国的统一和人民的民主自由。但由于北洋军阀段祺瑞抵制，情况急剧变化，未能成行。国民二军随后入主中原，按照孙中山三民主义理论治理河南，重用豫籍革命进步人士，积极联络共产国际、共产党人，支持工农革命运动，使中原大地出现了崭新的面貌。一时间，古老的汴城名流汇聚、盛况空前，出现了民国以来前所未有的大好局面。李根源、李烈钧、张群、张继、马伯援、居正以及陕西众辛亥革命元老于右任、马彦翀、焦子静、师子敬、高又明、焦易堂、刘允臣、续西峰、李仲三、景梅九、张季鸾、柏文蔚、徐谦、李百川、钮永健、续范亭等相继来到开封，协助军政事务。朝鲜志士安重生、王海公，日本友人佐佐木也先后前来访问。但是在当时的情况下，反革命的势力不能容忍国民二军的生存，开展了向国民军的全面围剿，最终使国民二军兵败河南。国民二军兵败，一大批辛亥革命志士，相继离去，标志着陕西后辛亥革命时代相对终结。

十、为什么《陕西辛亥革命简史》作者为两位？

一般史书为一人所著，但本书作者为张应超、马正。张应超先生1946年生，27岁开始研究陕西辛亥革命，1982年5月调入陕西省社会科学院历史所，由此走进专业研究历史队伍。由于业务能力强，成绩突出，于1989年担任历史所副所长、2001年获得研究员职称，2002年任宗教研究所副所长。是《中华道教大辞典》编委及主要撰稿人。已出版的专著有《陕西辛亥革命》（合著）《细说陕西辛亥革命》《爱国名将杨虎城》（合著）《延安与中国统一战线》（合著）《丘处机与龙门洞》（合著）《养生有道》等，发表研究文章300多篇。论文曾多次获奖，其中《孙中山称赞的民主革命家——辛亥革命时期的井勿幕》获1981年陕西省社会科学学术研究优秀成果二等奖，《简论杨松轩先生与辛亥革命》获陕西省1989—1992年哲学社会科学优秀成果三等奖。1982年4月3日《陕西日报》曾以《新秀破土，自学成材——青年张应超在史学研究中作出成绩》为题予以报道，是陕西辛亥革命历史研究的领军人物。另一位作者马正先生系陕西辛亥革命先贤马彦翀嫡孙，曾长期在共青团陕西省委工作，2004年转调陕西省水电设计院任党委副书记，2018年出任陕西省水利教育协会理事长。是陕西省作家协会会员、陕西省政协参政议政特聘专家。1990年开始利用工作之余研究陕西辛亥革命，已编纂出版《马彦翀传略》《马彦翀先生纪念文集》《细说陕西辛亥革命》（西安出版社，2019年），《陕西辛亥革命后裔口述史》（三秦出版社，2020年），在报刊发表研究辛亥革命有关文章近百篇，与近50位陕西辛亥革命后裔建立广泛联系，收集有丰富的陕西辛亥革命一手资料。属于后裔撰写先贤的代表人物。

写到这里，算是对本书的写作过程有一个全面的说明，但是还不够，首先是应该在辛亥革命110周年到来之际，向广大辛亥革命前辈致以崇高的敬礼，并向他们默哀。是他们勇于献身的精神才使封建帝制得以被推翻，中国逐步走上了民主共和的道路。其次感谢辛亥革命后裔为我们提供了大量的资料，使本书内容相对丰富。再次感谢多年来一直支持我们的各级政协组织、各级档案局（馆）。还要感谢陕西省政协文化文史和学习委员会高山主任、张莉娟副主任的鼎力支持，使本书稿得以被政协文化文史和学习委员会列为文史资料选题并编辑出版，感谢感谢文化文史和学习委员会办公室栗义务主任及全体工作人员的辛勤付出和对本书的编辑、修改和指导。也更感谢本书责任编辑三秦出版社编审高峰老师的指导、编辑、审核，使得本书得以付梓。本文不守规范，不成文体，恳望大家批评、指正。

马　正　张应超

2021 年 10 月